AF356186

ESSAIS

DE

CRITIQUE MUSICALE

PAR

LOUIS DE ROMAIN

LETTRE-PRÉFACE

PAR

GUY DE CHARNACÉ

Excelsior !
Les vieux maîtres. — Profils de modernes.
C. Saint-Saëns. — C. Franck et quelques disciples.
A travers l'École française.
Œuvres nouvelles et modes anciens. — Nous et les autres.
L'impression en musique. — Drame lyrique et Opéra.
Musique et Nationalisme.
L'Association Artistique d'Angers

PARIS

ALPHONSE LEMERRE, ÉDITEUR

27-31, PASSAGE CHOISEUL, 27-31

1890

Il a été tiré 25 exemplaires numérotés de cet ouvrage, sur papier de Hollande.

ESSAIS

DE

CRITIQUE MUSICALE

PAR

LOUIS DE ROMAIN

LETTRE-PRÉFACE

PAR

GUY DE CHARNACÉ

Excelsior !
Les vieux maitres. — Profils de modernes.
C. Saint-Saëns. — C. Franck et quelques disciples.
A travers l'École française.
Œuvres nouvelles et modes anciens. — Nous et les autres.
L'impression en musique. — Drame lyrique et Opéra.
Musique et Nationalisme.
L'Association Artistique d'Angers

PARIS
ALPHONSE LEMERRE, ÉDITEUR
27-31, PASSAGE CHOISEUL, 27-31

1890

LETTRE-PRÉFACE

Mon cher ami,

Dans une de nos récentes polémiques, vous avez
tenu à bien marquer que votre libre esprit ne gar-
dait aucune empreinte de nos amicales discussions
et plus que jamais vous tenez ferme, en vos mains,
le drapeau de l'École musicale contemporaine.
Mais s'il me faut renoncer à l'espoir de prendre
sur votre critique la moindre influence, il en est
cependant une que je revendique. Malgré nos di-
vergences sur la valeur des œuvres du présent,
j'apprécie trop votre talent d'écrivain pour voir,
sans regrets, s'en aller avec vous tant de pages de
votre critique, où la science d'un érudit se trouve
présentée dans une forme littéraire, voisine de la
perfection, que nos confrères parisiens savent apprécier.

Je tiens donc à dire ici, laissez-moi cette petite
vanité, que vous avez enfin cédé à mes instances,

en réunissant dans un volume que tous les amis des arts posséderont demain, quelques-unes de vos critiques angevines. Je vous remercie, non seulement de cette preuve d'amitié, mais encore du plaisir que vos lecteurs trouveront toujours en votre compagnie et que je ressentirai personnellement, en vous relisant, lors même que vos idées s'éloigneraient des miennes.

Vous terminiez votre dernière réponse aux objections que me fournissent les œuvres musicales contemporaines, par cette phrase : « Il y a quelque chose de meilleur pour moi que de vivre avec le temps de sa jeunesse, c'est de vivre avec la jeunesse de son temps ». Personne plus que moi, mon cher ami, n'apprécie et n'aime la jeunesse avec laquelle je me plais à revivre une seconde fois, mais encore faut-il se trouver avec elle, en communion d'idées et de sentiments. Certes, quand je lis vos appréciations et vos commentaires sur les ouvrages de Wagner, par exemple, je suis entraîné à pénétrer avec vous dans le temple dont vous vous faites le lévite si zélé et si enthousiaste, tant les choses que vous y voyez sont belles, tant l'intention qui les a dictées est élevée et de puissante envergure. Par malheur, quand une de ses petites portes s'ouvre devant nous et que nous entrons, soit dans l'un des portiques, soit même dans l'une des parties du monument, trop loin de ce pays de France pour le connaître tout entier, nous n'y voyons, nous, vieux classiques, aucune des beautés qui exaltent votre âme et que vous décrivez si magnifiquement. Est-ce à l'obscurité qui y règne, ou au bruit qu'on y fait, qu'il faut attribuer les causes de la froideur et du malaise qui s'emparent de nous ; ou bien nos intelligences sont-elles rebelles à cet art nouveau ? Je l'ignore. Cependant, dussiez-vous m'accuser de présomption, je m'imagine qu'on doit quelque sympathie à l'âme qu'entraîne la profondeur de Beethoven, quelque estime pour l'esprit et le cœur que retiennent captifs les sublimes clartés d'un Haydn ou d'un Mozart. Et, vraiment, seriez-vous en droit de nous répondre par un — *non digni entrare*, — quand nous vous avouons que cet art ne sait ni nous charmer, ni nous émouvoir ? Je ne le crois pas.

M'emparant de la phrase qui termine votre lettre et que je citais tout à l'heure, je me demande si votre imagination féconde ne crée pas de toutes pièces ces beautés qui vous éblouissent et que nous ne sentons pas. L'être aimé, enfant, épouse, maîtresse, ne nous plaisons-nous pas à le parer de tous les dons extérieurs et moraux que le plus souvent l'étranger n'aperçoit pas ? Eh bien, cette jeunesse que vous aimez tant, parce qu'elle marche et qu'il convient mieux à votre âge de courir les aventures,

que de vous agenouiller devant les vieux trônes et
devant les vieux autels, cette jeunesse ne cherchez-
vous pas à nous cacher ses défauts, à la parer des
mille ornements nécessaires à vos admirations, à
votre culte ? Loin de moi la pensée de vous blâmer de tels efforts. Votre temps doit vous en être
reconnaissant, à vous admirateur des œuvres du
présent qui visez à les populariser et à leur donner
mieux que l'existence, la durée. Mais nous, hommes du passé, laissez-nous vivre des grandeurs et
des sublimités qui, après avoir éclairé, réjoui,
passionné leurs contemporains, illuminent encore
tant d'âmes d'aujourd'hui. Nul ne sait ce qu'il ad-
viendra de vos idoles, encore cachées aux yeux et
aux oreilles des foules, par des voiles, transparents
à la seule vision d'un petit nombre de fidèles. Le
monde civilisé vénère et admire toujours, en dépit
de démolisseurs impuissants, ces géants de granit,
impassibles dans la sérénité de leur gloire et de leur
génie. Et si je le répète ici, c'est que je trouve dans
vos écrits, mon cher Romain, la trace de vos admirations, un peu gênées, toutefois, pour ne pas employer une autre expression, au milieu de ce concert d'éloges donnés à la négation de tout ce qui
constitue la beauté, telle que je la comprends, et
telle que je l'admire dans les grandes œuvres du
passé.

Il ne me conviendrait pas, m'adressant à un
« jeune » de faire, ici, le procès des « jeunes »
dont quelques-uns sont déjà vieux et dont les chefs
sont morts, plus contents d'eux-mêmes que la voix
publique ne l'autorisait. Mais il faut bien avouer
que la musique et la littérature, alliées entre elles,
nous donnent, parfois, de singuliers spectacles. A
côté des obscurités et des recherches de sonorités
plus nouvelles qu'agréables à nos oreilles, accoutu-
mées à plus de simplicité, dont je parlais tout à
l'heure, a pris naissance un nouveau genre, où
se trouvent également insultés le bon goût, la morale et le respect que les siècles gardaient pour les
dieux de notre enfance. Tous ces flonflons de guin-
guette, toutes ces ordures, qu'on cacherait aux yeux
dans une société polie, les « jeunes » en font leurs
délices. Et notre belle langue, que devient-elle sous
leurs plumes barbares ? Je sais bien que votre goût
et votre éducation réprouvent ce dévergondage ;
mais il faut que la part soit faite à chacun selon
ses œuvres et que les responsabilités aillent là où
elles doivent retomber.

Une femme illustre, à laquelle je dois le peu que
je suis, avait pris pour devise : *In altá solitudine*.
De cette solitude je vous regarderai, quelquefois
avec tristesse, toujours avec intérêt, poursuivre
votre route dans les voies nouvelles ouvertes à vos

ardeurs. Vous partez assez tôt, pour arriver au jour de la moisson. Quand vous toucherez le but, que les lauriers seront coupés, prenez-en un, cher ami, et en souvenir de votre collaborateur attardé, allez le déposer sur ma tombe, bien loin en arrière.

GUY DE CHARNACÉ.

Au Bois-Montboucher, Mars 1890.

AVERTISSEMENT

AU LECTEUR

Les pages qui suivent n'ont qu'une prétention, celle d'être sincères. Écrites au lendemain d'auditions musicales données devant un public dont le sens artistique depuis douze années s'est peu à peu développé sous l'influence d'une série de trois cent cinquante concerts, peut-être auront-elles pour quelques-uns le mérite d'évoquer le souvenir d'impressions d'art naguère ressenties. Je les livre au public, avec l'espoir qu'elles intéresseront ceux qui soit à Paris, soit en province, se préoccupent de l'évolution actuelle de la musique, et la pensée de les voir rendre quelques services aux idées ainsi qu'à la cause artistique que j'ai toujours tenté de défendre.

Ces idées, le lecteur les retrouvera dans les différentes études qui terminent ce volume, aussi bien que dans les rapides appréciations soit d'œuvres classiques écoutées avec le respect qu'on doit aux maîtres du passé, soit d'œuvres modernes presque toutes présentées par leurs auteurs. Puisse-t-il y voir ce qui fut ma préoccupation constante en écrivant, l'absence de tout parti pris. J'ai l'intime conviction qu'à l'heure présente l'art musical n'a pas atteint le dernier degré de la

marche ascendante que depuis plus d'un siècle il poursuit avec des arrêts momentanés ; j'ai foi dans l'avenir
de notre École française, appelée selon toutes probabi-
li és, si l'on veut tenir compte de la sève qui l'anime
et de la somme immense de talents dont elle dispose, à
continuer dans le monde l'œuvre commencée par l'Allemagne, à la condition toutefois de ne pas s'isoler en
se repliant sur elle-même. C'est la thèse que je soutiens
dans les deux études intitulées : « Propos d'un indépendant, et Musique et nationalisme ». Mais si la supériorité de nos Maîtres français me semble s'affirmer de
plus en plus sur les compositeurs vivants des autres
pays la vérité m'oblige à reconnaître que, prise dans
son ensemble, la masse du peuple est chez nous fort en
retard sous le rapport de l'éducation musicale sur les
habitants de la patrie de Bach, de Beethoven et de
Wagner. C'est le sujet que je touche en passant dans le
chapitre intitulé : « Nous et les autres », persuadé que
la première condition pour remédier à un mal est de
le connaître, et que s'il est bon d'avoir conscience de
ce que l'on vaut il est non moins bon de savoir où se
dissimulent les défauts de la cuirasse.

Aux chefs-d'œuvre classiques les plus connus j'ai
consacré la première partie de ce livre, dans lequel
j'aurais désiré faire une place à tous les jeunes compositeurs qui ont bien voulu confier la première exécution de leurs œuvres à l'orchestre de l'Association
artistique d'Angers. J'ai dû choisir, et dans la sélec-
tion qui m'était imposée par l'espace et le temps, je

me suis efforcé de mettre en lumière ce que j'avais trouvé de bien dans des œuvres diverses, issues de théories opposées, étant de ceux qui croient que nul ici-bas ne peut se flatter de posséder la vérité toute entière.

Ces œuvres ont figuré et figurent encore pour la plupart aux programmes des grands concerts de MM. Lamoureux et Colonne et du Conservatoire ; elles sont signées de noms tenant dans le cycle des maîtres modernes une place brillante et qui depuis longtemps attirent sur eux l'attention de la critique. A défaut de l'intérêt de ce que je puis dire, il y aura toujours du moins l'intérêt des questions traitées, ce qui est déjà quelque chose.

En cherchant dans ces Essais de critique musicale à mettre en pratique les principes d'éclectisme et d'indépendance pour lesquels j'ai tant de fois lutté, en faisant l'éloge d'œuvres écrites et conçues dans un ordre d'idées qui n'est pas toujours le mien, je n'ai cru renier aucune des convictions qui me sont chères, mais simplement éviter l'intransigeance, excusable peut-être chez un apôtre mais inadmissible chez le critique.

Partout je prends soin d'ailleurs d'affirmer, à côté de mon admiration pour les vieux maîtres, celle que je professe pour leurs successeurs, ma prédilection pour la poésie de la légende et du mythe, mon enthousiasme pour le drame lyrique moderne et son puissant créateur, mon culte pour la liberté dans l'art, et mon antipathie pour tout ce qui ressemble, de près ou de *loin, à la proscription d'une œuvre intellectuelle, quels qu'en aient été l'auteur et le berceau.*

Tels sont les points sur lesquels j'insiste et n'ai jamais varié.

Le patronage de l'écrivain de talent qui, après avoir pendant vingt ans tenu une place brillante dans la presse artistique de Paris, me fait l'honneur et l'amitié de recommander ces études, dont il n'accepte sur certaines questions ni l'esprit ni les tendances, me donne, avec le courage nécessaire pour affronter le jugement du public, l'espoir que par tous elles seront favorablement accueillies.

Angers, le 15 mars 1890.

Louis DE ROMAIN.

ESSAIS

DE CRITIQUE MUSICALE

ANGERS, IMP. A. BURDIN ET Cie, RUE GARNIER, 4.

Excelsior !

EXCELSIOR!

Le passé. — Toujours en avant. — Les sages. — Richard
Wagner. — L'avenir. — Mythe et Légende.

A Guy de Charnacé.

L'art, vaste fleuve semblable à celui de la vie, doit
fatalement suivre son cours à travers l'humanité pen-
sante. Comme aux sciences, le principe de la progres-
sivité lui est applicable et jusqu'ici toutes les grandes
époques de l'histoire du monde ont subi, dans des
proportions plus ou moins considérables, sa bienfaisante influence. S'il s'est parfois arrêté dans sa
marche au milieu des civilisations sur lesquelles il
projeta sa lumineuse clarté, c'est que les conditions
de liberté, d'indépendance indispensables à son développement lui manquaient. En les retrouvant, nous
le vimes toujours retrouver aussi sa force impulsive
et reprendre sa course, soit dans d'autres milieux,
soit avec des manifestations différentes.

Le voyageur que la vapeur emporte à travers les
plaines baignées par le Gange s'arrête à certains moments stupéfait en face des masses altières dont les
imposants débris attestent les splendeurs éteintes.
Bien des sages sans doute, parmi ceux qui vécurent
il y a dix mille ans sur la terre sacrée des Brahmanes,

durent se bercer de l'illusion qu'aucune de ces merveilles ne serait égalée, beaucoup pensèrent que jamais les hommes ne bâtiraient pour leurs dieux ou pour leurs rois de plus éblouissants temples, de plus grandioses demeures. Et cependant, depuis, la vallée du Nil a vu son sol fécond se peupler de pylônes gigantesques, d'obélisques merveilleux, de pyramides colossales. La Grèce eut son Parthénon, Rome son Colysée, le Caire ses admirables mosquées, le Christianisme enfanta ses sublimes cathédrales, la Renaissance ses étincelants palais.

En sculpture, en peinture, si nous voulons également jeter un regard en arrière, ce sera pour voir se dresser une multitude de chefs-d'œuvre, preuves vivantes de la marche constante de l'art et du mouvement qui le pousse avec les siècles.

La musique n'a pas ce glorieux passé, son aurore date d'hier à peine et c'est un art essentiellement moderne et nouveau. Au point de vue de son histoire, de ses origines, les recherches laborieuses des savants qui, comme MM. Fétis, Bourgault-Ducoudray, Gevaert, sont parvenus à reconstituer les modes grecs, ainsi que l'étude approfondie du plain-chant de nos églises, offrent un vif et réel intérêt ; mais l'art musical tel que nous le comprenons, celui qui repose sur la gamme majeure et mineure, auquel nous devons les combinaisons instrumentales qui constituent l'orchestre actuel, date seulement de l'époque d'Haëndel, de Bach et d'Haydn, le véritable père de la symphonie.

Pendant l'époque qui précéda ces hommes de génie, la musique a son histoire bien déterminée. Assez d'écrivains chargés de documents nous ont fait assis-

ter aux évolutions successives de cet art en formation
soit en France, soit en Italie, soit en Allemagne, pour
qu'il soit inutile d'insister.

Je tiens seulement à constater que le répertoire
symphonique n'est vraiment riche en œuvres de valeur que depuis les premières compositions d'Haydn
et de Mozart jusqu'à celles qu'écrivent de nos jours
des maîtres tels que Brahms et C. Saint-Saëns.

On voit que cette période de temps comprend envi-
ron cent cinquante années.

A peine deux siècles ! cela pèse peu dans l'histoire
d'un art et dans la vie des peuples.

Deux siècles ! ce n'est même pas la jeunesse, c'est
l'enfance.

*
* *

Et cependant, voici que des voix se font entendre
à ceux qui, se mettant joyeusement en marche,
cherchent de nouvelles conquêtes, soucieux de voir
s'entr'ouvrir des horizons inconnus. Leur imagination
ne demande qu'à s'envoler vers les espaces bleus
jusqu'ici vierges de tout coup d'aile ; on l'arrête en
son premier élan.

« Pauvre folle du logis, lui vient-on chanter à
« l'oreille, où vas-tu ? Combien grand est l'orgueil qui
« t'aveugle au point de cacher à tes regards le rayon-
« nement des gloires disparues ! Ne vois-tu donc pas de
« tous côtés dans le lointain ces pics immenses qui
« dressent fièrement vers le ciel leurs cimes imma-
« culées, barrières infranchissables te séparant à
« jamais de la grandeur infinie ? N'entends-tu pas l'écho
« retentissant répéter en idéales mélodies les noms

« immortels de ces géants qui furent Haydn, Mozart,
« Schumann, Mendelssohn, Gluck, Weber, Rossini,
« Meyerbéer? Ne peux-tu lire au front de ce dernier
« sommet dépassant de mille coudées tous les autres, le
« nom de Beethoven écrit en lettres de feu? Crois-tu
« donc trouver des harmonies plus suaves, des inspira-
« tions plus pures, des chants plus magnifiques?
« Prends garde; toi qui te crois de force à jeter au passé
« le plus audacieux des défis, bientôt tu retomberas im-
« puissante et brisée des vertigineuses hauteurs où
« plane triomphalement la mémoire des génies que tu
« prétends égaler et dépasser peut-être; bientôt tu re-
« viendras piteusement mourir, loin de cette patrie qui
« ne sera jamais la tienne, parce qu'il faut pour l'at-
« teindre porter en soi le germe de l'immortalité. »

Ainsi parlent les sages, les timides, ceux qu'épou-
vantent le mystère des voies nouvelles et la profondeur
de leurs abîmes. Tournant constamment le dos à
l'avenir, ils regardent en arrière, perdus dans une
extatique admiration de ce qui fut grand jadis et relé-
guant dans le domaine de la chimère et de l'utopie la
pensée qu'on pourrait faire plus grand demain.

Ils disent : Halte-là! Nous crions : En marche! Ils
déclarent incompréhensibles les hardiesses de certains
novateurs, nous les acclamons comme de géniales
trouvailles. Ils voient l'apogée de la musique dramatique dans l'opéra tel que le comprirent les auteurs du
Freyschutz, d'*Orphée*, des *Huguenots*, de *Faust*, nous
croyons qu'il y a place au théâtre pour d'autres conceptions, tout en admirant comme elles le méritent
les œuvres de Weber, de Gluck, de Meyerbeer et de
Gounod.

Nous semblons ne pas être près de nous entendre, mais le temps qui fatalement triomphe de toutes les résistances se chargera de démontrer que nous sommes dans la vérité.

*
* *

Dans la brillante phalange des musiciens qui depuis cent cinquante ans se sont fait un grand nom dans l'histoire de l'art, deux figures se détachent au-dessus de toutes les autres.

Ce sont celles de Beethoven et de Richard Wagner.

Le premier demeure sans rival dans le domaine de la symphonie, le second révolutionne la musique en créant le drame lyrique. Tous deux marchent en tête des génies qui, jusqu'à ce jour, ont illustré l'art musical.

De même que Beethoven fut violemment attaqué pour avoir, de sa main puissante, brisé les liens qui retenaient la symphonie captive, de même Wagner a soulevé des flots d'encre et des montagnes de critiques acerbes, parce qu'il osa concevoir un autre idéal de musique dramatique que ses prédécesseurs. Ce serait une erreur de croire qu'il triompha sans peine dans son propre pays, où il compte encore actuellement des adversaires acharnés dont le nombre, il est vrai, diminue de jour en jour. C'est le sort de tous les novateurs, de tous les hommes qui, dans les sciences, dans les lettres, dans les arts, apportent une pertur- turbation quelconque dans les habitudes et les usages reçus. En devançant son époque, on s'expose à ne pas jouir des résultats de sa victoire, et c'est pour cela

que nous voyons si souvent les enfants élever des
statues à ceux qui furent méconnus par les pères.

Un homme est venu doué d'une puissance créatrice
assez forte pour ajouter au diadème musical que les
Bach, les Beethoven, les Schumann, les Mendelssohn
donnèrent à leur patrie, l'unique fleuron qui lui man-
quât. A lui, nous devons d'admirables modèles d'un
art nouveau, vivant, profond et raffiné, des sensations
étranges, de pures émotions, d'exquises jouissances.

Il a voulu fondre en un tout grandiose l'action scénique que nous voyons se dérouler sous nos yeux,
celle qui s'adresse à notre intelligence, celle qui
chante à nos oreilles; moderne Eschyle, il a ressuscité
le drame antique en le parant de toutes les splendeurs
de l'art des sons qu'ignoraient les contemporains de
Praxitèle et de Phidias; de l'Opéra, succession de
solos, duos, trios, quatuors, morceaux de concert
n'ayant souvent entre eux aucun rapport, il a fait le
Drame lyrique, œuvre complète, une, indivisible;
maître incomparable, il a rétabli l'équilibre entre
l'orchestre et les chanteurs, enrichi la musique d'harmonies totalement neuves et trouvé des formes mélodiques qu'on ne soupçonnait pas.

Pour tout cela, pour bien d'autres raisons encore
qu'il serait trop long d'énumérer ici, nous admirons
dans Richard Wagner le poète inspiré, le musicien
hardi, le réformateur de génie, l'homme de progrès
qui vient de donner au monde musical une irrésistible
impulsion que les écrivains futurs, en racontant dans
l'avenir l'histoire de l'art, devront considérer comme
un gigantesque pas en avant fait dans le domaine de
l'intelligence humaine.

On m'a parfois reproché d'être entaché de wagnérisme, et ceci parce que je n'ai jamais laissé passer
l'occasion de réclamer pour la musique de cet homme
extraordinaire la place qui lui revient dans nos
concerts et dans nos théâtres. J'avoue certes, et je
me place ici simplement au point de vue du dilettantisme, laissant de côté toute discussion théorique,
trouver pénible l'obligation de faire cinq ou six cents
kilomètres de chemin de fer pour entendre des œuvres
dont la célébrité est telle qu'on les joue dans toutes
les grandes villes d'Europe et d'Amérique. Elles seraient
signées Bellini, qu'en face d'un semblable retentissement je demanderais pour elles, sur nos scènes, la
lumière de la rampe. Voici cependant vingt ans que
nous attendons, et Paris hésite encore sous les pré-
textes les plus futiles. On s'est occupé longtemps des
opinions de leur auteur sur la France et ses habitants.
C'était faire à l'homme un honneur qu'il ne méritait
point, voilà tout. Actuellement l'on paraît avoir compris le caractère enfantin de cette opposition, mais
tout en voyant les choses de plus haut, les voit-on
beaucoup plus juste?

La musique moderne, celle dont Bach et Beethoven
ont posé les puissantes assises, est, à cette heure, une
langue universelle, comprise et employée dans tout le
monde civilisé. De Paris à San-Francisco, de Péters-
bourg à Melbourne, d'Irkoust à Montevideo, elle étend
sa bienfaisante influence dans le temple, au théâtre,
sur les places publiques, au foyer, jouant tour à tour
le rôle de charmeuse et de consolatrice. Incalculable
est le nombre de ceux qui lui doivent les joies les plus
vives et les plus saines de leur existence : c'est un

1.

gigantesque lien magnétique entourant le globe terrestre et reliant entre eux les peuples les plus divers.
Il court à travers les steppes et les montagnes, du
nord au sud, de l'est à l'ouest, ne connaissant ni
bornes ni frontières, transmettant d'un bout du monde
à l'autre les chants divins de ces prophètes de l'art
qui s'appelèrent Haydn, Mozart, Schumann, Mendelssohn, Wagner, qui se nomment chez nous aujourd'hui
Gounod, Saint Saëns, Massenet, Franck. Et c'est cet
espace touchant à l'infini qu'on voudrait en certain
cas réduire aux proportions mesquines d'une nationalité. Laissons donc une fois pour toutes, les choses à
leur place, et distinguons entre l'homme et son œuvre.
Au grand artiste la patrie qu'il honore et qu'il illustre,
à ses œuvres, le monde. Pour ces produits de l'intelligence humaine et du génie nous ne voulons ni murs
ni barrières.

En art, les principes immuables font sourire. Le
temps qui marche, emportant dans les plis de son
manteau les vieilles traditions, les vieilles formes et
l'antique foi de nos pères, impose à l'homme de
progrès le devoir d'être toujours prêt à saluer avec
empressement les conquêtes successives que nous
devons à l'esprit chercheur de nos modernes artistes.
Toutes les manifestations sincères du beau doivent
trouver place, et le rôle véritable du critique est de
chercher à mettre en relief ce qui lui semble digne de
l'être. Les novateurs rencontrent sur leur route assez
d'obstacles élevés par la force de l'habitude dégénérant
en esprit de routine et parfois même entretenus par
les arrivés d'hier, trop jaloux de leur propre gloire,
pour que nous ne tentions pas de leur faciliter la rude

montée du Capitole. Notre plume a d'autres obligations que celle de se plonger indéfiniment dans la contemplation du passé.

*
* *

Quand, après des années de travail et de veilles, le savant vient à découvrir, tout au fond des immensités bleues qu'il sonde avec angoisse, quelque planète ignorée, quelque soleil inconnu, son cœur bondit dans sa poitrine et la certitude de l'existence d'un monde nouveau qu'on ne soupçonnait pas, le remplit d'une joie qui le paie amplement de ses peines. Resterions-nous donc insensibles, nous autres musiciens, en face de ceux auxquels, dans le ciel de l'art, nous devons l'éclosion d'un nouveau chef-d'œuvre, et faudrait-il tenter de nous soustraire à l'influence bénie de ces derniers venus, parce que leurs pères, après avoir charmé le monde, les ont précédés dans l'Olympe où boivent à la même coupe de gloire et d'immortalité ceux qui furent ici-bas des hommes de génie?

Beethoven, auquel Weber a presque refusé du talent, fut discuté dans son temps; en pleine Allémagne, on a médit de Schumann et de son romantisme; au cœur de la France, on a laissé passer Berlioz sans l'acclamer ni le comprendre, si bien que notre indifférence a hâté l'heure de sa mort.

C'est le sort de beaucoup de novateurs.

Plus heureux, Richard Wagner a vu sa patrie reconnaître son génie; mais ce n'a pas été sans luttes. Ce « charmeur par excellence », comme l'a justement appelé mon ami Bordier, n'a tout d'abord charmé personne. Maintenant il remplit le monde, et quand nous n'aurions d'autre perspective que celle d'être peu à peu initiés, en France, à ses œuvres que nous ignorons encore, cela suffirait pour nous permettre d'attendre sans trop d'impatience de nouvelles révélations. Elles viendront, n'en doutez pas, et son influence, à laquelle nous devons déjà *Carmen*, un pur chef-d'œuvre, et d'autres ouvrages remarquables de compositeurs vivants que je ne veux pas nommer, se fera sentir et produira des fruits qu'il nous sera donné de cueillir.

Nous touchons, je le crois, à la fin d'une période de transition qui n'est que le prélude d'une ère nouvelle; nous assistons à la transformation de la vieille forme de l'Opéra, qui ne répond plus à l'idéal que nous nous faisons du Drame lyrique.

On nous dira, pendant quelque temps encore, que le génie de notre race est rebelle aux conceptions wagnériennes, qu'en préférant le Mythe à l'Histoire, le maître de Bayreuth a écrit des poèmes souvent ennuyeux, parfois obscurs et peu compréhensibles. C'est justement dans le choix de ses sujets qu'il a fait preuve d'une incomparable habileté, car en cimentant l'union de la légende avec la musique, le plus immatériel des arts, il s'est montré poète et penseur.

La légende! mais c'est la poésie de l'histoire, c'est ce qui nous éloigne de la prose terrestre, de la réalité décevante, c'est ce qui nous rapproche du ciel.

Elle veille près de notre berceau, fait naître nos premiers sourires, ouvre notre intelligence au premier travail de la pensée, charme mystérieusement notre enfance, instruit notre jeunesse en la promenant à

travers les origines merveilleuses de l'humanité, des
héros et des dieux. La Grèce, cette « terre d idolâtrie »,
comme la nommait Musset, ne vit plus que par elle. et
si nous l'aimons tant encore, c'est à cause de son
antique culte, reflet divin de toute la poésie de la
nature. Sans remonter jusqu'aux Vedas, sans évoquer
même le souvenir des nymphes, naïades ou dryades,
d'Amphitrite ou d'Hébé, nous la trouvons tout près
de nous sur les côtes sauvages de la vieille Armorique,
aux pieds de ces rochers abruptes qne vous connais-
sez, à l'ombre des chênes séculaires des forêts bretonnes. Pas une vague qui ne nous en apporte
quelqu'une dans les flots blancs de son écume ; pas un
ruisseau qui ne chante la sienne sur son lit de granit
en fuyant vers l'Océan ; pas un clocher à jour, pas
une chapelle enfouie dans un nid de verdure, dont les
pierres ne parlent, rappelant un passé merveilleux et
lointain.

La légende ! elle est partout dans la vie, chez le
pauvre comme chez le riche. Au poète elle ouvre un
domaine infini : qu'elle nous arrive de l'Italie avec
Virgile ou des brumes du nord avec Ossian, elle sera
toujours pour l'artiste et le musicien une mine inta-
rissable de richesses, et si, comme Weber et Gluck,
Richard Wagner a cru devoir y puiser à pleines mains,
c'est qu'il pressentait que seul ce champ serait assez
grand pour son imagination et son génie.

C'est là qu'il faut aller puiser, c'est là que nos musiciens trouveront de vastes et libres espaces, un
royaume immense en rapport avec les aspirations
de l'art moderne. Qu'ils suivent de ce côté l'exemple
que leur donne Wagner ; nous avons assez des tableaux

d'histoire et d'ailleurs ; c'est à eux qu'il appartient de
prendre l'initiative sans trop s'occuper du public qui
les suivra si leur musique est belle. Là est l'avenir de
l'opéra d'hier : je le vois dans les sujets empruntés aux
époques lointaines, aux grandes épopées, aux cycles
disparus. La langue des sons doit devenir celle des
dieux, des héros, des anges, des démons, des cyclopes
et des géants ; le jour n'est pas loin où l'austère Marcel bénissant l'union de Raoul et de Valentine, et le
bon moine de Roméo et Juliette, nous sembleront au
point de vue musical aussi ridicules malgré leurs cos-
tumes qu'un officier de l'état civil, même rehaussé par
le prestige de son écharpe et la dignité de ses fonc-
tions. Laissons donc aux faiseurs d'opérettes le soin de
nous mettre en scène les grands rois, les grands
princes, les grands généraux : là du moins on rit, et si
les souverains perdent un soir leurs royaumes, ils les
retrouvent le lendemain matin. Reprenons l'ancien
genre délaissé de l'opéra comique et portons-y l'esprit
et la gaieté de nos pères ; mais si nous voulons nous
élever plus haut, montons, montons toujours et quittons le monde réel pour le monde mythique aux horizons plus vastes, plus profonds, plus mystérieux. Là
nous trouverons des terres vierges et des richessesinex-
ploitées.

A travers l'École Classique.

BEETHOVEN. — *LES VIEUX MAITRES*.

A TRAVERS L'ÉCOLE CLASSIQUE

BEETHOVEN

La symphonie en *Ré*. — La quatrième. — La Pastorale. — L'*Ut* mineur. — Enthousiasme et dénigrement. — La symphonie en *La*. — La huitième.

Honorons dans Beethoven le roi des symphonistes et le plus grand musicien du monde, mais songeons qu'il fut méconnu par les sages de son époque.

Voulant oublier la gloire présente et la justice de la postérité, en lui je salue le grand lutteur d'autrefois, le Beethoven accusé de ne respecter ni les traditions, ni les règles, mais confiant dans son génie.

En son triomphe je vois l'écrasement de l'éternelle race des pédagogues, des pontifes et des pédants, l'irrémédiable défaite des vrais ou faux savants jaloux des conquêtes obtenues en dépit de leurs principes et malgré leurs anathèmes, la revanche du bon sens contre le parti pris et la routine.

En son œuvre, j'admire le constant labeur d'un cerveau puissant, toujours en quête d'une lumière plus resplendissante encore, incapable de se reposer dans la paix de la gloire acquise, et de renoncer à la marche ascendante vers de nouvelles clartés.

Jusqu'à la dernière minute de sa vie, Beethoven ne s'arrêta pas, l'idée ne lui vint ni de bâtir un système sur ses chefs-d'œuvre passés, ni d'assigner à qui que ce fut des limites auxquelles il ne voulait pas croire.

Il eut foi dans l'art de l'avenir et dans l'avenir de l'art : les yeux fixés sur l'étoile de ses rêves, il ne se contenta pas de la regarder monter toujours plus haut à travers l'immensité du ciel..... il la suivit.

*
* *

On ne se lasse point d'entendre les symphonies de Beethoven. C'est le privilège du génie que de défier ainsi le temps. Nos maîtres modernes ont beau se servir avec un art extrême de toutes les ressources nouvelles mises à leur disposition par les progrès de l'instrumentation, ils ne parviennent point à cette perfection suprême dont la source se cache au fond de la conception même de ces symphonies qui bientôt compteront un siècle d'existence. Comme les Vénus de marbre des sculpteurs de la Grèce antique, elles demeurent dans la pureté de leur forme et de leurs lignes immuablement belles, éternellement jeunes. Avec leurs harmonies simples, leurs mélodies limpides et claires, elles réjouissent nos oreilles, fatiguées parfois de ces compositions qui semblent chercher l'effet dans l'impression nerveuse obtenue par des sonorités étranges et compliquées.

La *Symphonie en ré* n'est pas de celles où Beethoven s'élève à la plus grande hauteur dans ce domaine dont il sut si bien reculer les frontières. Elle ne se peut comparer à la *Pastorale*, à l'*Héroïque*, aux *Sym-*

phonies en ut mineur et *en la,* qui la dépassent par la grandeur de l'ensemble, mais elle les égale par l'absolue pureté de l'idée mélodique, par la fraîcheur, la grâce, le charme. L'influence d'Haydn ne s'y montre plus, et pourtant, dans ce cadre agrandi, le vieux maître se retrouve et se devine. Peut-être est-ce là que nous devons chercher la vraie raison des finesses d'interprétation qu'elle présente. Haydn est, en effet, aujourd'hui plus délicat à rendre que ses successeurs. Tout est dans l'idée, et l'absence même de certains procédés matériels rend l'exécution plus difficile. Celle-ci rentre dans le style classique des sonates dont il faut détailler chaque mesure avec une justesse de nuances bien difficile à obtenir.

La personnalité du maître s'y affirme d'une manière plus tranchée, mais le génie n'y prend point encore son essor comme dans les œuvres qui suivront. Beethoven savait, en l'écrivant, où il allait, tout en ne possédant pas déjà la pleine possession de lui-même : c'était encore la musique du passé qui résonnait à son oreille et chantait en son cœur ; celle de l'avenir n'était pas née. Bientôt le grand artiste allait devancer son époque et subir les critiques acerbes des pédagogues plus ou moins réactionnaires du siècle passé. N'est-ce pas là le sort de tous les hommes de progrès qui démolissent quelque chose ?

** **

La *Quatrième symphonie* de Beethoven est peu connue ; et cependant on peut l'appeler, comme ses sœurs, un chef-d'œuvre. Si le caractère en est moins grandiose, si par l'ampleur de forme, la profondeur de conception elle n'égale pas la symphonie héroïque, peut-être la surpasse-t-elle encore par la grâce et l'imprévu. On y trouve à chaque pas des marques évidentes du travail continu auquel se livrait le puissant cerveau qui bientôt allait créer l'*Ut mineur* et la *Pastorale*; on y voit partout les traces d'une préoccupation constante : celle de concilier avec le respect des traditions et des modèles laissés par les vieux maitres, l'irrésistible besoin de marcher en avant et d'ouvrir de nouveaux horizons. Beethoven n'était pas de ceux qui croient bon de rompre légèrement avec le passé ; il n'avait point l'audace des novateurs de second ordre et ne se posait point en réformateur de l'art, mais peu à peu sa personnalité s'affirmait et sous ses pas la route devenait plus large à mesure qu'il regardait plus loin.

Je n'ai point la prétention de présenter ici l'analyse de cette œuvre si finement ciselée, si délicate et si fraîche : une symphonie de Beethoven est tout un monde. Qu'il me soit toutefois permis de signaler dans celle-ci la richesse inouïe des développements. Nulle part peut-être plus que dans le premier *allegro* et dans le *finale (allegro ma non troppo)* ne se manifeste cette facilité merveilleuse avec laquelle l'auteur savait tirer d'un motif de quelques mesures, d'un dessin même de quelques notes, une série d'effets surprenants de charme et de variété. Que dire de cette *adagio* dont la mélodie suave et pure se déroule avec une grâce infinie? Et ce troisième morceau, qui tient du menuet et du *scherzo*, dans lequel on retrouve Haydn et Mozart, quelle perfection de forme et de facture !

*
* *

Ecrite en 1808, alors que Beethoven était, on peut le dire, dans toute la force de son génie, la *Symphonie pastorale* appartient par certains côtés au genre descriptif.

Je suis obligé de me servir de cette locution, généralement adoptée, quoique impropre. Il me semble que le mot contemplatif conviendrait mieux, justement parce qu'il est plus vague. Jusqu'ici je suis de ceux qui croient que la musique est impuissante à décrire. Elle peut rendre différents états de l'âme, donner l'impression des choses, les peindre jamais, à moins de tomber dans l'imitation pure et simple qui n'est plus de l'art et devient un enfantillage même quand Beethoven l'emploie comme à la fin de l'*andante* de la *Symphonie pastorale*.

On a dépensé beaucoup d'encre à propos de cette merveille et prêté bien des préoccupations philosophiques à son auteur. Les chercheurs de nouveautés, les faiseurs de systèmes, quoique plutôt portés à décrier le passé, se précipitent toutefois avec un ensemble étonnant vers tout ce qui, dans ce même passé, peut servir de point de départ ou d'appui aux idées qu'ils défendent, aux principes qu'ils posent, aux réformes dont ils se font les apôtres.

Il faudrait un volume pour résumer ce qu'on a voulu faire dire à Beethoven dans la *Symphonie pastorale*. Comme la *Neuvième*, elle a servi de thème à des divagations infinies, ayant d'autant moins leur raison d'être que cette œuvre est la seule où le maître ait pris soin d'expliquer sa pensée. Qu'on soit donc bien certain qu'en dehors des indications fort précises et très raisonnables données par lui, nous tombons dans le domaine de l'hypothèse, où chacun est, il est vrai, libre de tout penser, même, hélas! de tout dire.

Le côté musical offre un champ assez vaste cependant pour qu'on y reste, et là du moins on a l'avantage de pouvoir appuyer ses paroles par des exemples et de marcher sur un terrain qui ne se dérobera pas.

Ce qui me paraît le plus admirable dans la *Symphonie pastorale*, c'est la simplicité des moyens, opposée à la grandeur des effets. J'y trouve aussi plus qu'autre part, cette qualité que possèdent seulement les hommes de génie : la variété dans l'unité. Cette unité, nous la devons tout entière à la puissance d'une tonalité bien établie, point lumineux dont les rayons se font partout sentir; nous la devons également à la clarté rythmique qui s'impose et nous domine sans cesse, sans jamais fatiguer, comme ceci arrive parfois chez Schumann et même dans d'autres symphonies de Beethoven.

Ici, rien ne trahit l'effort, rien n'est cherché; tout est trouvé. La mélodie est pure, l'harmonie est primitive (presque toujours la tonique, la dominante, la dominante et la tonique), joignons-y quelques modulations, toutes merveilleusement amenées; telles sont les principales qualités qui méritent dans cette œuvre de frapper tout d'abord nos yeux. Je ne parle pas de l'instrumentation, ce coloris du compositeur; elle est parfaite.

Cependant, si la *Pastorale* est une merveille de couleur et de poésie, elle n'atteint pas la profondeur et la sublimité de ses deux sœurs et rivales. Les fées qui présidèrent à sa naissance, ont fait un pas en dehors du domaine de la musique abstraite et pure, elles ont laissé tomber un regard sur l'admirable nature et n'ont pu résister à la tentation de ramasser une parcelle de l'infinie poésie qu'elle porte dans son sein; de là à la confier à cette langue idéale des sons que nul comme Beethoven n'a su faire chanter à nos oreilles, il n'y avait qu'un pas. Ainsi fut créé le plus étonnant, le plus grandiose poème symphonique que probablement nous entendrons jamais.

De toutes les symphonies de Beethoven, la *Pastorale* est la plus connue. Sa popularité vient justement du genre descriptif auquel elle se rattache et de ce qu'elle s'adresse plus directement aux sens qu'à l'esprit. Son auteur n'a toutefois point eu la pensée d'écrire avant tout une musique pittoresque et colorée, et lui-même a pris soin, sur sa partition, d'indiquer exactement le point de vue auquel il se plaçait. Après avoir écrit en tête de l'œuvre « Souvenirs de la campagne », il ajoute : « Plutôt l'expression de l'impression reçue que la « peinture... » Lorsque cette symphonie fut exécutée pour la première fois, les programmes du concert contenaient le texte qui l'accompagne toujours aujourd'hui, mais qui différait du texte de la partition. Celui-ci ne mentionnait ni la « Scène au bord du ruis- « seau », ni la « Réunion joyeuse des campagnards ». Pour que le lecteur se rende un compte exact de la « différence, je le transcris ici : « Éveil de sensa- « tions sereines à l'aspect de la campagne. — Orage,

« tempête. — Chant du berger. — Sentiments joyeux
« et reconnaissants après l'orage. »

Le public aime les programmes qui fournissent à
l'esprit un point de départ et viennent ainsi corriger
le vague du moins positif des arts. Aussi nos modernes
compositeurs s'empressent-ils de suivre un exemple
parti de si haut et voyons-nous la plupart de leurs
œuvres symphoniques précédées de légendes bles-
sant trop souvent le sens commun et la raison.

Ce mode de composition a trouvé sa formule dans le
poème symphonique, il a tenté presque tous les musiciens modernes, sauf Brahms, qui persiste à dédaigner
ce moyen d'exciter l'attention et l'intérêt de l'auditeur. Listz et Berlioz en furent les plus ardents partisans et l'on ne saurait nier que nous leur devons de
fort belles pages. Toutefois, sans vouloir aucunement
amoindrir la somme de talent dépensée dans des
symphonies à programme, telles qu'*Harold* et la
Fantastique, je n'hésite pas à dire que ces œuvres sont
fausses comme leur base, comme leur principe. La
Fantastique surtout me semble déceler un cerveau de
musicien hanté par des rêves de poète et ravagé par
des cauchemars de génie. L'art vrai, l'art sain,
n'est pas là : il est dans la *Symphonie en la*, dans l'*Ut
mineur* et dans la *Pastorale* si l'on veut, pourvu qu'on
ne dénature pas l'idée de celui qui, tout en l'écrivant,
semblait craindre qu'on ne se méprît sur sa pensée.

*

La *Symphonie en ut mineur* est considérée par un
grand nombre de critiques comme étant, après la

Symphonie en la, la plus parfaite du maître. Son premier *allegro*, bâti tout entier sur quatre notes saisissantes par la façon rythmique dont elles sont présentées, son *andante*, si facile et si mélodique, d'une allure toute mozartienne avec plus de grandeur encore et de puissance, son admirable finale, fait d'une marche éblouissante et d'un merveilleux *scherzo*, forment un ensemble qui restera toujours l'une des plus complètes manifestations du génie de Beethoven. Nulle part, l'art de développer une pensée musicale n'apparaît avec un plus vif éclat, et parmi les chefs-d'œuvre symphoniques que nous devons à l'école allemande, je n'en connais point de plus pur de forme. Ni l'*Héroïque*, ni la *Pastorale*, dont certaines parties peuvent, au premier abord, sembler plus séduisantes, ne l'égalent ; et la *Neuvième*, tout en la dépassant par la grandeur de la conception, lui reste inférieure au point de vue du style, de la facture et peut-être de l'unité.

Comme forme, elle fut dans son temps une nouveauté qui parut même à certains d'une hardiesse exagérée. Nous sommes loin des menuets d'Haydn et de Mozart, et le *scherzo* lui-même est modifié, puisqu'il fait corps avec la marche triomphale, qui peut être considérée comme le finale. Cette innovation fit du bruit jadis et rien n'est plus intéressant et curieux à cette heure que de relever quelques fragments de contemporains. Il s'en fallait que la musique de ce grand maître fût partout appréciée à sa juste valeur.

Oui, quoique le fait aujourd'hui nous semble invraisemblable, Beethoven fut vivement attaqué par ceux qui, de son temps, redoutaient pour l'avenir de l'art ses tendances révolutionnaires. Rien n'est changé ; et nous voyons aujourd'hui ces chevaliers de la routine revivre dans ceux qui ont hérité de leur prudence exagérée, de leur timidité déraisonnable, quelquefois de leur vaniteuse suffisance. Les incapables n'étaient malheureusement pas seuls à juger sévèrement l'homme qu'ils ne comprenaient point : parmi eux, se trouvent des musiciens tels que Weber, des savants tels que Fétis.

Dans l'*Ut mineur* le maître est bien en possession de son génie, nul avant n'était parvenu à une pareille puissance, à une semblable grandeur, nul depuis n'a pu l'égaler, je dirai même en approcher.

L'on a beaucoup écrit sur Beethoven, des discussions interminables se sont succédé au sujet de ses trois manières, de ses trois styles.

Il est évident que l'homme subit, à mesure qu'il avance dans la vie, l'influence de l'expérience et du travail. Il ne peut rester à quarante ans ce qu'il était à vingt, à soixante ce qu'il était à quarante, et je plaindrais fort un remueur d'idées, poète, artiste ou philosophe, qui ne changerait jamais.

Les entêtés, les incapables ou les fous demeurent seuls immuables comme le roc, en face du temps qui marche et des années qui passent. En ce qui concerne Beethoven, à part sa première symphonie, je serais véritablement bien embarrassé de classer les sept autres, et même dans les trois premiers morceaux de la *Neuvième* il me semble qu'on retrouve les qualités, le plan, les procédés, les admirables beautés qui font de toutes ces symphonies d'incontestables chefs-d'œuvre. Il n'en est pas ainsi dans ses quatuors et ses sonates pour piano, où la différence est grande entre les premières et les dernières œuvres.

La *Symphonie en ut mineur* passe pour l'une des plus parfaites. Peut-être : à certains points de vue. Ce qu'il y a d'admirable dans les symphonies de Beethoven, c'est que chacune d'elles offre un côté par lequel on peut la considérer comme un modèle parfait du genre. Je l'avoue sincèrement, pour moi, la plus belle est toujours la dernière que je viens d'entendre.

Ce sont là, je le répète, d'immortels chefs-d'œuvre autour desquels le silence n'est pas près de se faire. Ils serviront longtemps de thème aux improvisations des écrivains du présent et de l'avenir; les Fétis et les Berlioz de demain se prendront encore aux cheveux sur les intentions présumées de celui qui ne reviendra point, hélas! donner raison ni aux uns, ni aux autres. Au sujet du fameux *mi* bémol, appelé par le savant professeur une « faute grossière » et regardé par l'auteur de *Roméo et Juliette* comme une note « caractéristique », j'ai la franchise d'avouer que ceci me laisse absolument indifférent. Il est de mode aujourd'hui de jeter continuellement la pierre à Fétis, pour lequel Berlioz fut certainement injuste, et je serais ici véritablement tenté de le défendre, quoiqu'en cette circonstance je penche à croire qu'il se trompait.

Nous sommes portés, de nos jours, à exagérer la note admirative. En art, comme ailleurs, il nous faut des idoles; nous élevons des statues aux médiocrités qui pullulent, et le culte du génie menace de dégénérer en fétichisme.

Chacun a sa petite église, son autel et son dieu,

auquel il ne faut pas toucher sous peine d'être accusé de sacrilège.

Que ce dieu porte le nom de Gluck, de Mozart, de Beethoven ; qu'il s'appelle Wagner, Berlioz ou Rossini, qu'importe! Si vous n'adorez, à toute heure, en tous lieux, le front dans la poussière, le clan des fidèles ne vous pardonnera pas.

Le critique indépendant doit savoir se garder de ces partis pris d'enthousiasme ou de dénigrement. J'avoue, pour ma part, ne point considérer le respect que l'on doit aux chefs-d'œuvre comme une obligation de n'y jamais trouver rien à redire, c'est pourquoi, tout en ne pouvant accepter certains jugements de Fétis qui, pris dans leur ensemble, me paraissent dépasser la mesure, je ne fais aucune difficulté de reconnaître que parfois il avait raison.

C'est le cas, dans l'appréciation suivante de la marche finale de la *Symphonie en ut mineur*, marche qu'il appelle « gigantesque et digne des héros d'Homère » :

« Si elle n'avait, dit-il, que les dimensions ordi-
« naires des morceaux de ce genre, l'auditoire n'aurait
« pas le temps de respirer depuis le commencement
« du *scherzo*. Mais après le plus magnifique début,
« une suite d'idées vagues, d'imitations sèches et
« scholastiques, de modulations hasardées et sans
« charme viennent diminuer peu à peu le plaisir qu'on
« a ressenti. »

Le fond de cette critique, sèche dans la forme, est vrai, sauf en ce qui concerne le vague des idées, qui ne me semble pas exister, attendu que celles-ci sont, au contraire, d'une clarté tout éblouissante. Oui, dans cette marche trop longue se trouve une abondance d'imitations et de modulations qui constituent un hors-d'œuvre. Nous nous sentions emportés vers les hauteurs où plane le génie, nous retombons tout à coup dans un prosaïsme scientifique qui fait l'effet d'une douche d'eau froide. L'idée noble et généreuse se présentait avec l'allure fougueuse d'un cheval emporté : soudain nous la voyons ralentir sa marche hardie et perdre une partie de sa beauté dans la recherche d'inutiles détails qui semblent autant de coups d'épingle enfoncés dans son sein. Il y a du vrai dans le reproche adressé plusieurs fois à l'auteur de l'*Ut mineur* par ses contemporains, qui l'accusaient de ne pouvoir se décider à finir. C'est une remarque qu'on peut faire en étudiant les œuvres symphoniques de ce maître immortel, ses sonates et quatuors. Parfois la fin traîne en longueur, ou se fait trop attendre. Mais quel est le génie dont le ciel soit sans ombres?

L'*Ut mineur* inspira d'ailleurs à son apparition des appréciations bien autrement exagérées que celles de l'auteur de la *Biographie des musiciens*.

Un certain Denis Weber de Prague l'appelait tout crûment une « chose sans nom »; la *Gazette de Musique*, de Leipzig, voulait bien reconnaître en 1806, qu'elle contenait quelques beaux passages, mais ajoutait : « trop souvent elle parait s'égarer. Il y a « trop d'antithétique et de bizarre ; ce qui rend « l'ensemble difficile à saisir et la fait manquer « d'unité. »

Longtemps après l'apparition de cette œuvre colossale, un critique s'écriait en parlant de son auteur :

« Avertissons les jeunes gens que nul modèle n'est « plus difficile et à la fois plus dangereux à imiter

« que l'homme dont le style consiste à ne reconnaitre
« que l'inspiration pour guide et pour loi suprême. »

Je pourrais multiplier ces citations que j'emprunte
d'ailleurs à l'excellente *Histoire de la symphonie* de
M. Michel Brenet : Voilà comment on s'exprimait autrefois sur Beethoven et l'une de ses plus sublimes conceptions, cette œuvre dont le fond artistique est
formé, dit Richard Wagner, « de tous les sentiments
« divers et profondément marqués d'une individualité
« à laquelle rien de ce qui est humain n'est étranger. »

Oui ! l'on craignait jadis l'influence de ce novateur
dont l'audace faisait trembler les sages de l'époque.
Haydn, qui pourtant lui-même en avait épouvanté
d'autres, était dépassé ; l'avenir de la musique semblait compromis et perdu. Ces hommes timides ont
disparu, et l'ombre du géant auquel ils se sont atta-
qués les protège encore, car leur critique ne vit plus
que par la force même de son inanité. Au reste, ces
prophètes de malheur, ces hésitants, ces sages sont
de tous les temps et de tous les pays, leur voix réson-
nera toujours à nos oreilles comme l'écho des protes-
tations impuissantes de ceux qui croient pouvoir dire
à l'art : « Tu n'iras pas plus loin ! »

*
* *

La *Symphonie en la* de Beethoven est peut-être le
chef-d'œuvre de ce maître. Je dis peut-être parce qu'il
est difficile, en pareille matière, de procéder par affir-
mation. Les uns hésiteront entre l'*Héroïque* et la
Pastorale, d'autres préféreront l'*Ut mineur*, d'autres
enfin, et c'est même aujourd'hui le plus grand nombre,

ne verront rien au-dessus de la *Neuvième*. Tout en admirant autant que les plus modernes entre les modernes la dernière et colossale production de ce Titan, je n'hésite pas à considérer comme ses deux œuvres les plus parfaites l'*Ut mineur* et la *Symphonie en la*. Elles me semblent plus fortes au point de vue de la conception, plus étrangères en un mot à toute préoccupation qui ne soit pas d'un ordre exclusivement musical. Le maître s'y élève à de sublimes hauteurs où pour beaucoup, je le reconnais, il est difficile de le suivre. Il reste dans le domaine de la musique pure et c'est pourquoi je l'admire là plus que partout, plus que dans la *Pastorale*, où pourtant il évoque avec une si grande puissance la vaste poésie de la nature, plus même que dans la *Neuvième*, où, derrière le compositeur, nous entrevoyons le spéculateur, le philosophe, apportant à nos oreilles comme un dramatique écho de la voix retentissante de l'humanité tout entière.

Si l'idéal existe en musique, la *Symphonie en la* me parait de toutes les symphonies de Beethoven celle qui s'en rapproche le plus.

Toute la première partie est d'une clarté, d'une simplicité qui sautent aux yeux. Une phrase mélodique qui peut être réduite à huit mesures, développée avec une richesse d'imagination extraordinaire, une grâce exquise, une légèreté merveilleuse, tel est le pivot autour duquel tourne dans un cercle étincelant et lumineux ce *vivace* dont le rythme entrainant et persistant ne nous laisse ni repos ni trève. Il y a là des merveilles d'esprit; c'est un parfait modèle de style concertant. L'habileté de main qui se cache derrière une apparente simplicité est inouïe, et je ne connais

rien de plus intéressant que la lecture attentive de
cette partition pleine d'un bout à l'autre de détails
dont le moindre est un petit chef-d'œuvre. Pour ne
parler que d'un court fragment, je prendrai les vingt
ou trente mesures qui succèdent à la première
reprise. Quoi de plus ravissant, de plus coquet que ce
babillage des violons et des basses; du hautbois, de la
flûte et du basson; quoi de plus parfait et de plus
charmant que ce gracieux caquetage, ces imitations à
l'octave inférieur et supérieur d'une simple gamme
ascendante ou descendante; et tout cela roule sur un
ou deux accords, les enchaînements harmoniques sont
de ceux qu'on pratique après trois semaines de travail.

*
* *

La *Symphonie en fa* n'a pas la célébrité de ses
aînées. Une merveille, cependant, que cette huitième
fille du génie de Beethoven, trop souvent éclipsée par
ses sœurs et dont le charme exquis mérite mieux que
l'ombre et l'obscurité. Ici tout est souriant, calme,
limpide; nous n'avons ni orage, ni marche funèbre;
notre esprit n'évoque aucun souvenir sombre; il ne
s'agit ni de géants, ni de batailles; aucune tristesse,
aucune larme ne se cache derrière ces accords, et ces
harmonies ne recèlent dans leurs flancs ni amertume,
ni colère. On croit entendre le chant d'un être heureux
de se sentir vivre : Beethoven, depuis l'*Héroïque*, rappelait Homère, Eschyle, Dante et Shakespeare; il
devait également nous faire songer à Virgile.

La *Symphonie en fa* de Beethoven est l'une des plus
fantaisistes du maître. Plus que dans toute autre, il

semble y avoir laissé courir son imagination, et l'on serait tenté de croire en l'écoutant que les règles de son caprice ont, pour une fois, été les seules qu'il ait suivies. D'une allure plus alerte et plus légère, elle nous apparaît rayonnante de grâce et d'esprit, avec son *allegretto* d'une mélodie séduisante et coquette et son *menuet* qui vient ici prendre une éclatante revanche sur le *scherzo* délaissé. Le *finale* est d'une science et d'une habileté merveilleuses, et malgré toutes ces qualités, cette *Huitième symphonie* produit rarement sur le public l'effet de ses aînées. La conception en est certainement moins grande, et quand il l'écrivit, Beethoven dut embrasser de son regard d'aigle un moins vaste horizon. Peut-être à ce moment l'œuvre gigantesque qui devait suivre était-elle déjà le principal objet de ses préoccupations; on peut en effet supposer que la *Neuvième* accaparait le meilleur de sa pensée.

A TRAVERS L'ÉCOLE CLASSIQUE

LES VIEUX MAITRES

Haydn et la symphonie en *Si* bémol. — Siegfried-Idylle et la
51e. — Le divin Mozart. — La symphonie en *Mi* bémol.
— Mendelssohn. — La réformation. — Robert Schumann. —
Les 1re, 2e et 4e symphonies.

HAYDN

On traite aujourd'hui facilement de « *perruques* »
les admirateurs de ce grand musicien d'un siècle déjà
loin de nous. Le mot n'est pas neuf; Mendelssohn
l'appliquait à Boccherini avec une lourdeur d'esprit
toute allemande; il ne se doutait pas qu'un jour vien-
drait où l'on en ferait autant pour lui ! Les novateurs
les plus décidés seront toujours les « *perruques* », de
novateurs plus décidés encore et nos modernes compositeurs y passeront comme les autres. Puissent-ils
défier le temps et rester dans cent ans aussi jeunes
qu'Haydn. Mais il en sera probablement tout autrement. Les compositions musicales de notre époque
paraîtront peu de chose aux futurs compositeurs de
1990. On inventera des instruments perfectionnés, on
trouvera des combinaisons nouvelles et des orchestres
comme n'en a point rêvé Berlioz feront leur appari-

tion. Alors l'heure des effets gigantesques, inouïs, fabuleux, sera venue; celle de la vraie musique sera passée, et qui sait si l'on ne dira pas de la *Symphonie en ut mineur* : petit ! petit !

Pour le moment Haydn est encore admis dans le monde artiste, le public naïf applaudit franchement ses pures et suaves inspirations. Mais bientôt l'avant-garde de nos décadents les considérera comme des vieilleries bonnes à figurer dans un musée d'art rétrospectif et la foule suivra, car presque toujours elle court après ceux qui s'agitent et la mènent, en lui promettant ce dont elle ne se lasse pas d'avoir soif : du nouveau.

Il est certain qu'il faut marcher avec son temps sous peine de ne plus compter pour rien, et ce n'est point un mal de chercher à quitter les sentiers battus. L'erreur est de ne plus voir le beau dans un coin du ciel du moment où l'on essaye de le trouver dans un autre. C'est comme si la dernière étoile que découvre un astronome avait la prétention d'éclipser ses sœurs aînées.

Haydn est un des compositeurs les plus étonnants que je connaisse, et l'étude de ses œuvres nous place en face de merveilleuses richesses. Quand il prenait la plume, c'était tout simplement pour écrire une œuvre essentiellement musicale; il ne spéculait pas, lui, mais cherchait un thème, le dévèloppait selon les règles de l'art, et se déclarait satisfait quand il sentait ses auditeurs sous le charme. Il n'eut ni la puissance de Beethoven, ni la grâce de Mozart, mais une fécondité sans exemple.

L'exécution répétée des symphonies d'Haydn serait

l'un des meilleurs moyens pour ramener le public à une musique dont il s'éloigne chaque jour davantage. Nous trouvons là une pureté de lignes, une fraîcheur d'idées, une richesse mélodique qui, malgré tout, nous séduisent encore.

La *Symphonie en si bémol* est l'une des plus jeunes, des plus naïves de ce maître unique, dont la vie artistique semble n'avoir été qu'un perpétuel printemps.

Quoi de plus franchement aimable que ce *vivace cantabile*, bâti sur un seul thème et cependant d'une exquise variété? Quoi de plus suave que cette *Romance*, d'un style sans doute un peu vieillot et enfantin, mais tenant nos oreilles sous un charme qui ne se dément pas? Où trouver un *menuetto* plus finement travaillé, un *presto* plus rempli de gaîté, d'esprit et d'adorable coquetterie? On reste émerveillé devant tant de facilité, tant d'abondance et tant de grâce.

Grâce et jeunesse : telles sont bien, en effet, les deux qualités saillantes de cette musique contre laquelle les fluctuations de la mode même demeurent impuissantes. La naïveté dans la forme et la fraîcheur dans l'inspiration séduisent encore, et l'on n'est pas fâché par instant de se reposer un peu du colossal et du gigantesque, deux objectifs dont on finit par abuser de nos jours.

La symphonie pure, telle que la comprirent les vieux maîtres, tend, en effet, de plus en plus, à devenir une spécialité d'outre-Rhin. Nos compositeurs, séduits par le mirage de la musique descriptive et de la couleur, préfèrent les sentiers pittoresques du poème symphonique; ils ont inventé la *Suite d'orchestre*, forme bâtarde, mais élargissant pour eux le domaine de la fantaisie. Quelques-uns ont cependant essayé de réagir contre ce courant, nous avons des symphonies fort remarquables mais elles n'ont pas su trouver encore le chemin de la célébrité.

Je n'ai point ici l'intention de faire le procès des formes nouvelles aimées de notre jeune école ; ce serait d'ailleurs inutile. Chacun va où son tempérament le pousse, et c'est folie de vouloir arrêter ou remonter le cours des idées, je regrette seulement de voir en France abandonner d'une manière aussi complète un genre de musique qui a inspiré tant d'œuvres sublimes et qui chez nous ne tient pas actuellement la place qu'il devrait occuper. Ce ne sont ni les compositeurs ni le talent qui manquent, non ; l'objectif seul a changé ! Les succès bruyants, le désir exagéré d'étonner, le besoin toujours croissant du nouveau, la recherche de l'effet, les progrès immenses de la science instrumentale nous poussent à laisser de côté ce qui s'est fait pour ce qui ne s'est pas fait encore. Nous préférons mettre nos aspirations en rapport avec le goût du public plutôt que de le guider. Il y a là un excès et une erreur. l'excès est dans l'abandon de la symphonie, l'erreur dans l'idée trop répandue qu'on n'y peut être ni neuf, ni original. Saint-Saëns est pourtant une preuve éclatante du contraire.

*
* *

Haydn et Richard Wagner : il me plaît de réunir ces deux noms. Un siècle au moins sépare l'œuvre charmante qu'on appelle la 5¹ᵉ de la délicate et poétique page musicale écrite sous le titre de *Siegfried-Idylle*, et cependant nous retrouvons dans ces deux compositions si différentes bien des points de contact. Elles sont faites pour le même petit orchestre, ce qui rend déjà le rapprochement intéressant ; nous y admirons la même fraîcheur d'inspiration, la même grâce, la même richesse mélodique. Si l'une brille par la naïveté, par une simplicité voisine de la candeur, l'autre dénote une puissance de coloris merveilleuse.

Parfois même l'idée principale est noyée dans un tel flot de mélodies qu'on a peine à la suivre au milieu de successions harmoniques et de combinaisons instrumentales d'une infinie variété. La musique d'Haydn se comprend de suite et sans aucun effort d'attention, parce que la forme nous en est familière et que les motifs nous sont présentés d'après des procédés auxquels nous ont habitués les auditions répétées des œuvres classiques. Avec Wagner, nous subissons tout d'abord la fascination d'une instrumentation remplie d'effets entièrement nouveaux pour notre oreille, d'un autre côté le thème, ou si l'on veut la pensée mélodique, ne vient presque jamais sur un simple accompagnement, mais apparaît environnée de contre-chants qui peuvent, jusqu'à un certain point, dérouter l'auditeur. Pour quiconque sait s'astreindre à écouter autrement que superficiellement, la lumière ne tarde pas à se faire et tout devient clair comme le cristal de roche le plus pur et le plus limpide.

Il ne faut pas oublier que le point de départ de cette musique se trouve dans les œuvres de la troisième manière de Beethoven, par exemple les derniers qua-

tuors. Or, qui donc aurait la prétention de saisir en
une seule audition toutes les beautés de ces pages
immortelles ?

Je suis aussi sensible que qui que ce soit au charme
d'un *andante* d'Haydn ou de Mozart, ce qui ne m'empêche pas de prendre plaisir à d'autres formules
mélodiques.

Dans *Siegfried-Idylle*, l'inspiration déborde et la
source ne tarit jamais. Voilà bien une poésie qui rapproche du ciel. La phrase mélodique tour à tour gracieuse, tendre, sublime, fantaisiste ou passionnée,
nous prend et nous emporte loin du monde réel.

L'absence de cadence surprend ceux qui se figurent
que la mélodie n'existe pas sans points d'arrêt, repos
ou suspensions. C'est justement ce qui constitue l'un
des côtés attachants de la musique de Wagner et
c'est aussi ce qui lui a valu le reproche de manquer
de mélodie.

La mélodie ! mais il faut parfois savoir la trouver.
J'en connais dont les oreilles ne la saisissent pas en
dehors des valses et des pas redoublés, j'en sais qui
ne voient point de salut pour elle hors du répertoire
italien ; pour eux les mélodistes sont Bellini, Donizetti,
Verdi, Rossini. D'autres vont plus loin et consentent
à accorder, à Gounod et Meyerbeer, ce don précieux
qu'ils refusent à l'auteur de *Lohengrin*.

Croit-on qu'une mélodie n'est belle qu'à la condition de sonner à l'oreille aussi clairement qu'une
marche de musique militaire, et n'est-ce pas une illusion voisine de la présomption que de la nier par le
seul fait qu'on ne l'entend pas ?

Soyons donc prudents et souvenons-nous de toutes

les œuvres *incomprises* que le temps a fini par rendre si compréhensibles.

MOZART

Invocation

O Mozart ! Maître unique, incomparable charmeur, toi que le destin prit quand l'été de la vie s'ouvrait à peine, toi qui n'as pas entrevu les radieux horizons de l'océan de gloire qui t'enveloppe, et dont les flots t'apportèrent trop tard l'immortalité qu'ils roulaient dans leur écume, toi qui, d'une main prodigue, as semé, sans compter, les perles de ta lyre, étonnant l'univers entier par une puissance mélodique dont nul n'approcha jamais ; près d'un siècle a passé sur ta tombe et pourtant, soit que l'enfant de ses faibles doigts traduise ta pensée sur le clavier d'ivoire, soit que les cent voix de l'orchestre, dans de sublimes accords, la portent aux quatre coins du monde, tu nous apparais toujours le front ceint d'une auréole de jeunesse, de grâce et de beauté.

Mozart ! doux est ton nom, comme le miel de l'Hymète et l'ambroisie des dieux ; bénie soit ta muse comme celle d'un printemps qui ne sait pas finir.

D'autres, après toi, tentèrent d'aller plus avant dans les mystérieuses profondeurs de l'âme humaine, d'autres essayèrent de parler plus puissamment à nos sens, en arrachant aux entrailles mêmes de la nature des chants plus passionnés et plus troublants ; nul plus purement que toi ne sut manier l'immatériel langage des sons pour nous emporter loin de la terre vers les immortelles régions éthérées où plane l'idéal.

Déjà l'on t'appelle divin ; autour de ton nom, la légende commence ; déjà nous invoquons ta mémoire et dans le ciel de l'art tu projettes une éclatante lueur.

Le jour finira par arriver où le souvenir de notre race ne sera plus qu'un coin perdu dans la nuit du passé, des civilisations nouvelles succéderont à celle dont nous nous montrons si fiers, et les savants futurs interrogeront à leur tour les débris de nos palais, de nos théâtres, de nos temples, pour en arracher une parcelle de notre histoire. Transmis de générations en générations, ton nom, comme aujourd'hui celui d'Orphée, vivra quand, depuis longtemps, sera mort l'art qu'illustra ton génie. Et sous les dômes épais des forêts, à travers les campagnes verdoyantes, dans les hameaux, les villages, les cités immenses, se dresseront des autels au pied desquels les musiciens d'alors iront se prosterner, chanter des chœurs et déposer des couronnes en l'honneur de celui qui jadis remplissait la vieille Europe de ses adorables mélodies.

En ce temps-là, Mozart, tu seras vraiment Dieu.

*
* *

Rossini disait, en parlant de Mozart : « C'est le seul qui ait eu autant de science que de génie, autant de génie que de science. » Je serais tenté de croire que la somme de génie, ce don naturel selon les uns, cette longue patience selon les autres, était de beaucoup la plus forte et j'ajouterai même que depuis l'auteur immortel de *Don Juan*, les profondeurs abstraites de l'art musical ont été fouillées plus con-

sciencieusement par bien des savants, auxquels toute
une vie de laborieuses études n'a même pas rapporté
quelques parcelles de cette gloire immense qui rayonne
actuellement autour du nom de celui qu'on appela le
Raphaël de la musique. Loin de moi la pensée de prétendre que Mozart n'était point un savant : il connaissait à fond les secrets de son art, et si dans ses compositions on ne sent pas le travail, il ne s'en suit point
pour cela qu'elles ne lui en aient coûté aucun. Nul
plus que lui n'a vécu par son art et pour son art ; il
ne cessait pas une minute d'avoir l'esprit en ébullition
et ne se sentait vivre que lorsqu'il composait. Seulement il est juste de reconnaître qu'il devait à la
nature une organisation tout exceptionnelle et des dons
tout particuliers.

La *Symphonie en mi bémol*, moins appréciée des
connaisseurs que celle en *sol mineur*, renferme deux
parties délicieusement jolies : le premier *allégro* et le
menuet.

La facture de ces deux morceaux paraît, par le temps
de modulations qui court, d'une simplicité presque
enfantine, c'est celle de toutes les symphonies, de la
plupart des trios, quatuors et sonates du même maître.
Un premier motif suivi de quelques mesures destinées
à conduire l'oreille dans le ton de la dominante où
vient nous charmer l'apparition du second thème ;
une courte période de développements plus ou moins
riches de science et d'imprévu, le retour du premier
thème, puis du second, cette fois dans le ton de la
tonique, tels sont les procédés employés la plupart
du temps par ces maîtres qui écrivirent des chefs-
d'œuvre et avec lesquels le plus puissant musicien du

monde composa ses neuf admirables symphonies. On aura beau faire et beau chercher, on pourra se creuser l'imagination pour trouver dans la musique de ces hommes le principe et la base d'autres théories dont il serait bien plus courageux de revendiquer la paternité : c'est peine perdue, la réalité viendra toujours démontrer l'insanité de ces élucubrations. Qu'on fasse du nouveau, rien de plus louable ; mais qu'on laisse donc Beethoven tranquille, cela vaudra mieux que de vouloir lui faire endosser la responsabilité de conséquences auxquelles il ne songea jamais.

Libre à nous de ne point respecter ces antiques usages et de bâtir une symphonie, en nous gardant bien de la baser sur les tonalités habituelles : la tonique et la dominante, vieilleries ! Libre à nous de préférer à cette quinte du ton si souvent employée, si rationnelle, si naturelle, la seconde, la tierce, la quarte ou la sixte ; libre à nous même de supprimer toute espèce de tonalité définie, toute cadence, toute conclusion, mais ayons le courage de nos trouvailles musicales et n'en attribuons point l'idée à ceux qui ne se servirent de ces moyens que comme exception.

On peut faire de la musique et ne point aimer Mozart, mais à la condition de n'être pas vraiment musicien. Le fait aujourd'hui n'est pas rare, et nous voyons des gens passer leur temps à couvrir de notes un papier qu'ils eussent tout aussi bien pu noircir de lettres ou de chiffres.

Ce qui nous séduit et nous subjugue avant tout dans la *Symphonie en mi bémol*, comme dans les autres du même maître, c'est le charme et l'élévation de la pensée, la beauté de l'inspiration, la richesse de la mélodie. Le reste vient après. Sa muse est chaste, grande, austère jusque dans l'étalage de ses grâces et la séduction de ses coquetteries les plus raffinées. La pureté de ligne est absolue. Elle nous rappelle le marbre antique animé par le ciseau d'un Praxitèle ou d'un Phidias, et, dédaigneuse des parures éclatantes et des ornements inutiles, nous éblouit par la seule splendeur de sa merveilleuse nudité. Son but ne fut jamais de surprendre ni d'étonner l'oreille, mais uniquement de la charmer.

Si Mozart ne fût mort à trente-sept ans, peut-être eût-il comme Beethoven cherché à reculer les limites du domaine de son art bien-aimé, peut-être, lui aussi, eût-il spéculé! Il ne l'a pas fait, et comme Haydn et Bach, nous a laissé le souvenir d'un musicien trop absorbé par la musique pour avoir pu songer à y mêler autre chose.

MENDELSSHON

L'admirable symphonie de Mendelssohn, la *Réformation*, est une de ces œuvres convaincues et honnêtes bien faites pour élever l'âme vers les régions de l'idéal et reposer l'esprit dont pour être comprise elle n'exige aucun effort, aucune tension.

C'est décidément l'une des plus grandes inspirations du maître allemand, quoiqu'elle manque un peu d'unité. Mais on oublie ce défaut dès que l'on est sous le charme, et c'est dire qu'il ne reste point de temps pour y songer. J'avoue cependant ne pas m'expliquer la couleur de l'adorable *allegro vivace* et de l'*andante*, hors-d'œuvre, excusables il est vrai, car on n'a jamais assez d'applaudissements pour les saluer.

3.

Ce sont deux sourires au milieu de religieuses méditations; on croirait voir soudain des ombres féminines se détacher sur la muraille dans quelque recoin perdu d'une immense cathédrale. Il n'y a rien, dans ces deux séduisantes fantaisies, du puritanisme protestant, elles contrastent avec l'austérité de leur entourage, le cadre ne semble pas fait pour elles. Luther est battu par François de Sales, la mystique poésie du catholicisme fait oublier à Mendelssohn la pure et froide morale de la religion réformée, qu'il abandonne mais à laquelle il revient bien vite, en véritable protestant qu'il est.

Toute la première partie de cette symphonie, qui nous présente si bien Mendelssohn sous les deux côtés principaux de son caractère franchement aimable et légèrement mystique, se fait remarquer par une magnifique facture. C'est simple et grand, d'une sévérité sans sécheresse et l'*allegro con fuoco* qui suit, de même que le *choral* (nº IV), malgré la longueur de quelques développements un peu scolastiques, sont et resteront de superbes modèles du genre.

Ce *finale* est tout entier bâti sur un chant d'une simplicité qui touche au sublime, et dont l'austère poésie, dégagée de tout sentiment mystique, parle plus à l'esprit qu'au cœur. C'est d'abord la flûte seule qui le fait entendre, puis les clarinettes, les hautbois, les bassons entrent successivement en scène, formant sous le motif de magnifiques successions harmoniques; viennent ensuite les altos et violoncelles, puis les cuivres et enfin les violons, qui, jusque-là silencieux, attaquent l'*allegro vivace* destiné à nous conduire en quelques mesures à l'*allegro maestoso*. On dirait les clameurs sourdes d'un peuple qui n'accepte pas sans murmurer les nouvelles doctrines et qui pourtant bientôt vaincu par le génie du grand réformateur, ne va pas tarder à les acclamer par des chants de triomphe et de victoire. En effet, toutes les voix de l'orchestre finissent par se fondre dans cet hymne sévère, solennelle profession de foi que semble vouloir proclamer à la face du monde l'éclatante sonorité des trompettes.

Cette musique n'est point faite pour nos cathédrales peuplées de statues et de tableaux, où l'Évangile perpétuellement raconté sur les murailles avec ses épisodes terribles, lamentables et sanglants, remplit les yeux du croyant de larmes amères, en versant dans son âme des ferments d'un amour empreint d'inquiétude et de terreur ; elle convient à la mosquée, au temple, dont les murs froids et nus s'élèvent comme pour nous prouver qu'entre la prière et Celui à qui elle s'adresse, il ne doit point y avoir d'intermédiaire.

Il faut lire la correspondance de ce grand compositeur pour se rendre un compte exact de la façon dont il envisageait l'art et les obligations qu'il impose. On lui a souvent reproché d'avoir été peu juste pour la France et particulièrement Paris où il fut admirablement accueilli. Mais il était impossible à cet Allemand, doux et naïf de cœur, élevé dans un milieu sévère et puritain, de ne pas se sentir scandalisé de la légèreté avec laquelle nous traitions parfois l'art ou l'amour ; nos mœurs politiques le stupéfiaient, notre théâtre le charmait mais ses audaces lui faisaient peur ; il avait des candeurs d'enfant : ainsi dans *Robert le Diable* la scène des nonnes changées en ballerines et dansant des pas de séduction lui paraissait une monstruosité. Je n'en finirais pas si je voulais citer tous ces étonnements d'une naïveté délicieuse et sous lesquels perce une nature délicate et bonne.

Ce n'est pas lui qui eût jamais encouragé les amateurs de musique descriptive. « La musique, disait-il, « doit subsister par elle-même et sans le secours des « paroles. »

Chez lui, pas l'ombre de charlatanisme : il va droit au but, cherchant l'effet dans la simple beauté de la pensée musicale ainsi que dans la façon de la présenter. Harmonie et mélodie, voilà ses deux objectifs en écrivant une symphonie. Il ne veut pas avoir d'autres préoccupations qui le puissent détourner du droit chemin ; il se refuse à toute concession capable de l'entraîner, si peu que ce soit, sur la pente du poème symphonique, ce genre intermédiaire et légèrement bâtard si bien employé par Listz avec naïveté, par Berlioz avec conviction, par Saint-Saëns avec esprit.

Aussi quelle pureté de forme, quelle clarté dans la conception ! comme tout se lie bien, se tient, s'enchaîne. C'est l'art d'Haydn avec une note personnelle et moderne, toute idée spéculative en est bannie, nous sommes en face d'un musicien qui cherche à nous émouvoir uniquement avec de la musique. Chose curieuse, le fait devient de plus en plus rare.

Au lieu de procéder dans la musique symphonique d'Haydn, de Mozart, de Beethoven, de Mendelssohn et de Schumann, les grands, les vrais maîtres, en dehors du drame-lyrique, bien entendu, on s'appuie sur Listz et Berlioz dont le système intéressant, séduisant, curieux, mais faux, place nos oreilles inquiètes et déroutées en face de tout un petit théâtre symphonique rempli de ces rébus musicaux si compliqués et si profonds qu'il faut se creuser la cervelle pour en saisir le sens et en goûter la poésie.

ROBERT SCHUMANN

Robert Schumann est l'un des maîtres classiques que nous voyons le plus rarement figurer aux programmes de nos concerts. Il tient, dans le monde musical, actuellement, la première place après Mendelssohn, et beaucoup même le préfèrent à l'auteur de la symphonie de la *Réformation*. Telle est la puissance du temps qui passe sur les œuvres vraiment belles. Voici qu'on appelle aujourd'hui classique cette musique à laquelle on reprochait naguère de briser avec les traditions et les règles ; voici que cette école romantique allemande, qui suscita dans la presse de l'autre côté du Rhin des discussions si passionnées, voit l'un de ses chefs rangé dans la catégorie de ceux qui, comme Beethoven, Mozart, Mendelssohn, peuvent et doivent être pris pour modèles.

C'est ainsi que les novateurs d'aujourd'hui seront les classiques de demain.

La *Symphonie en si bémol* de Schumann est la première qu'il ait écrite. Il n'y faut point chercher la légèreté et la variété d'instrumentation qui rendent si facile l'audition des symphonies de Mendelssohn et de Beethoven. Schumann ne posséda jamais l'art de manier l'orchestre avec une habileté semblable. Chez lui, la note descriptive et picturale existe à peine.

Tout est dans la conception, dans le sentiment. Partout se retrouvent les traces d'une nature rêveuse et d'une extrême sensibilité. En lui, l'âme chantait toujours.

Le public français reste le plus souvent froid devant cette œuvre cependant si élevée et si belle. Il y a pour cela deux raisons. La première cause du peu d'effet de cette musique est dans une certaine monotonie résultant surtout de la persistance du rythme, la seconde se trouve dans le principe même qui l'a jadis inspirée. Nous sommes, en effet, ici face à face avec une œuvre symphonique pure, dégagée de toute préoccupation étrangère ; la poésie qui par moments en découle est toute harmonique et musicale, elle est dans la mélodie, dans les accords, dans l'enchaînement des phrases, dans les différents timbres des instruments. L'auteur n'a rien voulu spécifier, laissant à notre imagination le soin de faire sortir de ces successions harmoniques et mélodiques une lumière en rapport avec l'état de nos âmes. Il s'est complu dans le travail unique du développement d'une pensée musicale, et sur cette voie nous le suivons avec un plaisir moins grand que s'il avait, comme Berlioz, jeté quelque programme en pâture au sentimentalisme d'un public auquel il faut aujourd'hui des noms, des titres, des situations expliquées, commentées, définies. Aussi, malgré le charme exquis inhérent à cette musique elle-même, restons-nous un peu froid devant elle, comme en face d'un horizon dont nous craignons de sonder les profondeurs.

Nous retrouvons dans la seconde *Symphonie* les qualités et les défauts de Schumann, génie profond et légèrement abstrait, essentiellement allemand, et qui, comme actuellement Brahms, demande, pour être apprécié, une dose d'éducation musicale qu'on rencontre encore assez rarement dans notre pays. Musicien dans l'âme, il composait plutôt par besoin que par désir de briller, songeant à lui bien plus qu'au public. Presque toujours l'idée prime la forme souvent un peu lourde et contournée. Son instrumentation n'a pas la légèreté que nous admirons chez nos compositeurs français, entre autres chez Camille Saint-Saëns, ce merveilleux coloriste dans le juste sens du mot. Ce reproche pourrait du reste être adressé à la plupart des compositeurs modernes de l'Allemagne, tels que Brahms, Max Bruch, Reinecke, Goldmark et d'autres que je ne nomme pas. Chez ces maîtres la science abonde, la pensée est grande, d'une poésie quelquefois obscure, le style semble d'une irréprochable pureté, mais on cherche en vain cet esprit facile, cette habileté délicate qui distinguent tant d'œuvres charmantes de nos compatriotes.

** **

La *Symphonie en ré mineur* est une œuvre puissante et profonde, dont la conception dut être longuement méditée. Son début (*assai lentamente*) est calme, sévère, un peu scolastique, il prépare admirablement l'entrée du thème franc et rythmé de l'*animato*, dans lequel se retrouvent plus que dans les autres parties les qualités et les défauts de l'auteur.

Il y règne une certaine monotonie, causée par l'absence d'imprévu dans les développements, par l'exagération dans l'emploi des mêmes figures : c'est court, cela paraît long. Le même reproche ne peut s'adresser à l'*andante*, que murmurent délicieusement les violoncelles et le basson, qui semblent chanter une ancienne et naïve romance du temps passé.

Que de simplicité et que de poésie dans ces quelques pages, où domine le caractère rêveur et mélancolique qu'on remarque si souvent chez Schumann et dans Chopin. Le *scherzo* rappelle Beethoven ; on y reconnaît l'influence bienfaisante du maître des maîtres. L'instrumentation devient plus légère, plus adroite ; de spirituelles imitations se succèdent, se poursuivent avec une grâce infinie. On dirait un vol de papillons à travers des arbustes en fleurs. Mais nous ne tardons pas à voir reparaître la note romantique et personnelle, un moment abandonnée, dans le *lentamente* qui précède le dernier *animato*.

Schumann est ici lui, rien que lui, et cette page admirable, où se révèle la puissance du génie, ne nous permet de songer qu'à celui qui l'a signée. Tout y est grand, saisissant ; l'idée, la manière dont elle se présente, la simplicité et la clarté dans l'agencement des parties, l'éblouissante sonorité des trompettes et des trombones, employés d'une façon aussi merveilleuse qu'originale. La fin contient encore quelques longueurs ou plutôt quelques développements dont l'intérêt n'est pas assez grand pour qu'on les trouve courts.

⚜

A travers l'École Française

PROFILS DE MODERNES. — CAMILLE SAINT-SAENS.
CÉSAR FRANCK ET QUELQUES DISCIPLES.
PARMI NOS SYMPHONISTES.

A TRAVERS L'ÉCOLE FRANÇAISE

PROFILS DE MODERNES

Berlioz. — Gounod. — Massenet. — Reyer. — Joncières. — Guiraud.—Delibes.

BERLIOZ

Berlioz fut non seulement un de nos grands musiciens, mais encore et par dessus tout un véritable initiateur. Là d'ailleurs est probablement la raison du peu de succès qu'il recueillit dans sa propre patrie. Pas d'illusions à se faire : c'est l'esprit de routine qui pendant trente années demeura vainqueur du génie : lui seul nous empêcha de voir les qualités étonnantes de ce compositeur épris d'un idéal qui n'était pas le nôtre ; lui seul ferma si longtemps nos oreilles aux pures inspirations de ce croyant d'un nouveau genre, dont le seul tort fut, peut-être, de vouloir faire dire à la musique plus qu'elle ne pouvait dire.

Tandis qu'on l'acclamait au delà du Rhin, les Parisiens bâillaient en écoutant une musique qui pour un grand nombre d'ignorants était devenue le synonyme de vacarme. On eût dit que la profondeur de ses conceptions dépassait les forces de leur intelligence. Là pourtant ne fut pas la cause des échecs successifs

dont l'amertume empoisonna sa vie. Il faut penser
que notre éducation musicale était alors bien autrement incomplète qu'aujourd'hui. L'art de la symphonie n'avait guère d'autre issue que le Conservatoire
et la masse du public ignorait presque Beethoven.

La popularité n'existait point pour le compositeur
en dehors du théâtre et le théâtre, quand vint Berlioz, était accaparé par la muse aimable et facile des
Boïeldieu, des Adam, des Auber, ainsi que par le répertoire italien. Meyerbeer lui-même tout en donnant plus
d'importance à l'orchestre ne réforma ni ne changea
rien. Ni *Robert*, ni les *Huguenots*, ni même le *Prophète*
n'ouvrirent des voies vraiment nouvelles : le moule
resta le vieux moule, quoiqu'agrandi par une main
puissante. Ces œuvres ne demandèrent donc pour être
comprises aucun effort d'esprit, elles n'eurent point
à lutter contre cette épreuve si souvent au-dessus
de nos forces : « l'obligation de réfléchir. »

Avec Berlioz, il n'en fut pas ainsi.

Littérateur, musicien, poète, il envisagea l'art tout
autrement que ses prédécesseurs et ne fut point compris tout d'abord, simplement à cause du travail
intellectuel qu'exigeait sa musique de la part de
l'auditeur.

C'était un enthousiaste de Weber et l'on ne serait
pas embarrassé de citer de nombreux points de ressemblance entre ces deux hommes de génie. Plus
travaillée, plus cherchée, son orchestration n'a ni la
puissance ni la sonorité de celle de l'auteur du
Freitschutz ; elle est en revanche plus variée, plus im-
prévue, parsemée d'épisodes plus personnels et plus
intéressants. Berlioz était un rêveur, un philosophe

autant qu'un musicien; l'auditeur ne peut se douter de l'importance qu'il attachait à tel détail pour nous insignifiant et sans valeur. Certes, chaque instrument dans l'orchestre doit conserver son caractère propre, mais il faut parfois cependant savoir se résoudre à le sacrifier quand l'intérêt général l'exige, et si certains passages dans les ouvrages de Berlioz nous semblent d'une sonorité sourde et légèrement voilée, c'est qu'il n'a pas eu ce courage. C'est pourquoi le plaisir des yeux, toujours complet quand on lit ses partitions, trompe en certains endroits par un travail d'instrumentation dont les minuties sont insaisissables pour l'oreille.

GOUNOD

Charles Gounod fut musicien dans l'âme et ne chanta rien sans y mettre de son cœur. Dans tout ce qu'il écrivit, nous retrouvons quelque écho de Bach et de Mozart. En lui notre génération peut saluer l'homme de progrès, l'initiateur. Aux adorables conceptions de *Faust*, de *Roméo et Juliette*, de *Mireille*, s'allumèrent, il y a vingt et trente ans, les feux de nos premiers enthousiasmes, de ces enthousiasmes artistiques dont le souvenir nous remémore les heures bénies de ce printemps de la vie dont il fut l'inépuisable et fécond charmeur. Qui de nous n'a soupiré avec Mireille, pleuré avec Juliette, souffert avec Marguerite; il y a des larmes dont on ne saurait oublier la douceur, et nous sommes de ceux qui se souviendront toujours de celles qui furent versées sous l'impression des adorables chants de cette lyre dont les cordes vibrent toujours.

Meyerbeer avait surtout laissé le drame sur la scène. Gounod voulut que l'orchestre y prît une part plus active ; grâce à une étonnante habileté d'instrumentation jointe à une extrême richesse d'inspiration, il y réussit.

C'est par là, selon nous, qu'il est le plus grand et le plus vraiment moderne, et si nous avons un faible pour ce côté de son génie, c'est que nous lui devons une de ces impulsions puissantes qui, dans le ciel de l'art, déchirent les voiles et laissent entrevoir une lumière nouvelle

Gounod est à coup sûr le maître français moderne qui n'a pas de rival dans l'art de traiter les grands sujets religieux, témoins *Gallia*, *Rédemption*, *Mors et Vita*, et ses messes d'un sentiment si tendrement mystique, de lignes si pures, d'une inspiration si simple et grandiose à la fois. On y retrouve l'artiste ému, doublé du croyant sincère. On y sent palpiter la reconnaissance et l'espoir. La reconnaissance envers Celui qui nous permet de vivre sans exiger que nous renoncions à cueillir les fleurs et les fruits de la terre, l'espoir, dans l'éternelle béatitude où se reposeront un jour ceux que leur foi doit conduire aux portes du paradis. N'y cherchez pas une impression d'amertume et de souffrance comme dans *Parsifal*, ne leur demandez pas d'évoquer les côtés sombres et terribles d'une religion dans laquelle l'artiste ne voit qu'amour et fraternité : à travers ces harmonies si pleines, et dans ces chants suaves, c'est une prière qui monte vers les voûtes de l'église où, prosternée, l'humanité prie plutôt en souriant qu'en pleurant.

J. MASSENET

Le monde est plein de savants contre-pointistes qui, chargés de fugues et de labeurs, donneraient volontiers une année de leur vie pour une inspiration d'une heure. Cette heure, pour Massenet, c'est toujours. Voilà le secret de son charme, la raison de ses succès, la source de son talent. Ses mélodies vont droit au cœur; elles nous ravissent, nous émeuvent et nous enlacent. La sève déborde, éblouis par un éclat sans cesse renouvelé de jeunesse et d'amour, nous ne songeons pas à sonder les profondeurs de l'idée. Sa légèreté nous suffit, car elle est faite de sourires, de tendresse et de grâce. Nul comme lui ne sait trouver pour un éclair de passion de fulgurantes sonorités. Rien de plus riche ni de plus varié que sa palette orchestrale; chez ce compositeur, la couleur est spontanée. Il a des pages symphoniques qui font songer à certaines toiles de Rubens, resplendissantes de lumière et de vie.

Il y a treize ans qu'avec Guiraud et Joncières, il venait inaugurer les concerts d'Angers, dont la série s'arrête actuellement au chiffre de 36o.

On voit qu'il leur a porté bonheur.

Scènes de féerie

Sixième suite d'orchestre dédiée à l'Association artistique d'Angers

La sixième *Suite d'orchestre* de J. Massenet, porte le titre de Scènes de féerie, et se divise en quatre parties : *Cortège — Ballet — Apparition — Bacchanale.*

Il serait trop long ici de rechercher quels points de ressemblance cette dernière venue peut bien avoir avec ses sœurs et pourtant cette étude ne manquerait point d'intérêt pour ceux qui ont eu l'occasion d'entendre les autres œuvres symphoniques du jeune maître. Qu'il me suffise de dire que si dans plusieurs passages nous y retrouvons la manière et les procédés de l'auteur des Erynnies, prise dans son ensemble cette dernière *Suite* paraît se distinguer sensiblement de ses devancières par certains côtés imprévus et fantaisistes. L'imagination semble y avoir pris plus hardiment son essor, l'instrumentation y est sinon plus pittoresque, du moins plus riche encore en heureux et séduisants effets. Il y a là de véritables perles mélodiques qui indiquent chez le compositeur une source inépuisable et toujours féconde d'inspiration. Elles forment un diadème éclatant, dont le travail merveilleux et les fines ciselures prouvent une habileté de main de plus en plus surprenante. Ces qualités ont, du reste, toujours été celles qu'on aimait à constater dans les autres ouvrages de Massenet ; nulle part, peut-être, elles ne se montrent d'une façon plus saisissante que dans celui-ci.

Le *Cortège* débute majestueusement par quelques mesures d'introduction pleines de toutes les sonorités de l'orchestre. Très rythmé, le premier thème en *mi bémol* rappelle vaguement la coupe des grandes marches de Meyerbeer, et se développe au milieu de toutes les richesses d'une orchestration remarquable, pleine d'éclat et de variété. Il est suivi d'un motif traité en forme de choral, confié aux instruments de cuivre, et coupé par une délicieuse phrase que les vio-

lons, doublés des flûtes et des hautbois, font entendre
par dessus des arpèges de la harpe concertant, avec
un accompagnement mouvementé de la première clarinette, pendant des tenues des cors et des bassons.
Il y a là un effet ravissant. La première idée revient
et le morceau se termine sur des accords d'une puissance et d'une ampleur extraordinaires.

Avec le *Ballet* nous arrivons dans le domaine de la
fantaisie. Il n'y a pas à s'y tromper dès l'entrée des
violons, commençant par une série de trilles sur le
mi bémol et concluant avec un accord de septième
diminuée suivie d'un fort coup de tam-tam et d'un
accompagnement aérien des flûtes, hautbois et clarinettes sous lesquels le principal motif vient soudaine-
ment et vigoureusement faire son apparition.

Je ne puis malheureusement en suivre ici pas à pas
les développements si remplis de verve et d'originali-
lité. C'est charmant d'un bout à l'autre. Notons cependant la venue d'un nouveau thème que nous reverrons
plusieurs fois et qui entre avec les hautbois, clarinettes, saxophones et bassons sur un accompagnement du quatuor des cordes divisé en seize parties.
L'effet encore ici est délicieux. Je ne veux pas dire
que ce morceau soit le meilleur de cette belle *Suite
d'orchestre*, mais c'est celui que je préfère.

D'autres, sans doute, donneront la palme à l'*Apparition*. Peut-être ont-ils raison : on peut hésiter et le
doute est naturel au milieu de ces richesses. Dès les
premiers accords, nous sommes bien transportés dans
un pays merveilleux, plus près des étoiles que de la
terre sans doute. L'idée mélodique d'une simplicité
exquise et d'une idéale pureté, passe tantôt du cor

solo aux violons qui jouent en sourdine. Elle nous berce et nous captive jusqu'au *crescendo* des dernières mesures qui aboutit à un formidable accord final dans lequel se confondent étroitement unies toutes les voix de l'orchestre : c'est l'apparition. Ce morceau produit un immense effet.

La *Bacchanale* clôt brillamment cette *Suite*. Nous y sommes entraînés dans un véritable tourbillon au milieu duquel revient admirablement ramené le motif du *Ballet*. On n'a pas le temps de respirer et l'on peut dire que ces pages sont écrites avec une verve endiablée à laquelle nul ne résiste.

E. REYER

De ce grand compositeur, assez fort pour avoir su ne point s'arrêter dans la marche ascendante vers un idéal toujours plus élevé, nous avons entendu dans nos concerts peu de pages symphoniques. C'est au théâtre qu'il faut aller apprendre à le connaître, au théâtre où son *Sigurd* tient une place noblement acquise et vaillamment gardée, sans concessions ni faiblesses.

Dans la puissance et la vigueur il possède le secret de conserver le charme. Chez lui, le rythme s'impose et n'est jamais vulgaire, l'idée mélodique demeure simple et ne paraît jamais banale, les harmonies se succèdent comme un enchantement pour l'oreille, cherchant l'originalité, nullement la bizarrerie. Partout, jusque dans le moindre air de ballet, on sent le musicien maître de son inspiration, l'artiste nourri à la source où puisèrent Beethowen et Berlioz, le compositeur plutôt réfléchi que spontané, dont le talent ne peut que grandir, justement parce qu'il est surtout le fruit du travail. En lui j'admire la grandeur dans la conception, la sincérité dans la manière d'écrire, la probité dans l'emploi des moyens.

E. Reyer a fait à l'Association artistique l'honneur d'une visite.

L'œuvre la plus importante qu'il nous a présentée est l'ouverture de *Sigurd*, admirable d'un bout à l'autre et d'une allure grandiose. Le public a souligné par un léger frémissement de bravos contenus le délicieux *andante* où les instruments à cordes jouent avec sourdine. Il y a dans ce passage une richesse mélodique et harmonique réellement saisissante, et tout cela semble d'une exquise poésie. De la première à la dernière note, je le répète, cette ouverture est animée d'un souffle puissant qui prend l'auditeur et l'emporte sans lui laisser le temps de respirer.

Le plus grand succès a été pour le *Pas Guerrier*, une merveille d'énergie rythmique s'élevant à la hauteur de la symphonie. Je lui préfère cependant l'*Air de Ballet*, d'un caractère si original et d'une couleur si juste. Cette page charmante a, du reste, été très applaudie. Elle m'a rappelé certaines danses orientales dont j'ai gardé le souvenir en même temps que celui des bords du Nil. J'ai regretté les danseuses bronzées de là-bas, en revanche, le plaisir de l'oreille était complet. Voilà de la musique sentie, donnant bien l'exacte impression des choses, sans pour cela tomber dans un réalisme qui sous prétexte de couleur locale et de vérité nous entraîne

souvent si loin de l'art lui-même. La *Marche Tzigane*
a bien l'énergie des improvisations que je me rappelle
avoir écoutées sur les bords du Danube, elle n'en a
pas la sauvagerie. Peut-être faut-il un peu s'en prendre
à l'interprétation qui ne ressemble point à celle de ces
fantaisistes et fougueux violonistes de Bohême et de
Hongrie.

VICTORIN JONCIÈRES

Un homme d'esprit qu'on retrouve dans sa musique,
écho toujours agréable des genres les plus différents
et des écoles les plus diverses, M. Joncières, a le don
des mélodies cherchées sans le paraître ; il sait être
clair et simple sans toutefois quitter le domaine de
l'art véritable, de celui qui ne descend pas et vers
lequel il faut monter. L'Association artistique d'Angers, compte en lui l'un de ses plus fidèles soutiens et les pièces d'orchestre qui n'ont cessé de figurer
aux programmes de ses concerts sont chaque fois
écoutées avec un nouveau plaisir et chaleureusement
applaudies. Elles continuent à défier le temps, c'est
le plus bel éloge qu'on en puisse faire. Ce rare privilège, elles le doivent à la jeunesse qui les pare, à la
sève qui les anime. Je me souviens avoir, il y a douze
ans, applaudi une symphonie romantique débordante
de toute la foi qu'on apporte dans les premières
œuvres. Le théâtre n'a pas permis à son auteur de
planer indéfiniment dans ces régions sereines : il lui
a pris son temps et son talent. Les succès remportés
sur ce terrain ne peuvent laisser place à des regrets.
Comme symphoniste, outre plusieurs pages de

genre, délicatement traitées, nous avons particulièrement présente à la mémoire, une œuvre pour orchestre et chœurs, intitulée *La Mer*.

Cette œuvre de M. Joncières est de celles qui supportent la critique en raison même de leur propre valeur. Les compositions insignifiantes et vides, seules, n'y résistent pas et commandent ou le silence, ou des louanges banales et sans portée. Nous sommes en face ici d'une page puissante et forte écrite d'une main sûre et dont l'habileté saute au yeux. Le style en est d'une grandeur et d'une simplicité qui deviennent de plus en plus rares et rappellent en plusieurs endroits la forme classique bien abandonnée de nos jours. Je ne saurais trop louer également le caractère essentiellement musical de cette composition et le soin avec lequel l'auteur a évité l'abus du descriptif et du pittoresque, dont il n'a guère usé que dans la troisième partie.

Remarquablement interprétée, l'introduction a été écoutée avec une religieuse attention. Le premier chœur charmant et d'une grande délicatesse de touche s'est terminé sur une salve bien nourrie d'applaudissements, mais je ne lui en préfère pas moins le second : « Il est heureux, celui qui vient vers ce rivage », la perle de la partition. On ne saurait plus purement écrire : cela rappelle les vieux maîtres. La tempête qui suit, très bien rendue par l'orchestre et les chœurs, dénote une rare facilité d'instrumentation. « C'est fort bien, me disait à la sortie du concert, un musicien dont on ne saurait discuter le talent ni la compétence, mais je désirerais plus d'originalité. » J'avoue sincèrement trouver le reproche peu fondé.

4.

M. Joncières s'est servi, pour écrire sa tempête, de procédés déjà plusieurs fois employés. Pouvait-il ne pas agir ainsi? L'important n'est pas en art de faire autrement que les autres, mais aussi bien et mieux, si possible, voilà la vérité. Il y a certains effets d'orchestre qu'on retrouve plus ou moins dans toutes les tempêtes, comme on en retrouve d'autres dans toutes les scènes d'amour, nocturnes, rêveries, sérénades, fêtes champêtres ou guerrières, marches funèbres ou autres morceaux caractéristiques si à la mode aujourd'hui. C'est l'inconvénient de la musique descriptive et de l'emploi des moyens matériels. Pas de tempête possible sans le tonnerre des contre-basses et des timbales, sans l'éclair de la petite flûte, sans le vent des violons et des gammes chromatiques.

Si M. Joncières s'est plutôt préoccupé du côté simplement musical que de chercher quelqu'effet inusité il ne faut pas lui en vouloir ; d'ailleurs plus on se rapproche de la musique de genre, plus ce qui constitue la véritable originalité disparaît. Le public s'y laisse prendre et voit trop souvent du talent là où il n'y a qu'une incohérence et une bizarrerie que relève une dose d'habileté suffisante d'instrumentation. Aussi quand on lui présente une œuvre toute d'inspiration mélodique, sagement conçue, raisonnablement écrite, sans effets soi-disant nouveaux, il est tenté de la trouver froide et manquant d'originalité. C'est tout le contraire. Il n'eût pas été difficile à M. Joncières de parsemer sa tempête de quelques accords extraordinaires, de quelques harmonies étonnantes et dont toute la nouveauté est d'avoir été laissées de côté par les maitres comme désagréables à entendre. Autrefois on écoutait

sans sourciller des suites de quintes, de quartes, et
l'oreille s'habitue aux dissonances les plus criardes
comme le palais s'habitue aux plus exécrables piments.
Faut-il donc féliciter ceux qui se chargent de cette
besogne et se font une petite réputation d'originalité
en pervertissant le goût du public.

E. GUIRAUD

La facilité d'un Auber et la science d'un Bach se
donnant continuellement la main, voilà ce qui constitue
le principal mérite de la musique de M. Guiraud, ce
compositeur charmant dont la muse distinguée s'effraie
des coups de tam-tam avec lesquels il est parfois habile
d'attirer l'attention du public. L'Association artistique
d'Angers n'oubliera jamais qu'il lui donna les encou-
ragements de la première heure. Il est de ceux qui
manient l'orchestre avec une étonnante légèreté de
main; nul mieux que lui ne possède l'entente des
timbres, l'instinct des sonorités, l'art des combinaisons instrumentales. C'est un des maîtres qui fait le
plus honneur à notre jeune école française.

Son *Carnaval* est célèbre dans le monde entier.

Moins connue, sa deuxième *Suite d'orchestre* révèle
pourtant des qualités de symphoniste de premier
ordre. Elle se divise en quatre parties.

La première intitulée *Petite marche*, se distingue par
son élégance et sa grâce; la seconde, *Divertissement*,
coquette, alerte et légère, a été bien rendue par la
flûte et le hautbois, auxquels le compositeur a donné
un rôle important. Elle contient un ravissant effet de

pizziccati. La *Rêverie* tient lieu d'*andante.* J'aime beaucoup le début du *Finale*, pittoresque et coloré. Tout ce morceau, d'ailleurs, dans lequel les cors, trompettes et trombones rivalisent d'entrain et de brio, est admirablement traité au point de vue de l'instrumentation tout aussi bien que de la forme.

M. Guiraud dans le genre descriptif a écrit un morceau qui peut être cité comme modèle. Sa *Chasse fantastique* est une superbe page orchestrale d'une grande allure, d'une conception vigoureuse et remplie d'effets d'orchestre absolument réussis. Ici nous voyons s'affirmer un maître dans l'art de l'instrumentation. Les motifs en sont caractéristiques et personnels; ils nous emportent, dès les premiers accords, dans le domaine de la légende et du rêve, et l'impression produite possède deux qualités essentielles : elle est juste et vraie.

Je ne crois pas qu'il soit possible de mieux peindre avec des notes, et je doute que M. Guiraud ait jamais écrit une œuvre plus sincère, plus franche ni plus sentie.

Un intéressant rapprochement pourrait être tenté entre cette œuvre et le *Chasseur maudit* de C. Franck.

LÉO DELIBES

On dit : le style, c'est l'homme. A en juger par sa musique, M. Léo Delibes doit pouvoir être placé dans la catégorie des gens heureux. On y sent la facilité de l'artiste, pour lequel la vie n'a rien de lourd ni de pesant. Les cent voix de la Renommée n'ont point attendu pour porter son nom bien au delà de nos frontières, qu'il eût perdu le feu sacré de la jeunesse. Il est arrivé, à un âge où tant d'autres n'ont ni pu, ni su commencer, et semble, du reste, être de ceux dont l'esprit et le cœur gardent une éternelle jeunesse : l'on peut dire que sa musique paraît n'avoir jamais plus de vingt ans. Là, peut-être, est sa plus grande qualité. Le travail s'y trouve partout, mais il ne se voit nulle part ; j'y devine l'habileté du praticien qui connaît les secrets du métier et ne veut rien livrer au hasard, mais je n'y rencontre point ces faiblesses et ces défaillances, attristant bagage de ceux qui n'avaient rien dans leur sac ou qui l'ont vidé.

Toujours facile, tantôt alerte et coquette, tantôt mélancolique et passionnée, l'inspiration ne se fait jamais attendre : elle ne connaît ni la vulgarité, ni la banalité, ces deux nuages qui parfois obscurcissent les ciels les plus purs. L'idée mélodique se dégage sans peine au milieu des beautés d'une harmonie neuve sans être tourmentée, et des richesses d'une instrumentation pleine d'éclat et de couleur. On retrouve à chaque pas le musicien plutôt préoccupé de charmer que d'étonner, le musicien qui veut être de son temps sans avoir la prétention de le devancer, l'homme de progrès sachant faire son profit du génie des autres selon le milieu où il se trouve, l'artiste convaincu et éclectique à la fois confiant dans la voie qu'il a choisie, mais évitant de se poser en réformateur ou pontife. Tout ce qu'écrit Léo Delibes est absolument sincère : il sait où il va, ce qu'il veut, tout en se laissant guider par le courant de sa nature et de son tempérament. Comme les autres compositeurs modernes, il a subi l'influence du Titan musical de Bayreuth, auquel il a l'esprit de ne point garder rancune pour ce petit service. Il sera, sans nul doute, un digne successeur des Halévy, des Hérold, des Adam, des Auber, sur une scène et dans un genre où déjà d'incontestables succès ont dû lui prouver qu'il était dans le bon chemin. Assurément, *Le Pré aux Clercs* et *Les Mousquetaires*, *Fra Diavolo* et *Le Châlet* nous paraissent parfois subir un peu trop le poids des ans, et pourtant en souhaitant à *Lakmé* la vie aussi longue, en affirmant que cette œuvre, de même que celles-ci, mérite de ne pas vieillir, je crois faire autant que possible l'éloge de son auteur.

Il est de mode actuellement de considérer les opéras qui firent la joie de nos pères comme des productions de mince valeur. C'est injustice ou sottise. Dans le premier cas, on ne fait pas suffisamment la part de l'époque, des tendances et du goût du public ; dans le second, on ne sait voir ni l'esprit, ni la grâce, ni la vie qui animent ces ouvrages qu'on a tant de peine à remplacer.

M. Delibes me semble particulièrement doué pour recueillir une succession brillante et difficile. La musique de l'auteur du *Roi l'a dit*, de *Jean de Nivelle*, de *Lakmé*, de *Coppelia*, de *Sylvia* (un vrai chef-d'œuvre), est marqué au coin du bon sens et de la raison ; sa sagesse n'a rien de réactionnaire et son modernisme ne dépasse pas les limites qui conviennent au public actuel. L'élément symphonique et pittoresque y tient une place considérable, sans cependant rien absorber ; la note descriptive et réaliste, ce qu'on veut appeler la couleur, s'y trouve traitée de main de maître, la

mélodie coule de source, et, comme je l'ai dit plus
haut, la science, ce grand metteur en scène de tant
de belles qualités, se cache avec un tact, une modestie
dont on ne pourrait trop lui savoir gré.

A TRAVERS L'ÉCOLE FRANÇAISE

CAMILLE SAINT-SAENS

Moderne et classique. — Dånse macabre. — Les peintres de jadis et le musicien d'aujourd'hui. — La Suite algérienne. — Musique descriptive. — Le Déluge. — La Symphonie en *ut* **mineur.**

CAMILLE SAINT-SAENS

La plupart des œuvres de celui qui signa la *Danse macabre* et le *Rouet d'Omphale* présentent le double aspect du présent et du passé. C. Saint-Saëns a l'esprit trop juste pour ne pas vouloir être de son temps, il sent qu'on ne remonte pas les courants qui nous emportent du côté de l'avenir et se garde soigneusement de se montrer rebelle aux influences qui s'imposent souvent dans une certaine mesure, même quand on ne les croit ni bonnes ni salutaires. C'est un moderne dont toutefois l'éducation musicale repose entièrement sur l'art de Bach, de Mozart et de Beethoven. Homme de progrès il veut marcher en avant, mais toujours à l'abri de ces glorieux souvenirs et protégé par ces puissantes ombres. Les ardents lui reprochent de laisser dans ses conceptions et dans sa technique une trop large place à un passé sur lequel ils jugent inutile de s'appuyer désormais. Ils ont tort : chacun suit l'impulsion de sa propre nature et l'on ne saurait se refaire soi-même au gré de ses désirs. Procédant directement de R. Wagner, par exemple, au lieu de procéder de Beethoven, Saint-Saëns ne serait plus le Saint-Saëns qui jusqu'ici nous a donné tant d'œuvres superbes, comparables à celles des anciens maîtres et dignes du respect et de l'admiration de tous.

L'art musical a différentes voies : tous ne peuvent choisir la même. Saint-Saëns avec sa prodigieuse organisation s'est dit qu'il aurait tort de s'en tenir à une seule, et il en a parcouru plusieurs avec éclat. Je pourrais même dire qu'il les a toutes parcourues. Rien ne devait lui rester étranger : le genre symphonique n'a pas eu chez nous de plus illustre représentant. Il a tout abordé : la musique de chambre, la symphonie, l'oratorio, l'opéra. Ses concertos de piano sont des chefs-d'œuvre, ses poèmes symphoniques des merveilles de couleur, d'inspiration et d'originalité. Il possède tous les secrets de son art, et joint à la profondeur des plus célèbres théoriciens d'outre-Rhin, cette pointe d'esprit gaulois que ceux-ci ne connaîtront jamais. Son œuvre dramatique n'est pas moins considérable; nous y trouvons le *Timbre d'argent*, *Étienne Marcel*, *Henri VIII*, *Samson et Dalila*, *Proserpine*, sans parler de *La Princesse jaune*, cette perle dont on n'a ni su, ni voulu voir l'admirable transparence.

Parmi les reproches plus ou moins injustes que j'ai souvent entendu faire à la musique de M. Saint-Saëns, il en est un qui m'a toujours étonné et que rien dans les œuvres de ce compositeur ne me paraît autoriser. Je veux parler de l'accusation de sécheresse, lancée par des personnes qui le plus souvent ne comprennent pas, parce qu'elles ne savent pas écouter. C'est bien fait, dit-on de confiance, mais cela manque d'inspiration mélodique.

Mais c'est justement le contraire ! les œuvres de Saint-Saëns regorgent de mélodie : symphonies, concertos, opéras, poèmes lyriques ou autres en sont remplis; elles abondent en inspirations claires et faciles. parfois simples comme celles des vieux maîtres du siècle dernier. C'est d'ailleurs une erreur de croire que la mélodie doive toujours sauter aux yeux. Il y a des chefs-d'œuvre purement harmoniques et dans lesquels il est inutile de l'y chercher puisque le musicien n'a point eu l'intention de l'y laisser voir.

La Danse macabre

Six siècles nous séparent de l'époque où le sarcasme aux lèvres, un peintre dont on ne sait plus le nom, peut-être le grand Holbein, étalait sur un mur d'église les silhouettes et portraits de quelques-uns de ses contemporains, unis dans une ronde fantastique, ironique, étrange, à laquelle présidait la mort, spectre fatal, impitoyable, hideux. Tel est le sujet dont s'est inspiré l'un de nos plus grands compositeurs modernes, pour faire revivre à nos oreilles ces scènes bizarres, immortalisées sur la toile par le pinceau d'artistes auprès desquels nos réalistes les plus audacieux ne sont que des enfants. L'idée était étrange et je ne m'étonne pas qu'elle ait séduit l'esprit vif, alerte. parfois satirique et mordant, de Camille Saint-Saëns, Il en a fait un chef-d'œuvre de musique descriptive, et certes, les tableaux des vieux maîtres inconnus ne nous peuvent produire une impression plus juste, plus complète que cette autre peinture obtenue par l'art de grouper les timbres et les sons.

Il fallait une habileté de main prodigieuse pour évoquer ainsi ce passé mystérieux et sombre qui rap_pelle le moyen âge et chanter, le sourire aux lèvres, la mort vue à travers le prisme d'un scepticisme troublant et d'une amère ironie.

La mort ! les païens, nos maîtres en fait d'art, lui attachaient aux épaules des ailes noires et couvraient son sein pâle d'un manteau semé d'étoiles. Ils voulaient que la beauté, culte de leur vie, survécût à la loi du destin. La tristesse de la tombe n'avait pour eux rien de répugnant, rien de lugubre. Ils n'eussent jamais choisi pour emblèmes de leurs cérémonies funèbres, l'os grimaçant qu'on se plaît à prodiguer sur les tentures noires qui couvrent les murs de nos églises, réalité terrible dont l'horreur ne peut être atténuée que par une vision de l'au delà, basée sur la foi chrétienne et la terre considérée comme lieu d'exil et de misère. Leur esprit se fût révolté devant une semblable conception de la danse, et j'avoue, pour ma part, trouver un plus grand charme à reconstituer par la pensée ces chœurs d'ombres dont parle Tibulle, ces danses antiques où les Ris et les Amours se jouent au milieu des Grâces, des Nymphes, des Bacchantes, des Faunes et des Satyres. Là, Vénus préside au son de la lyre, à des jeux d'outre-tombe, et nous sommes loin de l'orgie égalitaire et communiste, j'allais dire communarde, de ces squelettes de papes et d'empereurs, de sorcières et de reines, de bourgeois, clercs, moines, damoiselles et mignotes, emportés dans le même hideux tourbillon, au bruit strident, monotone et vulgaire du cornet :

> *Le vent d'hiver souffle, et la nuit est sombre,*
> *Des gémissements sortent des tilleuls.*
> *Les squelettes blancs vont à travers l'ombre,*
> *Courant et sautant sous leurs grands linceuls.*

Dans les curieuses peintures de Berne, de Bâle, de Lucerne, pour ne nommer que les plus célèbres, on devine chez leurs auteurs, auprès d'intentions philosophiques et satiriques bien accusées, le sentiment vague, inconscient, naïf de l'artiste qui, sous le poids des croyances de son siècle, se demande si ce rêve étrange de l'imagination ne devient pas là-bas, dans l'autre monde, quelque chose de plus qu'une chimère.

Rien de semblable dans la conception musicale de Saint-Saëns : jeux de sons, effets de timbres enfantés par un cerveau pour lequel Lucifer aussi bien que Pluton n'ont que la valeur qu'on veut bien accorder à la légende.

Nous sommes en présence ici d'une œuvre d'aimable doute et de scepticisme moqueur. Le compositeur ne semble même pas, comme Massenet, en écrivant certaines pages d'*Hérodiade*, avoir essayé « de se figurer qu'il croyait ». Séduit par la poésie du mysticisme railleur de ces vieilles fresques dans lesquelles revit à nos yeux tout un monde de personnages et de pensées, il a pris, avec un sourire pour ce passé fantastique, sa bonne et fine plume de musicien, s'abandonnant sur un pittoresque motif de quelques mesures à toutes les fantaisies d'une imagination dont les écarts ne sont jamais à craindre, parce que, toujours, elle repose sur une science profonde.

Le début seul de ce poème symphonique est un chef-d'œuvre. Sa puissance descriptive agit sur notre tête et sur nos sens. Ce sont les douze coups de minuit frappés mystérieusement sur une corde de la harpe, puis l'accord du violon basé sur l'opposition et le rapprochement de la quinte juste et de la quinte diminuée, puis la première partie du thème à l'allure sautillante et légère confiée aux notes basses de la flûte et contrastant avec la seconde moitié que chante plaintivement le violon solo sur un rythme fatal, comme pour inviter les morts à la funèbre ronde. Bientôt tout s'anime, les deux fragments du motif se succèdent rapidement, s'enchevêtrent, se superposent ; de longs gémissements, de lugubres chants d'amour sortent des profondeurs de l'orchestre, l'éternel féminin se révèle, il reprend ses droits par delà le tombeau. On dirait les désirs inassouvis de l'autre monde qui se réveillent. L'orgie commence, et ce sont les trombones et les trompettes qui mènent le bal. Puis, au milieu des gammes chromatiques des flûtes, clarinettes et bassons, le xylophone apporte sa sonorité bizarre.

> *Zig et zig et zig, chacun se trémousse,*
> *On entend claquer les os des danseurs.*

Le violon, de nouveau, s'accorde rageusement comme s'il avait peur que la danse ne cesse, et de nouveau les squelettes sont entraînés dans le tourbillonnement maudit, cruelle expiation des péchés commis sur terre. Soudain le hautbois lance un son aigu.

> *On se pousse, on fuit, le coq a chanté !*

C'est le jour !
Les morts vont dormir.

La Suite algérienne

La *Suite algérienne* est une digne sœur de la *Danse Macabre*, du *Rouet d'Omphale* et des autres compositions de Saint-Saëns appartenant au genre pittoresque et descriptif.

Elle se divise en quatre parties : la première intitulée *En vue d'Alger* dénote une habileté prodigieuse dans l'art de l'instrumentation. Elle m'a fait songer par un moment au prélude du *Rheingold*, tout en n'y ressemblant pourtant aucunement. La barque qui porte Wagner et sa fortune ne convient pas à Saint-Saëns, et si ces deux compositeurs se rencontrent quelquefois, ils ne feront jamais un long voyage ensemble. La *Rhapsodie mauresque*, précédée d'un court motif dont les développements, d'une exquise délicatesse, rappellent plutôt la science étonnante d'un contrepointiste comme Bach que le ciel africain, est saisissante de couleur et d'originalité. Je ne lui en préfère pas moins la délicieuse *Rêverie du soir à Blidah*, une perle, adorable inspiration qui fera son tour du monde, laissant partout sous le charme ceux qui auront la bonne fortune de l'entendre. Une *Marche française* termine magnifiquement cette *Suite,* en évoquant le souvenir de la patrie sur ce sol étranger. Ce sont bien nos soldats qui défilent en vue des minarets et des mosquées. Très belle, cette marche avec son début franc et entraînant, son caractère légèrement militaire, ses mélodies faciles, spirituelles, jamais communes ni banales.

On lui reprochera, sans nul doute, d'être moins originale que le reste. Il est certain qu'elle n'étonne point nos oreilles autant que la *Rhapsodie mauresque*. M. Saint-Saëns pourra nous surprendre encore bien davantage. Sa plume joue de l'orchestre comme ses doigts jouent du piano, rien ne lui sera plus facile que de rapporter du Japon, de la Chine, de l'Inde ou de la Perse, quelque thème plus ou moins extraordinaire qu'il nous présentera merveilleusement paré de toutes les richesses de la science et de l'instrumentation modernes. Ce travail doit être un plaisir en même temps qu'un jeu pour son imagination si vive, si riche et si variée; il y déploiera, sans compter, toutes les ressources de cette folle du logis ; il y mettra tout l'esprit que Voltaire semait à pleines mains dans ses délicieux contes et nous servira un Orient fantaisiste et rêveur, parfumé de houris, d'opium, de roses et de haschich, comme un musicien seul en peut concevoir un dans quelque coin de son cerveau. Ce sera tout aussi charmant qu'un tableau de Gérôme ou qu'un chapitre de *Salambô*, ce ne sera pas plus exact.

Je ne veux point ici faire le procès de cette musique de genre qui est un des coins les plus attrayants du domaine de l'art et me ravit autant que les plus enthousiastes, surtout quand on sent derrière ces mélodies bizarres, ces harmonies audacieuses, la palette d'un Saint-Saëns.

Je m'élève seulement contre cette tendance qui nous porte à chercher et voir l'originalité là où elle n'est pas. Il est évident qu'un Chinois arpentant nos rues dans le miroitant costume de son pays fera sensation, quand à Pékin, nul ne se retournera pour le voir marcher. Tout ce qui nous surprend, tout ce qui nous étonne, n'est point original, et cette confusion, si l'on n'y prend garde, finira par nous fausser totalement le jugement en matière d'art. Des landes de Bretagne aux montagnes de Provence, le vieux sol français est jonché de mélodies qui n'ont ni plus ni moins d'originalité que les airs étranges des pays lointains. Nos mères nous berçaient en les chantant, nous les connaissons davantage : voilà tout. En musique, toute œuvre où l'on reconnaît la personnalité de l'auteur, sa puissance, toute page marquée au sceau de son talent est originale, dans la bonne acception de ce mot.

Que de compositeurs seraient stupéfaits s'il leur était donné de reconnaître les pensées qu'on leur prête ! Ah ! la besogne sera rude pour les musicologues du XXIe siècle, et dans cent ans d'ici je me demande comment ils se débrouilleront au milieu des morceaux et des partitions entassés dans les bibliothèques. Il est vrai, qu'à l'exemple de Berlioz, beaucoup prennent soin d'expliquer ce qu'ils ont voulu dire. C'est le cas de Camille Saint-Saëns dans sa *Suite algérienne*. Avec le *prélude*, nous sommes *en vue* d'Alger, ce qui signifie balancés au gré des flots et de la brise qui nous apporte les échos du rivage : c'est de la musique imitative. La *Rhapsodie mauresque* nous conduit en pleine musique descriptive. L'Orient nous apparaît, non tel qu'il est, mais interprété, transformé par la main de l'artiste. Ses mélodies étranges arrivent à nos oreilles parées de toutes les richesses de la science et de l'instrumentation modernes, précédées d'une page qui pourrait être signée de Bach, noyées parfois dans un océan d'imitations et de contre-points. La *Rêverie à Blidah* serait plutôt de la musique d'impressionniste avec son adorable et suave solo d'alto. La femme apparaît ici,

5.

la femme étrangère, celle avec laquelle nous voulons
bien rêver un soir à l'ombre des orangers en fleurs,
celle qui n'est ni de notre monde, ni de notre race,
l'almée que nous aurons peut-être aimée pendant
une minute, mais dont le souvenir ne nous mordra
jamais au cœur. La *Marche militaire française* est bien
nommée. Oui, voilà notre esprit pétillant et léger,
notre insouciante gaîté, notre entrain communicatif.
Ce n'est plus l'Orient, c'est la France. Imitative, descriptive, impressionniste, telle me semble cette musique. Ces termes n'ont, on s'en doute bien, qu'une
justesse relative et je ne m'en sers ici que pour faire
mieux comprendre ma pensée.

Le Déluge

Les premières mesures du prélude en forme de
fugue et le double quatuor qui suit, avec solo de violon,
imposent l'admiration. La phrase mélodique est d'une
splendeur tout idéale. Nous la retrouverons souvent
dans le reste de l'ouvrage, qu'elle éclaire d'un rayonnement lumineux chaque fois qu'elle reparait. Cette
première partie contient les trois principaux motifs
de l'œuvre, celui-ci d'abord, puis le thème du chœur
« *J'exterminerai cette race* », enfin la phrase si naïve
et charmante du contralto destinée à décrire Noé
« *C'était un homme juste et plein d'intégrité* ». Nous
reverrons le second, terrible et colossal comme la
colère de Dieu, dominant dans la deuxième partie le
tourbillonnement des éléments déchaînés sur l'humanité coupable. Tout ce début calme et magistral,
entrecoupé de récits et de fragments symphoniques,

aboutit au chœur final en *fa mineur*, page grandiose et classique dans la forme comme dans le fond.

Jusqu'ici l'auteur n'emploie que les instruments à cordes. Nous arrivons maintenant à la partie pittoresque et descriptive intitulée le *Déluge*, dans laquelle nous allons être éblouis par toutes les richesses de l'instrumentation moderne.

La harpe donne l'accord en *ré bémol* après lequel le ténor dit :

Noé fit ce que Dieu lui commanda de faire,

puis l'orchestre descend d'un demi-ton et les violons, altos, violoncelles et contrebasses, divisés en quatorze parties, commencent en *pianissimo* dans la tonalité d'*ut majeur* avec la tierce à la basse. Bientôt au milieu de ce bourdonnement persistant, la voix des flûtes, des clarinettes se fait entendre, on distingue des gammes en tierces chromatiques qui montent et descendent ; ce ne sont encore que des plaintes indéfinies et vagues ; les premiers violons lancent dans les hauteurs de l'orchestre des sons harmoniques ressortant sur les premiers arpèges de la harpe, les trombones jouant dans la demi-teinte rappellent le motif du chœur « *J'exterminerai cette race* » ; peu à peu l'orchestre s'enfle et grossit dominé par le timbre aigu des flûtes, les basses montent par demi-tons du *mi* au *sol*, note sur laquelle entrent les chœurs « *Et les eaux du déluge envahirent la terre* » ; peu à peu le flot d'harmonie grandit et s'élève, les cuivres font entendre leur voix formidable dans les profondeurs de l'orchestre, au sommet duquel l'oreille perçoit un dessin chromatique d'un prodigieux effet qui soudain se transforme avec les instruments à cordes, lançant dans l'espace des gammes échevelées et furieuses, véritables torrents pendant que les chœurs chantent :

> Et l'eau du ciel tomba durant quarante jours !

Nous ne sommes pas encore au maximum de puissance et de sonorité. On sent le fléau qui monte, monte toujours.

> Les hommes éperdus fuyaient vers les collines
> Et les aigles planaient sur les champs dévastés.

Ici toutes les voix de l'orchestre se fondent dans une terrible et foudroyante explosion, du milieu de laquelle ressortent des fusées chromatiques des trompettes, donnant avec un réalisme sublime l'impression d'un déchirement et d'un écroulement général.

> « L'onde lente montait.... »

Sur une pédale de *sol* commence une gamme qui, partant de la note la plus basse des violons, monte chromatiquement jusqu'à trois octaves au-dessus, elle débute avec les cors qui doublent les cordes, et procédant aussi par demi-tons semblent adresser au ciel, du fond de l'abîme, des gémissements désespérés. Des dissonances hardies se succèdent, sauvées (musicalement parlant) par l'irrésistible force du mouvement ascendant de la mélodie. Peu à peu le calme revient, un calme de mort et de désolation, la pédale passe de la dominante à la tonique, qu'elle ne quitte plus, et les chœurs continuant leur *decrescendo* finissent en murmurant :

> Au hasard elle allait vers l'horizon sans bornes,
> Au milieu de l'horreur d'une profonde nuit.

La troisième partie du *Déluge* porte comme titre :
*La Colombe. — Sortie de l'Arche. — Bénédiction de
Dieu.* — C'est dire que nous nous trouvons en face
de tableaux d'un caractère bien différent. Tout ici
respire la paix, le calme, l'espérance. Telle est évidemment la signification du court prélude instrumental qui précède le récit du soprano

Or Dieu se rappela cependant sa promesse.

Ce récit est délicieux d'un bout à l'autre avec ses
interruptions symphoniques si variées et si poétiques.
Nous y voyons revenir à chaque pas les deux motifs
que j'ai signalés dans la première partie, et toujours
ils produisent un effet saisissant. Je n'en finirais pas
si j'avais la prétention de rappeler tous les détails
d'une instrumentation dont la délicatesse et la grâce
sont infinies. L'air de la *Colombe*, avec l'adorable accompagnement des flûtes et hautbois, se distingue par
son caractère à la fois classique et moderne. Nul ne
sait plus délicatement que Saint-Saëns unir hier avec
aujourd'hui.

Tout ce tableau de la colombe par trois fois s'envo-
lant dans l'espace et ne revenant plus de son dernier
voyage est exquis.

Le quatuor qui suit, d'une forme essentiellement
classique, est également parfait, ainsi que le chœur
fugué de la fin, qui termine d'une façon majestueuse
et puissante ce chef-d'œuvre, l'une des plus admirables productions de l'art moderne.

La Symphonie en *Ut* mineur

Dans cette œuvre nous voyons le musicien, sûr de lui-même, s'élancer hardiment vers des sommets qui restent inaccessibles à bien des forts et que nul, peut-être, depuis Beethoven, n'avait même tenté d'atteindre. En écoutant ces séries d'accords s'enchaînant avec la rigueur d'une inflexible logique, ces superpositions d'harmonies limpides comme le cristal, lumineuses comme le soleil, parées de tout le prestige d'une science dont les limites nous échappent, ces développements merveilleux, ces transformations successives d'un thème unique autour duquel tout gravite, je me disais que, dans ces mélodies pareilles à des oiseaux prenant leur vol vers l'infini, dans ces sonorités, tantôt douces comme un chant du printemps qui s'éveille, tantôt puissantes comme la voix de l'océan qui gronde, s'incarnait toute une vie de labeurs sans cesse renaissants, le travail d'une longue suite d'années consacrées à la recherche de l'idéal entrevu pendant les heures déjà lointaines de l'éclatante jeunesse.

Laissant de côté tout ce qui n'était pas la musique, dédaignant le concours d'un programme poétique qui n'eût été qu'une entrave, Saint-Saëns a voulu rester comme les vieux maîtres face à face avec son art et construire sur une solide assise un majestueux édifice, en utilisant les ressources immenses que mettaient à sa disposition les progrès de l'instrumentation moderne.

Il a réussi : le palais bâti par l'homme est digne d'abriter des dieux.

La *Symphonie en ut mineur* est divisée en deux

parties par l'auteur. On peut facilement y retrouver l'équivalent des quatre morceaux dont se composent la plupart des symphonies classiques. J'y vois clairement l'*introduction* et premier *allegro*, l'*andante*, le *scherzo*, le *finale* : l'ancienne forme n'est donc point abandonnée mais simplement modifiée.

Le motif principal sur lequel elle repose présente, outre l'intérêt de ses développements, celui de ses transformations, et c'est par ce dernier côté que l'œuvre est particulièrement neuve et bien moderne. Elle évoque en nous deux idées très distinctes : l'idée d'agitation, de trouble ; l'idée de calme et de sérénité. Y a-t-il lutte entre la terre et le ciel, entre l'âme et les sens ? Qu'importe. Dans ce domaine des sons, où règnent le vague et l'indéfini, les portes s'ouvrent à deux battants devant l'imagination qui peut y déployer ses ailes. Nous n'avons qu'à lui laisser le soin de nous dicter le poème. Peut-être *Orphée*, *Parsifal* et *Palestrina* s'y rencontreront-ils au milieu d'une danse macabre. Il y a, chez Saint-Saëns, du Bossuet et du Voltaire, et dans ces admirables pages, il me semble parfois reconnaître la grandeur du premier unie à l'esprit du second. Aux éclairs de foi succèdent des éclairs de doute, et si l'orgue finit par emplir l'espace de sa voix triomphante, ce n'est pas sans avoir dû lutter pour étouffer le chant amer de l'ironie.

L'œuvre est pleine d'effets d'instrumentation d'une étonnante variété, d'une superbe puissance ; nul aujourd'hui, comme Saint-Saëns, ne possède l'entente des timbres, et sous ce rapport l'art des combinaisons est poussé aussi loin que possible. Le rôle de l'orgue est admirablement ménagé, l'auteur a voulu, tout en le traitant avec une rare discrétion, qu'il fût indispensable. Nous sommes loin du monotone et fastidieux dialogue des symphonies d'Hændel.

Le temps a marché, l'art aussi.

A TRAVERS L'ÉCOLE FRANÇAISE

CÉSAR FRANCK

et

QUELQUES DISCIPLES

César Franck. — Le Chasseur maudit. — Les Djinns. — V. D'Indy. — Saugefleurie et le Chant de la Cloche. — J.-G. Ropartz. — De Wailly. — Bruneau. — Rosenlecher et la Légende de l'Ondine. — A. Cahen.

CÉSAR FRANCK

Le Chasseur maudit. — Les Djinns

C. Franck est actuellement pour tous ceux qui s'occupent d'art musical, quelles que soient leur école et leurs tendances, un maître dont nul ne songe à contester le talent, la science et la hauteur de vues. On l'admire mais on le discute, signe infaillible qu'il devance son époque. J'ai la conviction que la plupart de ces œuvres devant lesquels l'auditeur reste encore hésitant et surpris, parfois troublé, nous apparaîtront dans un avenir prochain resplendissantes de toute la la pureté du cristal le plus limpide, de tout l'éclat du diamant le plus brillant. Ce qui nous déroute surtout, c'est l'originalité d'une forme mélodique à laquelle nous ne sommes point habitués, forme que nous sentons puissante, mais dont souvent les lignes et les contours nous semblent voilés; c'est aussi la conception même, dont les détails deviennent si facilement obscurs, particulièrement dans le poème symphonique. Et cependant, forme ou conception, tout ici me paraît porter l'empreinte d'un art admirablement pur et profondément beau.

Il serait difficile de contester, je crois, l'effet immense et par instant presque inconscient d'une musique qui sait rester toujours romantique et colorée sans cesser d'être une merveille de science et de profondeur. Ce sont là des qualités qu'on a rarement l'occasion de trouver réunies dans les compositions appartenant, comme le *Chasseur maudit* et les *Djinns*, au genre descriptif.

Ces pages me semblent deux des plus belles manifestations que je connaisse, de l'art que nous devons aux véritables inventeurs de la musique à programme, Listz et Berlioz. Elles possèdent les imperfections inhérentes à son essence même, mais nous laissent une impression vive et forte à laquelle ni le cœur, ni l'esprit, ni les sens ne sauraient se soustraire. Si nous voulons en chercher les causes, il nous sera facile de les trouver dans le sentiment caractéristique, toujours juste, toujours vrai, qui se dégage de ces compositions, dans leur richesse harmonique, mélodique et rythmique, dans l'élévation de la pensée, dans la variété d'une instrumentation dont les transformations suivent pas à pas les phases diverses de l'idée mère et du poème, dans la note fantastique si musicalement rendue par l'orchestre, enfin dans la poésie vaste et belle qui sans cesse plane sur l'œuvre qu'elle enveloppe de ses doux et lumineux rayons.

C'est un merveilleux poème symphonique que le *Chasseur maudit*.

Des appels de cor. Un roulement de timbales. Un chant plaintif du violoncelle et de nouveau les cors se répondent. Bientôt l'orchestre s'enfle et grandit, une mélodie, d'un caractère douloureux et passionné, s'élève et monte dans des flots d'harmonie pour finir en un formidable éclat. Tout s'apaise : entre les appels de plus en plus désespérés des *cuivres*, on entend le hautbois. L'instrumentation devient d'une extrême richesse. Le côté descriptif et dramatique s'impose. Les cors, en sons bouchés envoient à l'oreille des sonorités sataniques, étranges. On entend gronder le *tuba*; les intervalles chromatiques se succèdent au milieu des éclatantes sonorités des trompettes, cors et trombones. L'inspiration se soutient toujours et plane superbement. Puis l'orchestre reprend son allure vive, persistante. C'est la chasse maudite.

Il est impossible de ne pas être saisi, dans le *Chasseur maudit*, par la grandeur de ce début dans lequel, au-dessus de toutes les voix du l'orchestre dont les sonorités se fondent dans un océan d'harmonie, on entend la sonnerie de cloches qui toujours domine, s'enfle, grandit, pour aboutir à la réalité d'un sublime et formidable éclat.

Oui, c'est grand : non dans le sens de ce mot appliqué, par exemple, à la musique d'un Hændel, dont la majesté n'ouvre à notre imagination que des horizons bien restreints, mais dans celui dont on se sert pour parler d'un Dante, d'un Hugo, d'un Shakspeare.

Et quelle allure dans ce morceau plein de fougue, de sève, de passion, de jeunesse ! Comme en l'écoutant nous nous sentons emportés à travers le pays tantôt sombre, tantôt doré de la légende! avec quelle puissance il évoque l'idée d'une invisible force, de l'*anankè* des anciens, de l'inexorable fatalité, de l'éternel châtiment.

Avec les *Djinns* nous ne sortons pas du domaine fantastique, et cependant la note est différente; la musique a des lueurs d'amour, des éclairs de tendresse. On dirait par instant la trouée subite du soleil à travers les brumes d'une matinée d'automne. Le rôle du piano m'a paru traité magistralement et avec une discrétion qui n'enlève rien à l'effet. Cette musique est ruisselante de charme, de grâce, de rêverie. Est-il possible d'en désirer une interprétation plus admirable, plus juste, plus émue? j'en doute après avoir entendu M. Th. Ysaye qui, par la pureté de son style, la souplesse et la douceur de son jeu, a littéralement non seulement émerveillé, mais ravi, transporté le public.

Il a partagé le succès avec son maître, et quel succès!

Oui, ce compositeur devant lequel nos théâtres de Paris tiennent leurs portes fermées, ce musicien dont la science égale l'imagination, cet artiste sincère et convaincu, resté fidèle à l'idéal entrevu lors des jeunes années, poursuivi pendant une vie tout entière en dépit des erreurs de la mode et de la tyrannie de la routine, ce savant inspiré a pu goûter chez nous la satisfaction de voir ses œuvres chaleureusement accueillies.

Et dire que le *Chasseur maudit* et les *Djinns* n'ont pas encore paru sur les programmes des concerts Colonne et Lamoureux! Mais qu'attendent donc leurs éminents directeurs? Quand donneront-ils au grand public l'occasion de jouir de ces beautés trop ignorées?

VINCENT D'INDY

Saugefleurie — Le Chant de la Cloche

Je n'étonnerai personne de ceux qui suivent le mouvement artistique actuel en disant que Vincent d'Indy tient avec une incontestable autorité la première place parmi les jeunes compositeurs formés à l'école du grand musicien, qui porte le nom trop peu connu de César Franck. Sa droiture artistique, que l'ombre d'une concession n'a pas encore effleurée, la rectitude aussi bien que la sincérité de ses convictions, l'étendue de sa science, la hauteur de ses vues ne pouvaient, en attendant mieux, manquer d'attirer sur lui l'attention, subitement éveillée par le succès du *Chant de la Cloche* œuvre couronnée il y a quelques années par la ville de Paris. Plusieurs voient en lui le chef d'une école qui en est encore à attendre le lever de sa première aurore. Pour le moment, la célébrité dont il jouit, ne dépasse pas les limites de ce monde restreint pour lequel la musique existe en dehors du théâtre. Il est loin, bien loin, de la popularité des auteurs de la *Mascotte* ou du *Petit Duc*, mais il peut se consoler en songeant qu'il a pour lui l'avenir.

C'est quelque chose et beaucoup connaissent l'ivresse des acclamations de la foule, dont on ne saurait dire autant.

La musique de V. d'Indy demande pour être appréciée, dès la première audition, un certain travail d'esprit. Elle n'est pas de celles qu'on écoute en achevant la conservation commencée, mais les hauteurs qu'elle habite ne sont nullement inaccessibles ; il suffit de vouloir bien y monter. La distance qui nous en sépare ici ne la rend ni confuse, ni obscure et l'une de ses qualités principales est justement la clarté. Il y a des étoiles qui sont bien loin dans le ciel, et cependant nous n'avons pour les voir qu'à lever la tête.

Le roman d'une heure de cette fée du lac bleu qui préfère à l'éternelle joie de vivre le mal d'aimer dont on meurt, ne pouvait manquer d'ouvrir un horizon vaste et profond à la muse rêveuse d'un artiste sincèrement épris comme d'Indy de la poésie des symboles. La légende n'était que charmante : transportée dans le domaine où la symphonie déploie ses ailes, elle semble singulièrement grandie. Le poète nous la racontait, le musicien nous la fait vivre.

Une partition comme celle de *Saugefleurie* dont chaque mesure s'enchaîne avec une admirable logique, ne s'analyse pas en quelques lignes. Ce que je puis dire, c'est que de cette œuvre d'un sentiment exquis, se dégage un charme intense. Elle se tient d'un bout à l'autre et la grande variété qui résulte de la multiplicité des détails n'affaiblit nulle part le grand principe d'unité sur lequel elle repose. J'y vois deux motifs principaux, celui de *Saugefleurie*, délicieusement murmuré par l'alto tout d'abord, puis celui des *chasseurs*, confié aux cors, dont le rôle est aussi difficile qu'important ; j'y vois encore plusieurs idées mélodiques, les unes plus spécialement destinées à donner la couleur, à caractériser la note descriptive, les autres se rapportant plutôt au côté psychologique, à la peinture des états d'âme. Qu'on les appelle *leitmotiven* ou thèmes caractéristiques, il importe peu. Ce qu'il convient de constater c'est leur originalité, leur beauté mélodique, l'extrême richesse des développements que le compositeur en a su tirer, l'effet des harmonies sur lesquelles ils planent et dans lesquelles ils se fondent. Là se retrouvent tous les procédés des vieux maîtres, toute la science des contre-pointistes, mais les premiers comme la seconde disparaissent noyés dans l'éclat lumineux de l'inspiration qui soutient l'œuvre et lui communique le pouvoir de toucher, d'émouvoir et de *faire penser*.

*
* *

Le *Chant de la Cloche* est certainement la plus remarquable de toutes les nouveautés musicales de ces dernières années ; aucun de nos compositeurs n'a osé rompre d'une façon plus absolue avec les traditions de notre école nationale et française. Je ne veux pas dire que de cette page savante et grandiose une personnalité puissante, indiscutable, se dégage. M. d'Indy n'est point encore parvenu à cette heure de la carrière d'artiste, où l'influence des modèles et l'étude des maîtres préférés ne laissent plus de traces. Cela viendra. Pour l'instant nous ne saurions lui faire un crime de procéder directement de Berlioz et de Wagner ; deux novateurs de génie qui, pour beaucoup, ont eu le tort de devancer leur époque et d'élargir un domaine dont ils ont reculé les limites.

Dans la conception comme dans la facture de l'œuvre de M. d'Indy, nous retrouvons à chaque pas la pratique des théories wagnériennes, de ces théories qui inspirèrent la *Tétralogie*, l'œuvre musicale la plus colossale qui existe au monde. L'auteur du *Chant de la Cloche* est un convaincu, chez lequel on ne saurait trop admirer deux qualités fort rares : une sincérité complète, absolue et l'absence totale de ce patriotisme intolérant qui cherche à mêler à la question d'art celle de la nationalité, C'est ainsi que des compositeurs d'un immense talent se sont fourvoyés en essayant de nous servir du Wagner, accommodé pour notre goût et notre tempérament. Restons Français, ont-ils dit, nous ne sommes pas faits pour cette musique, et cette musique n'est point compréhensible pour nous. Ce sentiment d'un chauvinisme qui, je l'avoue, me laisse absolument froid, nous a valu une série d'œuvres fort honorables, sans doute, mais qui n'ont pas fait faire à notre théâtre le pas en avant qui seul peut le sauver. Nous végétons, nous sommeillons, nous vivons dans un respect du passé qui nous rend timorés et craintifs. Nous voulons un théâtre, un art qui nous amuse, nous y cherchons uniquement la distraction, le repos; nous restons aux sujets historiques traités par Scribe et Meyerbeer. Le monde mythique nous effraie et nous craignons la tension d'esprit qu'il exige pour être compris. Aussi les feux des rampes n'éclairent-ils que des succès passagers, éphémères et factices et il en sera ainsi tant qu'un musicien ne viendra pas, sans autre souci que celui de faire de l'art, briser le vieux moule.

M. Vincent d'Indy sera-t-il celui-là; nous ouvrira-t-il les portes d'un nouvel horizon parsemé d'étoiles inconnues? Nous avons le droit de l'espérer en face de l'œuvre que nous venons d'entendre. Mais il faudra pour cela qu'il se garde du pas en arrière, de ce pas désastreux de ceux que hante la peur *d'aller trop loin*, de ceux qui sous prétexte de sagesse croient devoir mettre de l'eau dans leur vin.

. Rien heureusement dans le *Chant de la Cloche* ne donne le droit de supposer qu'il en sera jamais ainsi.

Je n'insisterai point ici sur le sujet très poétique, intéressant malgré certaines longueurs et surtout remarquable par sa complète unité. L'idée en appartient à Schiller : elle prête au développement musical, et dans certaines parties véritablement inspirées, emporte le compositeur jusque dans les plus hautes sphères de l'art. Encore quelques *tentatives* du même genre, exécutées sans faiblesses, sans concessions, sans restrictions, sans arrière-pensée et l'art nouveau, dont Richard Wagner est le prophète, viendra nous éclairer de ses lumineux rayons : à l'époque d'incertitude et de transition où nous piétinons sur place succèdera une ère glorieuse où la musique française, sûre de sa route prendra son vol, à travers l'espace.

Certes il ne faut pas se faire d'illusion : le public est encore à conquérir. Gounod avec *Faust*, Bizet avec *Carmen* lui ont fait faire un pas immense en avant : l'impulsion a été suivie : Saint-Saëns, Massenet, Joncières, Reyer, Godard et bien d'autres pleins de talent et d'ardeur ont continué son éducation ; actuellement plusieurs semblent vouloir s'arrêter : c'est leur droit. Quant à enrayer le mouvement, quant à ramener la foule aux antiques formules de l'opéra concert, il n'y faut plus songer : il est trop tard, et qu'on le veuille ou non : ceci tuera cela !

6

J.-G. ROPARTZ

Paysage breton

L'extrait (n° 3) des *Paysages bretons*, de M. J.-G. Ropartz, est une page d'orchestre aux harmonies cherchées et aux sonorités intéressantes. L'effet d'accompagnement des violons en sourdine est heureux, quoique l'oreille n'en saisisse pas facilement tous les détails. L'idée mélodique, un peu coupée dans le début, prend de l'extension vers la fin du morceau dont la conclusion ne manque ni de poésie, ni de grandeur. Les instruments de cuivre y sont traités avec beaucoup d'habileté et M. Ropartz en tire des effets de puissance et de force en évitant le bruit, ce qui est plus difficile à obtenir qu'on ne croit. Cette composition, d'un musicien délicat et désireux d'éviter les sentiers battus, a été écoutée avec toute l'attention et la liberté d'esprit désirables. L'auteur est un poète. On le devine en écoutant sa musique. Il a voulu traduire un de ces états d'âme que nous devons à la contemplation de la nature. Il est de ceux qui croient en leur étoile et poursuivent leur rêve sans trop s'inquiéter de savoir s'ils seront compris. C'est une qualité rare. Les vers de Brizeux, qui ont inspiré M. Ropartz, sont exquis et expliquent suffisamment la musique dont le sens échappera toutefois à ceux qui ne liront que le titre : « A Marie endormie. » L'auteur poursuit un idéal élevé, je lui souhaite de continuer à marcher vers le but dont il fait son objectif, sans compromission ni faiblesse. Presque tous, parmi les jeunes, se disent en commençant : « Je ferai monter le public à moi ! » puis, devant les premières difficultés qui les arrêtent et l'ivresse du succès qui les tente, ils descendent à lui.

DE WAILLY

Les Heures

L'œuvre est sérieuse et très soignée sous le rapport de l'instrumentation. La première partie, *le Matin*, contient plusieurs effets d'orchestre particulièrement réussis, entre autres celui des cloches qui, malheureusement, sont rarement d'une justesse irréprochable. On voit que le compositeur est préoccupé par l'idée de trouver des sonorités nouvelles, il fuit la vulgarité et fait preuve d'une vraie science musicale dans le développement de ses motifs.

Je reprocherai toutefois à ceux-ci de n'être pas suffisamment caractéristiques. Il ne suffit pas de tirer d'un thème quelconque des développements plus ou moins habiles et scientifiques pour émouvoir le public qui ne s'intéresse que médiocrement à ces qualités de facture : il faut développer mélodiquement l'idée mélodique. Dans cet art, Beethoven ne fut jamais dépassé et l'on peut prendre comme modèle n'importe laquelle de ses œuvres ; symphonies, sonates ou quatuors. Peut-être M. de Wailly ne s'inquiète-t-il pas assez, dans la conception même des motifs sur lesquels il veut travailler, de les rendre susceptibles de développement. Tout motif ne se prête pas également au travail du contrepointiste, et ceux qui ont composé des fugues savent qu'il faut parfois écrire vingt motifs avant d'en trouver un de bon. Beethoven méditait les thèmes principaux de ses symphonies pendant des mois, aussi donnait-il à ces monuments de l'art musical de grandioses assises. M. de Wailly sait déjà beaucoup, c'est bien quelque chose, mais il a besoin d'apprendre encore à mieux se servir de cette science laborieusement acquise.

BRUNEAU

Ouverture héroïque

L'*Ouverture héroïque* de M. Bruneau, contient d'excellents passages et des effets d'instrumentation dénotant une vraie personnalité. L'allure en est décidée, la couleur sombre et peut-être un peu poussée au noir, la conception généreuse et élevée. On y sent la vie, la conviction, la jeunesse et l'on y trouve partout une rare habileté de main. Le début est très réussi : l'auteur a su tirer un heureux parti des cuivres, particulièrement des trombones dont la sonorité stridente est opposée tout d'abord à celle des cors et de l'harmonie traitée ici de main de maître. Plus loin l'oreille se repose sur un délicieux effet de clarinette et harpe, puis encore sur le motif mélodique chanté par les flûtes, altos et cor anglais avec un dessin d'accompagnement fort original des seconds violons. Tout ce passage est charmant. M. Bruneau, emporté par la nature du sujet lui-même, a peut-être un peu abusé des instruments de cuivre qui semblent, par moments, écraser de leur voix puissante le reste de l'orchestre. La légende explicative placée en tête de la partition, tout en indiquant clairement la pensée du compositeur, ne me paraît pas concorder d'une façon suffisamment précise avec la musique. Il en arrive d'ailleurs presque toujours ainsi avec la symphonie à programme, qui n'est en réalité qu'un jeu, mais un jeu dangereux.

ROSENLECHER

La Légende de l'Ondine

Il existe actuellement en musique une école dont le pontife est Wagner : on l'appela celle de l'avenir. Ce nom déjà ne lui convient plus, aujourd'hui que l'heure de la justice a sonné pour elle et que partout on s'incline devant l'incontestable génie du maître qui la forma de sa main puissante. Il ne faudrait pas croire, que sur le seuil des voies nouvelles, par lui magistralement ouvertes, il soit arrivé tout d'abord armé de pied en cap et prêt à la bataille. Longtemps il hésita, cherchant la meilleure route et le plus sûr chemin ; ses premiers travaux furent calqués sur ceux des maîtres, et ce n'est que peu à peu, par la réflexion, par la puissance d'une volonté robuste et d'un travail opiniâtre qu'il parvint non seulement à trouver pour le drame lyrique des formes nouvelles, mais encore, ce qui est le plus difficile, à donner à ces formes une base solide, un cadre en rapport avec elles, en un mot, à les faire passer du domaine du rêve, de l'imagination à celui de la réalité. C'est ainsi que nous avons vu se succéder *Rienzi*, le *Tannhaüser*, *Lohengrin*, puis ensuite les *Maîtres chanteurs*, *Tristan et Yseult*, et enfin la tétralogie des *Niebelungen*, cette œuvre colossale, véritable expression du génie de Wagner. On voit donc que le système du maître allemand, si fort à la mode en ce moment, n'est point subitement sorti

6.

de son cerveau et qu'il a été bien au contraire longuement médité.

Faut-il s'étonner maintenant en présence des succès
qu'il recueille, de voir grossir le nombre de ses admirateurs? Le contraire serait inexplicable et il est tout
naturel que ceux de nos jeunes compositeurs qui ont
été séduits par sa musique le prennent pour maître et
modèle. Peut-être ont-ils quelquefois tort de trop
oublier qu'il a eu lui-même des prédécesseurs qui s'ap-
pelaient Mozart et Beethoven, mais c'est un point de
vue de la question qui pourrait entraîner trop loin, je
le laisse et viens de suite à la *Légende de l'Ondine*, première cause de cette digression.

M. Rosenlecher est un artiste trop convaincu, un
chercheur trop consciencieux pour préférer à l'appréciation sincère, impartiale et franche de son talent,
les compliments dits du bout des lèvres et les banalités
commandées par une politesse mal entendue. Il se
rend, du reste, parfaitement compte, ce dont ne se
doutent probablement pas la plupart des gens qui le
critiquent, de tout ce qui lui reste encore à apprendre :
aussi travaille-t-il sans relâche, sans découragement,
sans inquiétude, confiant dans le succès final qu'il
entrevoit au bout de ses efforts. Esclave du public, il
ne l'est point, il ne le sera jamais : pas de concession!
voilà sa devise; la vérité seule! voilà son drapeau.
Peu lui importe que nos maîtres modernes français
croient devoir, dans leurs emprunts à Wagner, modifier les formes, adoucir les angles, accommoder
ce système au goût d'auditeurs qui veulent bien lui
reconnaître du bon par-ci par-là, mais s'insurgeraient
si l'on prétendait le leur faire accepter dans son inté-

grité ; il conçoit tout autrement le drame lyrique et
reste en écrivant de la musique, absolument logique
avec ses principes. Cette honnêteté scrupuleuse en
art devient de plus en plus rare, et devrait être pro-
posée comme exemple à tous les compositeurs qui dé-
butent par des concessions, avec l'intention de guider
ensuite le public vers la lumière qu'il ne veut pas
voir. Malheureusement les premières courbettes
gâtent singulièrement la main et l'on perd facilement
avec elles la force que donnent des convictions ar-
dentes et vigoureuses. Il est vrai qu'en revanche
on arrive vite au succès, avec du talent, cela va sans
dire.

La *Légende de l'Ondine* est d'origine allemande ;
l'auteur du livret, M. Charles Velmont, a bâti sur
cette rêverie trois actes et six tableaux et transporté
son action sous Louis le Débonnaire, au milieu du
IX⁰ siècle. Son drame est écrit avec une incontestable
habileté et il a l'immense mérite d'offrir au compositeur des situations : il n'en faut souvent qu'une pour
rendre une pièce intéressante, et là j'en vois plusieurs.
Outre les deux tableaux du premier acte que nous
connaissons, je citerai comme très réussi le quatrième
tableau ; dans la chambre nuptiale l'Ondine se retrouve avec Tristan, les hommes l'ont condamnée
comme sorcière, et la fille d'Odin regrette son lac
bleu qu'elle veut aller rejoindre, emportant dans son
cœur la blessure saignante de son amour pour ce che-
valier rêveur, dont l'âme ne semble pas faite pour la
terre et le monde réel. Avant de disparaître à jamais
à ses yeux elle lui donne un dernier baiser.

> Tout le passé s'efface,
>   Tu vas perdre ma trace ;
> Je resterai pour toi, je resterai, Tristan,
> Le rêve d'amour pur, le parfum de jeunesse
> Qui remplira ton cœur. Je te laisse en partant
> Un souvenir divin, mon immense tendresse.
>   Tu me verras encor
>   Dans le nuage d'or,
> Dans la brise embaumée ou dans l'eau qui murmure ;
> J'embellirai pour toi le ciel et la nature,
>   Je serai le printemps,
>   Le rêve de vingt ans.

Tout le poëme est dans ces vers ; l'idée philosophique se devine, se dégage. Nous nous trouvons en face d'un simple rêve d'amour, de ce premier battement d'un cœur assoiffé de tendresse, de ces bégaiements printaniers des sens avides de jouissances, de ce besoin d'aller chercher au-delà des espaces réels l'étincelle de bonheur qu'on sent bien que la terre ne peut donner. Le dernier acte nous ramène à la vérité, c'est-à-dire à ce monde où nous sommes nés, devons vivre et mourir. Tristan, protégé par les Ondines, sort vainqueur d'un terrible combat, et les montagnes qui entourent le lac finissent par s'écrouler avec un épouvantable fracas, engloutissant et broyant tous ses ennemis.

CAHEN

Endymion

Endymion est un poème mythologique en trois tableaux de Louis Gallet. Je n'entreprendrai point ici l'analyse du livret, qui est écrit par un vrai poète

et nous reporte aux temps de la Grèce antique, à cette
époque où planait si majestueusement sur la poésie
de la nature l'auréole de la divinité. Ce panthéisme
avait bien son charme et sa grandeur, et ceux qui
mettaient Dieu partout, jusque dans le murmure des
ruisseaux, dans le souffle de la brise et le parfum des
fleurs étaient plus près de la vérité, peut-être, que
ceux qui s'efforcent de ne le voir nulle part. Quoiqu'il
en soit, ces mythes qui nous font sourire, offrent au
musicien un vaste champ dans lequel il peut laisser
son imagination s'envoler tout à son aise. L'amoureuse
légende d'*Endymion* devait porter bonheur à M. Cahen,
et l'audition de son œuvre nous prouve qu'elle l'a fort
heureusement inspiré.

En effet, dans cette partition, les idées abondent et
les motifs charmants qui se succèdent indiquent une
richesse mélodique dont la rareté se fait aujourd'hui
de plus en plus sentir. L'orchestre, un peu lourd et
chargé parfois, demeure suffisamment intéressant et
la partie vocale est écrite avec une sûreté de main
qui dénote de sérieuses études.

Comme page particulièrement réussie, l'on peut citer
le Duo. Il y a, dans ce morceau, du souffle et de l'inspiration ; la mélodie n'a rien de mesquin ni de banal,
les sonorités de l'instrumentation sont harmonieuses
et contiennent d'heureux détails, la conclusion seule
me paraît laisser à désirer, surtout si l'on se place au
point de vue de l'effet sur le public.

A TRAVERS L'ÉCOLE FRANÇAISE

PARMI NOS SYMPHONISTES

I

Jules Bordier. — B. Godard. — L'*Ossian* de Coquard. — Une Suite d'Orchestre, de Marty. — Chabrier. — Suite pastorale. — Espana.

JULES BORDIER

La constance dans la pratique de l'art, l'opiniàtreté dans le travail, ces deux qualités de l'homme, ont fait le musicien. Dans ses œuvres, nous retrouvons l'esprit de suite et de persévérance qui le caractérisent. La brièveté de ces esquisses, prises çà et là dans les souvenirs d'auditions qui depuis douze années se succèdent aux concerts d'Angers, ne me permet pas de m'étendre comme je pourrais le faire sur une série de compositions dont jusqu'ici la dernière venue marque chaque fois un pas en avant. C'est dans l'étude approfondie de partitions des maîtres de toutes les écoles et de tous les pays que Jules Bordier a puisé cette science de l'instrumentation qui constitue l'un des côtés les plus brillants de son talent. J'ajouterai que chez lui l'idée n'est jamais ni vulgaire, ni banale. Il s'efforce de la présenter à sa manière et sa manière est souvent excellente. Il sait rester lui-même, chose plus difficile qu'on le croit généralement. Travailleur infatigable, il a beaucoup écrit, toujours soucieux avant tout de faire œuvre d'artiste. Ces titres ne peuvent manquer de lui valoir le succès qu'il a le courage de chercher sans concessions, ni faiblesses. Si dans ces notes rappelant la mémoire d'œuvres symphoniques exécutées à nos concerts, j'ai cru pouvoir insister un peu sur celles du président de l'Association artistique d'Angers, je me suis fait également un devoir d'oublier le camarade et le compagnon de luttes pour demeurer impartial et ne songer qu'au musicien.

Chatterton

Les six morceaux inspirés du drame d'Alfred de Vigny, renferment de fort jolies pages et dénotent de sérieuses qualités. L'*Introduction* n'e-t qu'une exposition, peut-être un peu longue, du sujet, le développement du motif que nous retrouverons à chaque instant dans les autres parties de l'œuvre symphonique. Ce côté me paraît le seul par lequel la musique de M. Bordier se rattache aux théories wagnériennes. Le principe de la *phrase mère* est cher à notre jeune école, on peut en tirer un grand parti, et dans le cas présent la pratique m'en semble très habile.

Le n° 2 « *La Chasse* » est le fragment le plus original de cette *Suite*, intéressante par une grande variété dans les effets d'orchestre. L'un des mieux réussis consiste dans les *pizzicati* des violons concertant avec le chant des flûtes : voilà qui est trouvé comme tout le reste de cette seconde partie, d'un caractère très personnel et d'une instrumentation très travaillée.

L'effet du *Mélodrame* est dans la franchise d'allure et la sincérité de la phrase mélodique. C'est une belle inspiration.

Avec l'*Entr'acte* revient l'idée première de l'œuvre. Une *Marche funèbre* lui succède, la meilleure page de cette partition. Ici, l'effet cherché par l'auteur est heureusement rendu. J'aime moins la *Marche triomphale*, dont le début entraînant et décidé ne se soutient pas assez.

L'accueil fait par le public à cette œuvre doit être un encouragement pour l'auteur. Je lui conseillerai toutefois de ne pas abuser des textes, si poétiques et si dramatiques qu'ils puissent paraître. J'ai déjà plusieurs fois signalé cette tendance moderne d'appeler la littérature au secours de la musique. Ce système a ses avantages et ses inconvénients : ces derniers, fort nombreux, imposent une grande prudence et beaucoup de tact au compositeur. Il oblige, d'un autre côté, la critique à considérer l'ouvrage qu'elle juge à deux points de vue différents. Dans ce que je viens de dire de la symphonie dramatique de M. Bordier, je n'ai songé qu'à la musique et point à ses rapports avec les textes empruntés au drame de *Chatterton*. Ceux-ci comportaient des développements plus longs et plus sérieux et spécifiaient des détails que le compositeur a peut être trop laissé dans l'ombre.

DAVID

David, scène biblique pour baryton, chœur et orchestre, comprend trois parties principales. La première se compose d'un cour prélude instrumental

d'un caractère moitié religieux, moitié fantaisiste et
fort bien conçu. Le chœur qui suit est traité à quatre
parties réelles, c'est au point de vue vocal le mieux
écrit de l'œuvre. L'*Introduction* et les *Strophes* si
magistralement dites par M. Auguez m'ont également
semblé très réussies. La phrase musicale est large et
soutenue, elle se déroule exempte de prétention et
de vulgarité et constitue l'une des meilleures inspirations de la partition. Le chœur sans accompagnement
du début est adroitement ramené, soutenu cette fois
par l'orchestre et dominé par un dessin mélodique
confié aux premiers violons.

La seconde partie est entièrement attribuée aux
instruments qui jouent la *Danse devant l'Arche*. Cette
danse dont l'effet indique une consciencieuse recherche, ne manque point d'originalité ; l'exécution
demanderait pour être parfaite une très grande précision rythmique, elle renferme d'intéressants détails
d'instrumentation, des amalgames curieux de motifs
placés les uns sur les autres, et certaines hardiesses
harmoniques que des professeurs puristes et timorés,
n'hésiteraient peut-être pas à blâmer.

Vient ensuite le *Finale* dialogué entre David et le
chœur. Entraînant et sonore, il a certainement produit une heureuse impression. Je ferai aux chœurs
dans cette dernière partie le reproche d'être trop
souvent à deux voix. Comme passage particulièrement
bient écrit, je citerai la phrase en mineur du baryton
« Chantons la délivrance, ô tribus alarmées. » Elle
ressort au-dessus d'un accompagnement délicat et
mouvementé qui a l'avantage de s'entendre parfaitement tout en laissant très en dehors la voix du soliste.

C'est d'ailleurs une des grandes qualités de M. Jules Bordier, de ne point écraser le chanteur tout en soignant beaucoup l'accompagnement, presque toujours concertant.

Divertissement Macabre

Le *Divertissement* de M. Bordier est extrait d'un Ballet-Pantomime destiné au théâtre ; tel qu'on l'exécute dans les concerts, il se présente sous l'aspect d'une suite d'Orchestre composée de cinq parties, un *Prélude*, un *Allegro* en forme de *Scherzo*, une *Valse* fantaisiste, un *Andantino* et un *Finale*. C'est donc en réalité de la musique écrite pour la scène et transportée dans un autre milieu, d'où il résulte que nous l'entendons hors de son véritable cadre. Pour l'apprécier et la bien comprendre, il est donc important de lire attentivement la légende explicative, car le sujet est traité plutôt au point de vue dramatique que symphonique.

Citons comme ayant produit le plus d'effet le *Prélude*, dans lequel se trouvent exposés les principaux motifs du ballet, et dont l'instrumentation est particulièrement intéressante, le *solo* de cor du *Scherzo* avec un joli motif en *pizziccati* des violons, le début de la *Valse* très heureuse comme inspiration mélodique et enfin le *solo* de violon qui suit la cadence fantastique et que M. Ysaye joue avec un charme exquis . Le galop infernal qui termine l'œuvre est la partie que je préfère : le motif du xilophone y apparait très habilement ramené, et nous y trouvons une belle phrase à l'unisson des violons, altos et violoncelles.

Riche de mélodies, cette partition est surtout

intéressante par les nombreux et délicats détails d'instrumentation qu'elle renferme. De ce côté, M. Bordier qui est un chercheur, sait parfois trouver des effets originaux et charmants. Il procède un peu comme Berlioz, ce qui ne veut pas dire qu'il l'imite, et manie l'orchestre avec une habileté de main tout à fait indiscutable. Avec lui nous n'avons à craindre ni la banalité, ni l'insigniñance, au contraire, la préoccupation constante de la couleur et du pittoresque serait plutôt un danger dont il fera bien de se garder.

Ouverture de Nadia

L'ouverture de *Nadia* est bâtie sur deux thémes de caractères bien tranchés, et que nous y voyons rapprochés à certains moments de la façon la plus . heureuse et la plus ingénieuse. M. Bordier, laissant absolument ici de côté l'ancienne forme des ouvertures classiques, forme que nous retrouvons dans presque toutes celles de nos opéras comiques célèbres, a préféré suivre un plan particulier et fantaisiste. Rien ici ne l'obligeait à marcher dans les sentiers battus et s'il s'est aventuré sur un terrain qui fait aussi bien partie du poème symphonique, une trouvaille moderne, que de l'ouverture telle qu'on la comprenait autrefois, nous ne saurions l'en blâmer, n'étant point de ceux qui croient à l'utilité du *statu quo* dans l'art. Il s'agit seulement de ne pas faire du bizarre et de l'incompréhensible sous prétexte de faire du nouveau. M. Bordier a su éviter ce danger et justement en ne voulant pas trop dire il a dit quelque chose. Son ouverture est bien originale et neuve et je ne saurais trop louer le soin avec lequel l'instrumentation y est traitée.

Les deux principaux motifs sont également trouvés, l'un est purement mélodique et dès la troisième mesure le cor se charge de nous le faire entendre, le second, qui nous est présenté tout d'abord par les flûtes et clarinettes, semble plutôt caractéristique. Comme passage particulièrement réussi je citerai la jolie phrase des violoncelles divisés, phrase dont le retour avec le quatuor complet des instruments à cordes produit un excellent effet, une progression très habilement conduite et tout le *Final* plein de rondeur et d'entrain.

Méditation

Un *crescendo* très habilement conduit et bien ménagé dans sa gradation, tel est le procédé sur lequel repose la *Méditation* composée par M. Jules Bordier sur le septième petit prélude de Bach. L'adaptation de l'idée mélodique sur l'harmonie du vieux maître me semble en tous points réussie. Présentée tout d'abord par le violon solo qu'accompagne la harpe, elle s'enfle peu à peu, grandit, s'enrichit de sonorités successives et nouvelles auxquelles viennent, comme conclusion, s'ajouter les voix majestueuses de l'orgue. L'effet est grand, irrésistible. L'entrée des instruments de cuivre, très habilement employés, le prépare et l'explosion finale le provoque : cette belle page, fait honneur au président de l'Association artistique. Elle semble devoir être bientôt au repertoire de tous les concerts et mérite le succès qu'elle a rencontré jusqu'à ce jour.

B. GODARD

Scènes poétiques

Je ne sais si M. Benjamin Godard partage sur l'avenir de la musique les illusions de ceux qui, sous prétexte d'en élargir le domaine, lui demandent ce qu'elle ne peut donner ; rien dans ses œuvres ne me le peut faire supposer, et j'aime à penser qu'il saura trouver du nouveau et marcher avec son temps sans cesser d'être logique et raisonnable. Quoi qu'il advienne, il est actuellement parmi les jeunes, un de ceux sur lesquels on peut le plus compter. Sa fécondité est remarquable et le nombre de ses œuvres atteste une rare et grande richesse d'inspiration. En écoutant sa musique, il est facile de voir que Schumann et Berlioz doivent avoir été pour lui des maîtres préférés, ce qui ne l'empêche pas toutefois d'être original et personnel.

En composant ses deux *Scènes poétiques* : « Sur la montagne » et « Au village » M. Godard a certainement eu dans la tête un canevas littéraire dont il n'a pas cru nécessaire de faire part à l'auditeur. Je ne l'en blâme pas, les titres suffisent déjà pour s'orienter... Sur la montagne!... que de choses dans ces trois mots, quel monde de rêveries n'ouvrent-ils pas à l'imagination, surtout pour ceux qui aiment à vivre sur les hauteurs, près des sommets inaccessibles! Je l'avoue, j'aurais regretté le vague d'une indication dont le laconisme laissait au moins le champ libre à la pensée ; la note explicative m'eût gâté cette page symphonique qui peut tout aussi bien être la prière

d'un croyant, que la rêverie d'un poète, l'extase d'un
amant de la nature ou la méditation d'un philosophe.
Ce chant large, d'une couleur un peu schumanesque,
avec ses crescendos habilement ménagés, le caractère
vague d'une phrase mélodique qui semble planer au-
dessus des accords répétés de l'orchestre sans vouloir
se reposer nulle part, nous transporte bien réellement
sur ces cimes où tout se réunit pour porter l'âme à la
contemplation. « Au village » fait encore plus songer
à Schumann. C'est fin, délicat, pittoresque et toujours
charmant. L'orchestration, très soignée, me semble
plus légère que celle du compositeur allemand, on
sent que nous sommes en France.

A. COQUARD

Ossian

Ossian n'est pas un poème symphonique du genre
de ceux que nous connaissons; il ne ressemble ni au
Rouet d'Omphale, ni à la *Danse macabre*, ni à *Phaéton*,
ni même aux *Préludes* de Listz, ce véritable père du
poème symphonique. Ce n'est pas non plus une ouverture, quoique par différents côtés il se rapproche de
cette forme musicale. Étant donnée la difficulté de
trouver le titre exact qui lui convient, nous lui lais-
serons celui sous lequel il figurait au programme et
qui, sans doute, est le plus rationnel et le plus juste.

D'après le vers de Musset cité sur l'affiche, l'auteur
s'est inspiré des héros d'Ossian :

« Je songeais dans mon âme aux héros d'Ossian... »

On sait qu'Ossian était un barde écossais qui vécut

au troisième siècle. Devenu aveugle vers la fin de sa vie, il se consolait en chantant les poèmes patriotiques et guerriers que lui inspirait l'amour de son pays. C'est à la harpe que M. Coquard a confié dans l'orchestre le soin de représenter le poète rêveur et mélancolique qui fut, s'il faut en croire la tradition, l'Homère de ces contrées brumeuses où la vigne et l'olivier sont remplacés par les sapins et les bruyères. Au point de vue musical, le seul où je me place, l'idée est heureuse, et je ne saurais trop féliciter M. Coquard de s'en être tenu au vers de Musset qui indique suffisamment le point de départ de son œuvre. Si dans cette conception il touche de fort près au poème symphonique, peut-être s'en éloigne-il un peu dans la composition elle-même qui tient, comme je l'ai constaté plus haut, de l'ouverture et de la symphonie. C'est dire que nulle considération étrangère à la musique n'a pu entraîner le compositeur hors de sa route qui me parait la vraie, la bonne. J'insiste sur cette qualité de l'œuvre dont je parle, c'est que, malgré son caractère vague et poétique, malgré sa couleur et son éclat, elle reste continuellement musicale avant tout. Aussi nous trouvons-nous en face d'une page remarquable, solidement assise et vigoureusement écrite, dans laquelle M. Coquard a voulu être sincère et vrai, cherchant l'effet non par des moyens détournés et habiles, mais par la simple mise en pratique des principes sur lesquels repose l'art musical tout entier.

L'inspiration, toujours élevée, ne languit pas un seul instant : les motifs principaux sont bien coupés et ramenés dans des conditions excellentes ; la partie de harpe est discrète, quoique semblant le pivot autour duquel tout gravite; enfin l'instrumentation est traitée de main de maître et certains passages sont absolument trouvés et réussis. Sans me perdre dans les détails, je puis citer l'entrée grandiose de la harpe, la première apparition de l'alto, suivie d'un délicieux effet obtenu par l'union des deux sonorités du cor et du hautbois, la ravissante phrase mélodique confiée d'abord à la harpe et doublée par l'alto, puis la flûte, enfin le formidable ensemble des cuivres reprenant le thème principal. Tout cela est excellent et dénote un musicien déjà sûr de lui, sachant au juste ce qu'il veut et marchant dans une voie qu'il fera bien je crois de ne jamais abandonner.

G. MARTY

Suite d'Orchestre

La *Suite d'orchestre* dont les Angevins ont eu la primeur est remarquable surtout par une instrumentation remplie d'heureux détails et d'effets pittoresques et nouveaux. Cet éloge de la forme ne cache aucune critique relativement au fond lui-même dont les qualités m'ont paru d'un ordre très supérieur et très élevé. J'ai trouvé la musique de M. Marty riche en belles mélodies et pleine de motifs caractéristiques parmi lesquels celui du premier morceau *Ballade d'hiver*, m'a particulièrement frappé. Exposé d'abord à l'alto, repris ensuite par les trombones, il nous saisit chaque fois par sa couleur sombre, triste, lugubre et de plus a l'avantage d'être très original et personnel.

C'est ce qui me fait le préférer aux délicats et gais refrains que la clarinette, la flûte et le hautbois se

7.

renvoient dans la *Matinée de printemps* pendant que les violons chantent avec enthousiasme une phrase amoureuse et longue que le public charmé n'a pu s'empêcher d'applaudir. Il y a dans cette page une poésie véritable, c'est bien une chanson de printemps dite en même temps par toutes les voix de l'orchestre, saluant chacune à leur manière le réveil embaumé de la nature. Si je constate ici que la note est moins personnelle et que les procédés de Massenet se retrouvent çà et là ce n'est nullement à titre de reproche. Subir l'influence des maîtres auxquels on va demander les secrets de l'art n'est nullement un défaut mais une conséquence toute rationnelle de l'étude approfondie des modèles.

La troisième partie de la *Suite d'orchestre* de M. Marty, *Brouillards d'automne* n'est pas moins habilement traitée que les deux premières, et si l'effet sur le public a été moindre, ceci tient à des raisons tout à fait indépendantes de la valeur même de l'œuvre. Le *tremolo* persistant des violons coupé par un motif court et typique revenant avec une monotonie voulue donne bien autant que possible l'idée du paysage dont le compositeur s'est inspiré. Rien de plus brillant et de mieux réussi que le *crescendo* final amenant le trait chromatique éblouissant qui relie ce morceau à la *Kermesse* dont le début est excellent mais qui ne se soutient ni comme rythme, ni comme mélodie. C'est la partie la moins bonne de cette œuvre vraiment remarquable et à laquelle le public difficile des concerts populaires a fait un chaleureux accueil. Il y a là une science de l'orchestre qui dénote non seulement de sérieuses études, mais encore un don naturel rare et précieux qui fera dans l'avenir de M. Marty l'un des maitres les plus distingués de notre jeune école.

Il fera bien toutefois, je le dis sincèrement, de ne pas se laisser trop emporter par la facilité avec laquelle il manie la pâte orchestrale. La musique descriptive est à sa place au théâtre et quand le texte chanté nous explique la situation cemme par exemple dans les dernières œuvres de R. Wagner; dans le domaine purement symphonique, elle me parait la grande erreur du moment et ne peut qu'entraîner le compositeur dans des régions vagues et fantaisistes, où l'auditeur malgré tous les programmes imaginables se trouve dans l'impossibilité de le suivre.

E. CHABRIER

Je me souviens avoir, il y a quelques années jeté les yeux sur un recueil de pièces pour piano signé Chabrier. Cela passait alors pour de la musique très avancée, presque audacieuse. L'aimable compositeur a-t-il, depuis, mis de l'eau dans son vin ? Toujours est-il que ce que nous venons d'entendre de lui n'indique rien des tendances intransigeantes qu'on lui prêtait alors qu'il n'en était encore qu'à ses débuts, Sa *Suite pastorale* est d'une facture intéressante. personnelle comme idée mélodique, fouillée comme instrumentation, cherchée, trop peut-être, comme assemblage de sonorités, mais l'on ne saurait lui reprocher de vouloir rien démolir. On peut y louer sans réserve une honnêteté artistique se manifestant par l'absence totale de toute concession faite en vue d'obtenir les succès faciles, une habileté surprenante dans l'art d'agencer les timbres divers des instruments de l'orchestre. Ce n'est pas seulement savant, c'est original et sincère, écrit dans un style qui, tout en se rapprochant de celui des maîtres, est relevé, rajeuni par une pointe de modernisme et de fantaisie des plus agréables. Emmanuel Chabrier jongle avec les traditions, tout en paraissant les assurer de son profond respect et de son absolu dévouement ; il frise les précipices sans que jamais le moindre faux pas ne l'arrête en sa course vertigineuse. C'est un équilibriste de premier ordre, côtoyant tour à tour le pays du vulgaire et du compliqué sans cesser de demeurer toujours clair et distingué.

La *Suite pastorale* comprend quatre parties qui pourraient être jouées séparément. Rien de plus finement traité que l'*Idylle*, dont le motif aimable et charmant se déroule et voltige sur l'accompagnement le plus délicieusement travaillé qu'il soit possible de rêver. Avec la *Danse villageoise* nous faisons un pas vers les vieilles formes. Cette danse est, je crois, le morceau le mieux réussi de la partition. Les jolis détails abondent, la flûte y remplit un rôle d'une délicatesse extrême, il y a des *pizzicati*, des passages d'harmonie du plus heureux effet. C'est bien villageois, sans cependant qu'on sache au juste à quel genre, à quel souvenir, à quelle époque se rattache l'idée première. J'en dirai autant de *Sous bois*, troisième numéro de la *Suite*. Ce titre est de ceux qui laissent une large place à l'imagination. Tant de choses se passent à l'ombre des grands arbres que, pour animer les fraîches solitudes des taillis et des forêts, l'auditeur n'avait, en vérité, que l'embarras du choix.

Sont-ce les amoureux de l'*Idylle*, le berger et la bergère, qui, pour se reposer de la danse, vont, sous le dôme épais des hêtres, chercher la paix du mystère et les douceurs du tête-à-tête. Ne serait-ce pas plutôt la simple musique de la brise agitant les feuilles, ou celle des mille bruits indécis et confus qui peuplent l'air et les hautes herbes où grouille la vie ?

Je suis tenté de croire que c'est un peu là ce qu'a voulu peindre M. Chabrier dans ce petit tableau musical dont le caractère est plutôt pittoresque que sentimental.

La *Gigue* qui termine cette *Suite d'orchestre* est vive, éclatante et mouvementée.

Espana

Cette œuvre, d'une fantaisie spirituelle et d'une verve étourdissante, a retrouvé près du public angevin le succès enthousiaste qui l'accueillit à Paris l'hiver dernier quand M. Lamoureux la fit exécuter pour la première fois par son incomparable orchestre. Vivante et colorée depuis le commencement jusqu'à la fin, cette musique, d'un réalisme si saisissant, produit l'effet d'un subit et merveilleux mirage. En l'écoutant, nous voyons par l'oreille. C'est bien le pays de Cervantes et de Calderon qui se révèle, le pays des Torreros et des Picadores, la patrie ensoleillée des Manolas et des Gitanas, la terre classique des Boleros, des Fandangos, des Seguedilles. L'instrumentation très cherchée, sans être tourmentée dit clairement tout ce qu'elle veut dire et le fait comprendre, ce qui est rare.

L'idée mélodique, alerte et légère, court et voltige à

travers les différents timbres de l'orchestre, passant des instruments à cordes, à l'harmonie et aux cuivres, toujours originale et caractéristique. Tantôt les violons s'élancent avec la phrase amoureuse et lascive, tantôt ils se bornent à marquer la mesure sur un rythme persistant au-dessus duquel ressortent les brutalités des trombones, l'éclat bruyant ou voilé des trompettes, la voix nasillarde et comique des bassons, les coquetteries des flûtes, la sonorité douce des cors, les gais appels du tambour de basque, le son des cymbales et les coups de grosse caisse. Dans tout ce grouillement la vie déborde et l'esprit coule à flots, Nous ne sommes plus en face de cette Espagne de convention qu'on nous servait jadis avec une paire de castagnettes, mais bien en présence d'une Espagne vivante et moderne, telle que la virent Henri Regnault et Théophile Gautier.

Je ne puis ici m'arrêter aux détails d'une instrumentation aussi compliquée qu'originale, et d'ailleurs les compositions de ce genre défient jusqu'à un certain point l'analyse. La forme en est neuve, et malgré la diversité des thèmes, au nombre de cinq ou six, tout s'y tient et s'enchaîne de manière à satisfaire les critiques les plus pointilleux. La tonalité s'impose avec une monotonie voulue qui n'est pas l'un des moindres charmes de ce morceau, véritablement écrit de main de maître.

A TRAVERS L'ÉCOLE FRANÇAISE

PARMI NOS SYMPHONISTES

II

E. Lalo. — La Symphonie à thème unique. — A. Guilmant. — L'orgue et l'orchestre. — Ch.-M. Widor. — Boëllmann. — Mme A. Holmès et Lutèce. — Procédés Wagneriens.

E. LALO

Symphonie en Sol mineur

M. Lalo se plaît à le dire, c'est dans l'étude approfondie des maîtres allemands qu'il a puisé la puissance et la beauté que nous admirons dans sa musique. Nous y retrouvons, en effet, la science et la profondeur des classiques jointe à l'étonnante habileté des modernes ; nous sentons, en l'écoutant, planer au-dessus de nos têtes les grandes ombres de Bach, de Beethoven et de Richard Wagner. C'est d'eux qu'il procède et d'eux il a su dégager sa haute personnalité. Chez lui, la richesse de la forme s'appuie sur la pureté de la conception, et nous ne le voyons jamais réduit à masquer par les fines ciselures d'une instrumentation merveilleuse l'insignifiance ou la pauvreté des idées. Il est de ceux dont on peut dire : C'est un

Maître. Dans tout ce que nous avons entendu de lui, l'inspiration coule à pleins bords, elle ne sort point des régions élevées où se plaisent les praticiens qui font passer avant tout le respect de leur art, et je ne sais rien de plus réconfortant et de plus sain que cette façon de comprendre la mission de l'artiste et de poursuivre un but dégagé des mesquines préoccupations devant lesquelles succombent tant d'enthousiasmes de la première heure.

La *Symphonie* comprend quatre parties bâties sur différents motifs, mais reliées et unies entre elles par un thème unique dont les développements et les transformations sont traitées avec un art infini. Exposée tout d'abord dans la première partie de l'*Andante-Allegro*, l'idée principale prend bientôt son vol à travers l'infini des combinaisons du rythme et de l'harmonie. Nous la voyons reparaître, atténuée, discrète, comme errante au milieu des féériques éblouissements d'un *Vivace* pétillant d'esprit, de légèreté, de fantaisie et de grâce; puis, dans l'*Adagio*, page d'une poétique tristesse, où sa présence se devine plutôt qu'elle ne s'impose. Elle domine également dans la dernière partie, véritable duo concertant entre le quatuor et l'harmonie, auquel vient se joindre, vers la fin, l'éclatante voix des cuivres redisant la première phrase du début de l'œuvre. L'analyse détaillée d'une semblable composition serait d'un grand intérêt, mais elle demanderait beaucoup plus d'espace et de temps que n'en comporte un simple compte rendu de concert.

J'ajouterai que l'impossibilité d'employer ici la notation musicale rend l'étude approfondie d'une partition tant soit peu compliquée presque inutile ; les mots, en certains cas, ne pouvant en aucune façon remplacer les notes pour le lecteur. Il serait cependant curieux d'insister sur le travail qui lentement s'opère dans l'esprit de nos plus grands compositeurs, et commence à modifier la forme créée par Haydn, illustrée et grandie par Beethoven. Nous en arrivons au thème unique, à l'idée mère, et le point de départ de cette évolution toute rationelle et logique, se trouve justement dans l'influence de deux hommes qui n'ont pas écrit la vraie symphonie telle que la conçurent Beethoven et ses continuateurs Mendelshonn et Schumann, je veux parler de Berlioz et de Wagner.

Le premier reste avec Listz, tout en lui étant bien supérieur, le créateur du poème symphonique, l'apôtre de la musique à programme ; on sait que le second a trouvé dans le drame lyrique un champ assez vaste pour son génie. Pendant des années nos compositeurs ont laissé la symphonie dormir, et cette forme musiciale, la plus élevée peut-être, ne tentait plus que certains maîtres allemands entre lesquels Raff et Brahms se sont particulièrement distingués. Voici qu'une renaissance s'annonce et nous voyons, sous l'impulsion d'artistes tels que MM. Saint-Saëns et Lalo, la symphonie prendre un nouvel essor et subir le contre-coup des transformations qui s'opèrent dans un autre coin du domaine de l'art.

Nous avons ainsi la preuve du résultat auquel peut arriver un grand musicien en fondant ses quatre parties traditionnelles dans une seule et même pensée obtenant ainsi un tout majestueux et grandiose dans son unité parfaite.

Rhapsodie

Avec la *Rhapsodie* de M. Lalo, nous entrons en plein dans les procédés modernes à l'ordre du jour. Cette constatation d'un fait n'est nullement une critique adressée à l'œuvre originale, vivante et colorée d'un auteur passé maître dans l'art de la musique instrumentale. M. Lalo est de son époque, il aime les grands effets d'orchestre, les harmonies audacieuses, cherchées, les sonorités éclatantes, les combinaisons neuves et parfois bizarres : loin de moi la pensée de lui en faire un crime ; l'important est de savoir son métier. M. Lalo possède à fond le sien. Les motifs de sa *Rhapsodie* sont neufs et trouvés, ceux de l'*allegretto* sont d'un effet certain sur le public ; le début du *presto* est également des plus heureux avec le thème des trompettes, coupé de quatre en quatre mesures par deux vigoureux accords de l'orchestre. Tout ce final est d'ailleurs plein de verve et d'entrain, très enlevant et très mouvementé.

A. GUILMANT

La *Symphonie-Cantate* de M. Alexandre Guilmant est l'œuvre d'un musicien de premier ordre, et les qualités qu'on y trouve indiquent une main de maître. Nous sommes bien trop portés en France à donner la première place aux succès de théâtre : beaucoup de personnes en sont encore à se figurer qu'on n'est vraiment fort qu'à partir du jour où l'on a vu le feu de la rampe. C'est une grave erreur, dans laquelle ne tombent point nos voisins les Allemands qui, sous ce rapport, sont aussi près de la vérité que nous en sommes loin. Haydn, Beethoven, Mendelssohn, Schumann, et bien d'autres ne durent point au théâtre leur immense réputation ; en musique comme en littérature il y a divers chemins qu'il faut savoir choisir, chacun suivant ses aptitudes et son tempérament, et c'est en voulant les prendre tous à la fois qu'on risque de perdre inutilement ses forces.

M. Guilmant apporte dans ce qu'il écrit quelque chose des sérieuses études auxquelles se voue tout organiste véritablement épris de son art. La pratique des austères harmonies qui conviennent à l'orgue, l'habitude de traiter la fugue et le contrepoint, l'étude approfondie de maîtres, tels que Bach et Haëndel, ont sur sa musique une influence qu'il subit peut-être malgré lui. C'est elle qui lui donne ce caractère un peu sévère, cette couleur classique, cette grâce plus idéale que sensuelle qui en constituent les principales qualités. Ni la vie, ni la passion n'en sont absentes, mais nous restons toujours dans les sphères élevées d'un art qui a la prétention de ne point, sous prétexte de réalisme, de coloris et de naturalisme, descendre des hauteurs où il plane majestucusement, sûr de lui-même et confiant dans sa propre puissance.

Sa première « Symphonie pour orgue et pour orchestre » peut être comparée aux plus belles productions de ce genre. Tout en conservant les grandes et pures lignes de la forme classique, M. Guilmant a su les agrandir encore par l'heureux emploi des ressources de l'instrumentation moderne.

Après quelques mesures pleines de pompe et de grandeur, l'orgue seul expose le premier motif de l'*Allegro*, repris ensuite par l'orchestre. En ce début magistral, nous avons comme la synthèse de l'œuvre entière qui pourrait s'appeler « Symphonie concertante à deux orchestres. » L'orgue, en effet, n'est-il pas un véritable orchestre possédant son caractère propre, son organisme particulier. De son union avec l'autre, issu de la triple famille des *cordes*, des *bois* et des *cuivres*, on obtient des effets imposants et grandioses, tels que celui de la fin de la *Symphonie*, où les deux sonorités se répondent tour à tour en luttant ensemble de puissance et de majesté.

D'un tout autre caractère, la *Pastorale* m'a semblé l'une des plus charmantes pages que l'on puisse écrire sans sortir des limites imposées par les traditions et une étude des vieux maîtres. Ce qui fait justement le charme et la beauté de la musique de M. Guilmant, c'est l'habileté avec laquelle il sait écrire du nouveau, tout en demeurant fidèle à l'ancien style et se servant des procédés employés jadis par ses modèles. Il y a dans cette musique un équilibre parfait, une pondération bien difficile à obtenir, elle unit le présent au passé. On dirait hier et aujourd'hui se tendant courtoisement et noblement la main.

CH.-M. WIDOR

Dans la musique de M. Ch. Widor nous trouvons, il est vrai, des qualités de facture qui dénotent l'étude approfondie de ces grands modèles, mais son genre est tout autre et sa couleur bien moderne. On y sent la main d'un compositeur appliquant avec un art extrême à des œuvres essentiellement pittoresques

et descriptives, les procédés savants et les innombrables combinaisons de la fugue et du contre-point.
Le talent s'y montre à chaque pas ou plutôt à chaque
mesure, il déborde, il éclate et parmi les musiciens de
notre brillante école française, M. Widor peut à juste
titre être considéré, sinon comme l'un des plus inspirés, du moins comme l'un des plus forts.

L'ouverture de la *Nuit de Sabbat* ferait bonne figure
auprès des pages classiques de Mendelssohn. Le début
en est caractéristique et de large envergure, les idées
sont simples, claires et colorées en même temps,
l'intrumentation se distingue par des effets réussis
comme par exemple ceux des flûtes lançant au-dessus
de l'orchestre leurs notes aigues et scintillantes ou
bien dans l'*Allegro*, mêlant leurs sonorités éclatantes
à celles des violons et altos dont les dessins mélodiques
se confondent et s'entrecroisent dans un bruissement
étrange et fantastique. Rien de plus poétique, de plus
suave que le motif, qui dans l'*Adagio* passe du violoncelle au violon, pour reparaître noyé dans les harmonies d'un quatuor savamment traité, avec la flûte, le
cor, le basson. Tout ce ravissant morceau qu'on
dirait par instants échappé de la plume de Berlioz est
rempli de sentiment, de délicatesse et de grâce.

BOELLMANN

M. Boëllmann est un jeune compositeur qui, d'après
ce que nous avons pu juger, fera, dans un avenir
prochain, grand honneur à l'èminent professeur dont
il a eu la bonne fortune de recevoir les conseils et les
leçons. Il nous a présenté trois œuvres qui ont le mérite

extrême d'être purement écrites et sans aucune prétention. Les deux petits morceaux d'orchestre *Intermezzo* et *Gavotte* sont charmants, délicatement instrumentés et d'une forme qui, tout en demeurant fidèle aux traditions du passé, ne tombe ni dans le pastiche ni dans la réminiscence. Certains détails d'orchestre sont du plus heureux effet, entre autres dans l'*Intermezzo*, les parties de flûte et de clarinette et dans la *Gavotte* le travail ingénieux des bassons. La science est évidente ici, mais elle n'a rien de lourd, ni de pédant. Il y a dans cette musique de l'esprit, une légèreté de main réelle, et je le répète, une absence de prétention qui fait plaisir. Le cadre est petit mais la toile est excellente.

La Fantaisie sur des airs hongrois sort également du moule habituel de ces sortes de morceaux. On voit que le compositeur a tenté de traiter musicalement ce genre dans lequel l'art est si souvent sacrifié aux effets matériels de la virtuosité. Il a pleinement réussi.

AUGUSTA HOLMÈS

Lutèce

Lutèce est une œuvre sincère entre toutes et de large envergure. Je la salue avec un réel plaisir. Mme Holmès a le courage, je pourrais dire l'orgueil de ses convictions ; avec elle du moins pas d'hésitations, pas d'incertitudes, pas de faux-fuyants, il lui serait pénible de ne point indiquer la source où elle va puiser et tout à fait impossible de cacher un coin quelconque de son drapeau. On aura beau dire et beau faire, le maître de Bayreuth a ses croyants et ses fidèles, et c'est au moment où l'influence de l'auteur des *Niebelungen*, des *Maîtres chanteurs* et de *Parsifal* se fait sentir partout, jusque dans les bas-fonds de l'opérette, c'est à l'heure où la magie de sa musique captive le monde civilisé d'une extrémité du monde à l'autre, qu'il faudrait arbitrairement lui fermer les portes de notre beau pays de France, sous le fallacieux prétexte qu'elle ne convient ni à nos habitudes, ni à notre tempérament! Folie ou faiblesse! crainte vaine et chimérique! Le jour où les ouvrages de ce grand novateur auront chez nous la place à laquelle ils ont droit, quand des directeurs de théâtres intelligents nous dispenseront de passer la frontière pour aller les écouter, nos compositeurs sauront bien y prendre ce qui convient au génie de notre race, et si quelques-uns restent en route écrasés par le modèle, d'autres, du moins, marcheront en avant avec connaissance de cause. D'ailleurs il est temps de mettre le public à même de juger. La souveraineté du génie s'impose, l'imitation raisonnée et voulue n'est le fait ni du copiste ni du plagiaire, et là première condition pour monter est de regarder plus haut que soit. Tous les producteurs ont passé par là, d'Haydn et de Bach sortirent Mozart et Beethoven, Mendelssohn et Schumann, et Brahms, et Saint-Saëns. Aujourd'hui ne voyons-nous pas ce même Berlioz, incompris pendant sa vie, dominer de sa personnalité puissante une foule d'élèves en train de devenir maîtres à leur tour? Ne reconnaissons-nous pas Gounod dans une quantité d'opéras qui cependant ne passent point pour de serviles copies? Deviendrait-il mauvais de profiter de ce qu'ont su trouver ceux qui nous précédèrent, et peut-on nier que Richard Wagner n'ait trouvé quelque chose?

Chacun doit en art marcher les yeux fixés sur l'étoile de ses rêves, chacun fait bien d'aller où le poussent sa nature et ses convictions. Séduite par les théories wagnériennes, Mme Holmès a préféré, comme point de départ, accepter le système dans son ensemble, et c'est dans cet ordre d'idées qu'elle a conçu le plan de sa symphonie dramatique.

Lutèce est ainsi bien nommée, le titre se rapporte à l'œuvre, l'œuvre justifie le titre et l'équilibre est parfait entre les deux rôles du poète et du musicien. De là l'unité, sans laquelle un ouvrage de ce genre n'existerait point, unité qui saute aux yeux et frappe nos oreilles de la première à la dernière note, unité qui constitue certainement la principale qualité de cette partition, riche néanmoins de détails intéressants, largement semés par une inépuisable imagination, mais habilement unis entre eux et formant un tout compact, logique et clair. Les principes wagnériens ont ici leur place et leur raison d'être : nous sommes, il ne faut pas l'oublier, en face d'une forme nouvelle dans laquelle une part égale est réservée à la partie instrumentale et à la parole chantée. On a, ces derniers temps, d'après l'exemple de Listz et de Berlioz, cherché dans le domaine purement symphonique des voies nouvelles, nous avons vu naître le *Poème symphonique* et la *Suite d'orchestre*, genres bâtards où l'élément descriptif prend une importance exagérée ; la musique à programme a fait son apparition ; ici, rien de tout cela.

Nous avons devant nous une œuvre dont le programme est chanter, une œuvre essentiellement musicale, bâtie tout comme l'*Ut mineur* ou l'*Héroïque* sur des thèmes expressifs et des motifs principaux, mais développée et traitée d'une façon toute moderne.

Wagner n'est certes pas le premier qui ait eu l'idée de la phrase mère, de ce que les Allemands appellent le *Leitmotive*, sorte de mélodie typique, revenant sous des aspects différents avec le personnage ou la situation qu'elle représente. Le principe même de ce système date de bien avant lui : seule, l'application sincère, logique, poussée jusqu'à ses dernières conséquences n'avait été tentée nulle part. En passant de la théorie à la pratique, en transportant audacieusement celle-ci sur la scène au feu de la rampe, Wagner a créé un art dramatique nouveau, il a donné à son pays un répertoire théâtral qui lui manquait, dont il a le droit de se montrer fier et dont nous avons le devoir de profiter. Notre seul tort est d'avoir tant tardé.

Si l'opéra wagnérien me semble digne d'être le point de départ d'une nouvelle forme musicale, je ne veux nullement prétendre que cette dernière doive tout envahir et que le drame lyrique, tel que le comprirent nos pères, tel que l'ont connu Mozart, Gluck, Meyerbeer, Verdi, Gounod, et même Rossini, soit appelé à disparaître. Je me borne à constater qu'un homme de génie est venu cherchant l'expression de la vérité dramatique et musicale par des moyens inusités jusqu'à ce jour. Le retentissement immense de ses ouvrages prouve en tout cas qu'il est de ceux avec lesquels il faut compter. Je ne puis donc admettre qu'ils soit mauvais de procéder directement de

Wagner pas plus qu'il n'est mauvais de procéder de Mozart, de Beethoven, de Gluck, de Meyerbeer, de Berlioz, ou de Gounod.

Aucun de nos compositeurs n'a jusqu'à ce jour abordé le théâtre avec une œuvre franchement bâtie sur le modèle des derniers opéras de Wagner. Le *Sigurd* de Reyer qui s'en rapproche le plus a été exécuté à Bruxelles, et si l'influence du maître allemand se fait sentir dans *Hérodiade* et dans *Henri VIII*, c'est dans des proportions modestes. Du reste, Massenet et Saint-Saëns ont actuellement mieux à faire que de se poser en prophètes d'un dieu dont ils n'acceptent complètement ni les théories, ni la religion; c'est de demeurer Massenet et Saint-Saëns en continuant ce qu'ils ont si bien commencé. Avec de pareils noms, de semblables personnalités, l'on reste soi-même.

Il y a place chez nous pour toutes les Écoles, pour toutes les aspirations, pour tous les enthousiasmes.

En écrivant sa symphonie dramatique, Mlle Holmès a fait un acte de courage et de foi. La préoccupation de rester fidèle à ses convictions artistiques a constamment guidé sa plume, et le désir de flatter le goût du public ne l'a point détournée du droit chemin. Aussi ne voyons-nous dans *Lutèce* ni détours, ni concessions aux chanteurs, ni fins de phrases écrites en vue du succès facile et de l'applaudissement, ni vaine recherche d'effets détonnant sur l'ensemble. J'aurai sans doute des restrictions à faire et l'auteur ne m'en voudra pas de n'être point absolu dans l'éloge. Je signalerai par exemple l'exagération de certaines harmonies heurtées, l'abus de la quinte augmentée, l'emploi répété des progressions, une instrumentation parfois un peu chargée, certains passages mal écrits pour les voix et d'une exécution difficile et dangereuse, quelque excès dans l'usage des cuivres, une trop constante préoccupation d'obtenir la force et la puissance; mais que sont ces défauts de facture ou d'inexpérience, ombres légères emportées par le souffle vigoureux d'une inspiration soutenue, en face des belles et grandes qualités qu'à chaque pas nous rencontrons dans les trois parties également réussies de cette œuvre si vivement sentie ! La grandeur de la conception nous saisit, la poésie du sujet nous charme et la fougue de l'exécution nous entraîne. S'il y a quelques points noirs, ils sont noyés dans la lumière et s'y arrêter serait vraiment puéril.

Il est impossible sans le secours de la notation d'analyser d'une façon précise et complète une symphonie dramatique aussi complète sous le rapport de l'inspiration qu'au point de vue du travail.

Trois motifs mélodiques se dégagent de l'œuvre. Le premier que tout d'abord les instruments de cuivre font majestueusement résonner à nos oreilles, me semble se rapporter à la pensée mère du poème, il revient toujours avec la jeune Gauloise, il personnifie l'idée de gloire et de résurrection dans l'avenir. Le second que nous fait entendre le cor après le premier chœur se terminant sur ces mots : « *Voici le jour...* » signifie le deuil, la tristesse, le sacrifice et la résignation. Le jeune Gaulois le murmure avec amour aux oreilles de sa bien-aimée :

> Et gardes pur, puisque la mort m'appelle,
> Le souvenir de notre court bonheur.

Il le rèpète avec le chœur de ses compagnons comme lui vaincus, écrasés, mourants.

> J'ai tout quitté, j'ai tout donné pour ma maîtresse
> La Patrie, hélas, qui n'est plus!

Le troisième est celui du combat, il apparaît avec l'*allegro feroce* précédant à l'orchestre, le chœur final de la première partie :

> Le vin mûrit dans la vallée...

et sert de thème principal au début purement symphonique de la seconde partie intitulée: *Le Champ de bataille.*

A ces trois motifs caractéristiques, j'ajouterai la phrase amoureuse du premier duo : « *O femme qui m'as préféré* », d'une exquise tendresse qu'on peut aussi considérer comme une des mélodies principales sur lesquelles l'œuvre est écrite quoique son rôle soit plus effacé.

Outre celle-ci, je noterai tout le premier chœur : « *Le coq rouge a chanté,* » d'une inspiration charmante, les divers passages dits par la jeune Gauloise, tous d'un sentiment si élevé et d'une grâce si touchante, enfin, le beau *solo* qui précède le chœur final: « *Le sang des héros réjouit le glaive,* » avec lequel Mlle Duvivier a électrisé la salle entière.

Tels sont en résumé, les points saillants de cette œuvre sincère et vraie, neuve dans la forme et toujours musicale. Remarquable par l'intensité de vie qui l'anime, écrite avec le cœur autant qu'avec l'esprit, elle indique chez son auteur un idéal des plus nobles et des plus purs, et fait vibrer au contact de sa flamme ardente, l'idée que résume le beau mot de patrie, trop souvent affaiblie dans nos âmes. C'est bien l'art vu par ses grands côtés, l'art passionné, généreux, avide de progrès. C'est en outre un pas de plus, tenté dans une voie qui finira bien par aboutir à la découverte de nouveaux cieux et de pays inexplorés.

Décembre 1884.

A TRAVERS L'ÉCOLE FRANÇAISE

PARMI NOS SYMPHONISTES

III

G. Pierné. — F. Thomé. — Un nouveau genre. — Mlle Chaminade. — MM. Pessard, E. Bernard et Ch. Lefèbvre. — — Mme de Grandval. — La vision des croisés de M. Penavaire. — Théodoric de M. Colomer. — A. Wormser. — Un organiste improvisateur.

G. PIERNÉ

M. Pierné n'a pas à se plaindre du sort ; remarquablement doué, il fait partie de ceux auxquels la fortune prodigue ses sourires au début de la carrière, il est évidemment né sous une heureuse étoile ; un éditeur riche; intelligent, artiste, a bien voulu prendre soin de guider ses premiers pas et de faire la lumière autour de ses premières œuvres. Il ne lui reste plus qu'à justifier ces avantages exceptionnels et éviter le danger qui résulte de l'abus des éloges ainsi que des triomphes obtenus trop facilement. Voici que déjà son indiscutable talent s'impose et sa musique aimable, mélodique, purement écrite se trouve sur tous les pianos. J'ai là, sur ma table, une réduction à quatre mains de sa *Suite d'Orchestre* et l' « *Album pour mes petits amis* » excellent recueil contenant, chose rare, de bonne musique pour les commençants.

Il y a dans ces pages intimes, une richesse mélodique qui se retrouve dans les compositions d'un genre plus sérieux et plus vaste. C'est par là que brille surtout le *Concerto* dont nous venons d'avoir une très remarquable interprétation par l'auteur lui-même, bien accompagné par l'orchestre, dont le rôle est très important dans ce morceau, trop important même, car il couvre parfois le soliste. L'œuvre se divise en trois parties, dont la première, au point de vue de la facture, me paraît la meilleure. La seconde est un vrai bijou de grâce et de légèreté dont l'instrumentation fine et délicate contient un ravissant effet de trompette. Le *Finale* a du mouvement, de la chaleur, les passages en octaves du piano sont traités habilement. D'unanimes applaudissements ont salué ce concerto, l'un des bons qu'on ait écrit depuis les derniers de Saint-Saëns, et les acclamations de l'auditoire s'adressaient aussi bien à l'auteur qu'à l'interprète :

*
* *

La *Suite d'orchestre*, de M. Pierné, se compose de quatre parties, ayant chacune un caractère bien tranché.

L'*Entrée en forme de menuet vif* appartient au style d'école et si ce n'est pas le plus neuf, c'est peut-être le plus irréprochable au point de vue de la facture et dela forme. L'allure franche et décidée du motif, l'habile et discret emploi du genre fugué, la sincérité de la conception même me paraissent également mériter des éloges sans restriction, et ces différentes qualités, bien vite saisies par le public, ont posé tout d'abord les assises d'un succès qui n'a fait que grandir jusqu'à la fin.

La *Marche funèbre* n'est pas moins bien réussie. J'en aime beaucoup le début, dans lequel le cor expose la principale idée mélodique qui ressort admirablement par-dessus les *pizzicati* des basses. Elle est coupée par un beau chant des violons accompagnés par les harpes, puis elle se termine doucement après un formidable *tutti* d'orchestre, avec lequel revient le motif du commencement chanté par les instruments de cuivre dont la puissance bien ménagée n'écrase pas l'accompagnement contrepointé du quatuor. Tout ceci est d'une simplicité rare et d'une clarté merveilleuse. M. Pierné possède le grand talent de se faire facilement comprendre, il sait rester précis, même dans le domaine de la fantaisie pure, comme par exemple dans l'*Intermezzo*, d'une inspiration si pleine de charme et de poésie, très goûté dès les premières mesures avec son effet du cor et de la harpe. Notons également les jolis détails d'instrumentation obtenus ici avec les violons en sourdine, les flûtes et les clarinettes. Les fragments du thème s'entrecroisent, se répondent d'une façon charmante et parviennent à nos oreilles, noyés dans des sonorités exquises et des harmonies d'une infinie délicatesse.

La musique de M. Pierné se distingue par sa clarté, son élégance et le charme qui s'en dégage. La science s'y montre partout et nulle part n'y étouffe l'inspiration. Nous y trouvons de ces qualités que parfois l'on n'acquiert jamais et de ces défauts dont on se corrige toujours ; nous y pressentons un musicien qui fera grand honneur à notre vaillante école française.

F. THOMÉ

La Conscience

On attendait avec une certaine curiosité l'adaptation symphonique sur une poésie de Victor Hugo, *La Conscience*, dite par Mlle du Minil. Constatons en commençant que l'effet produit a été spontané, sincère irrésistible, Et l'orchestre n'était pas placé dans les conditions voulues.

Ce genre nouveau, dans lequel la musique s'unit à la déclamation d'une façon si intime, ouvre de trop vastes horizons pour que dans ces rapides études l'on puisse raisonnablement en tenter l'analyse. Ce que je suis heureux de constater, c'est le succès absolu d'une tentative qui ne manque pas de hardiesse. De la poésie de Victor Hugo, nous ne parlerons pas. C'est génial, comme presque tout ce qui est tombé de sa plume. La partie musicale est traitée avec une habileté extrême. Nous sommes en présence d'un art impressionniste et descriptif qui parle plutôt à nos sens, à nos nerfs même, qu'à notre esprit. J'ai trouvé l'idée mélodique merveilleusement appropriée au poème d'une philosophie si profonde, l'instrumentation riche, souple et discrète en même temps ; aux multiples voix de l'orchestre harmonieusement fondues, s'unissait délicieusement la voix captivante de Mlle du Minil, dont les accents, tour à tour vibrants de tendresse et de sombre désespoir, racontaient avec

une vérité si poignante l'histoire de cette âme
dévorée par l'éternel remords.

N'est-ce pas là une façon rationnelle et logique de
traiter le poème symphonique? Il faut, il est vrai, un
certain effort d'attention pour suivre à la fois le récit
et la musique, mais cette difficulté disparaîtrait avec
l'orchestre invisible, et j'ai la conviction que ces premiers essais d'adaptations musicales si justes, si
émouvantes, si complètement réussies, seront suivies
de plusieurs autres, et que M. Francis Thomé aura
l'honneur d'avoir ouvert aux compositeurs une nouvelle voie.

Mlle CHAMINADE

Le *Concertstuck* de Mlle Chaminade a produit sur
le public un excellent effet. Le début en est brillant,
bruyant même par instant; l'oreille est bien vite sous
le charme d'une idée mélodique ne frôlant jamais
la banalité et se développant sur un accompagnement
du piano formé de gammes ascendantes rapidement
jetées et fondues dans une instrumentation colorée,
vigoureuse, éclatante. L'œuvre prend, vers le milieu,
un caractère mélodramatique assez accentué, le rôle
du piano devient de plus en plus intéressant, puis,
après une formidable sonorité des trombones, le
thème reparaît, comme au commencement, avec ses
broderies pianistiques faites de grâce et de légèreté.
C'est charmant, très fin de touche et de sentiment.

Mlle Chaminade a du talent, beaucoup de talent son
œvre dénote mieux que de sérieuses études; une vraie
personnalité s'en dégage et c'est, par le temps qui
court, une qualité plus précieuse que jamais. Le

talent, en effet, court les rues, le métier n'a plus de secrets pour personne, on produit une immense quantité de musique, et cette musique passe comme ces météores plus ou moins brillants qui traversent l'espace sans rien laisser après eux.

Généralement, le souffle manque et, malgré leurs dimensions colossales, leurs prétentions à la grandeur, trop de compositions ne disent pas le quart de ce qu'elles annoncent et de ce qu'on en attend. Ici, nous sommes en présence d'une page écrite avec une indiscutable autorité, d'une œuvre forte et virile, trop virile même, et c'est le reproche que je serais tenté de lui adresser. J'ai presque regretté, pour mon compte, de n'y point trouver davantage ce cachet de grâce et de douceur qui rentre dans la nature de la femme et dont elle possède si bien tous les secrets.

E. PESSARD

Avec l'ouverture du *Capitaine Fracasse*, nous nous sentons bien franchement transportés en plein style d'Opéra-Comique. L'auteur on le voit, sait ce qu'il veut dire et ne veut pas dire plus qu'il ne faut. Avec lui, nous n'aurions pas à craindre l'ennui résultant du genre *bâtard* des *Nuits de Cléopâtre* et autres ouvrages qui ne sont ni chair, ni poisson. Le début de l'ouverture est plein d'ampleur, et mon oreille a gardé la mémoire d'un ravissant motif confié à la clarinette, ainsi que celle d'un bel effet produit vers la fin, par les cuivres dont l'éclatante sonorité domine un habile *tremolo* de l'orchestre. Plus intéressante encore est la suite sur *Tabarin*. Dès les premières

mesures du *Prélude*, une phrase chaude et colorée des
violons, coupée par les accords stridents des trom-
bonnes, nous indique un maître dans l'art de l'instrumentation. L'*Entr'acte*, qui nous fait songer aux
élégances naïves du siècle dernier, commence d'une
façon délicate et spirituelle avec la clarinette et le
basson. Les airs de ballet nous donnent également
l'impression du temps passé tout en étant écrits avec
des procédés bien modernes.

E. BERNARD

Concerto pour Violon

Le *Concerto* de M. E. Bernard, qui est certainement
l'un de nos compositeurs symphoniques les plus
sérieux et les plus savants, ne peut être rangé dans la
catégorie des morceaux à sensation. C'est une œuvre
d'une grande élévation d'idée et d'une haute valeur
musicale, traitée avec une habileté rare et un art
délicat et raffiné. L'*Introduction*, le premier *Allegro*,
dont les deux thèmes sont également bien trouvés,
l'*Andante*, plein d'un charme exquis, méritent des
éloges sans réserves. Le *Finale*, un peu lourd, est
néanmoins digne du reste, au point de vue de la forme
et de la facture, qui dénotent un compositeur de
premier ordre.

On ne reprochera du moins pas à M. Bernard de se
laisser guider, en écrivant, par la recherche de l'effet.
Il préfère être l'esclave de son art plutôt que du public.
Sa musique procède de celle des maîtres et je ne vois
rien à lui reprocher en vérité, si ce n'est de ne pas
assez vouloir sourire. Je dis vouloir, n'ignorant point

que s'il est sérieux, c'est que cela lui plaît ainsi. Son instrumentation tout en étant parfois un peu chargée, présente toujours un réel intérêt, surtout par la façon dont est traitée l'harmonie. Son *Concerto* a été écouté avec attention, c'est l'une des meilleures pages musicales que nous ait fait connaître l'Association artistique.

CH. LEFEBVRE

M. Ch. Lefebvre, dont nous avons entendu *Le Trésor* au théâtre, et le beau chœur *Espoir* dans un concert, est apprécié chez nous comme il le mérite. Il aime les œuvres finement ciselées et consciencieusement étudiées. On ne lui reprochera jamais d'être incorrect ni vulgaire, et si l'idée manque quelquefois de puissance, le sentiment est toujours exquis. Il écrit de la musique de poète et de rêveur, semblant plutôt prendre souci de l'élite que de la masse du public. La dernière *Scène d'orchestre* est pleine d'effets charmants : les appels de cor du début, le motif de la flûte, le contre-chant de violoncelle, tout cela frappe agréablement l'oreille et s'écoute avec un plaisir qui ne se dément pas.

Mme DE GRANDVAL

Suite Hongroise

Depuis quelques années, la Hongrie semble attirer particulièrement nos compositeurs qui vont y chercher des inspirations mélodiques que, certes, ils trouveraient tout aussi bien dans leur propre pays. C'est un tort, et voici pourquoi. D'abord, la patrie de Listz fournit assez de musiciens qui prennent soin d'initier nos oreilles aux airs colorés et rythmés des bords du poétique fleuve gris qu'on appelle chez nous, sur la foi de Strauss, le beau Danube bleu; ensuite, nos instrumentistes, si habiles qu'ils puissent être, ne savent pas donner à l'interprétation de cette musique le caractère qu'elle doit avoir.

Ceci bien établi, je dois reconnaître que la *Suite* de Mme de Grandval est surtout hongroise par son titre, et qu'elle n'offrait pas à ses interprètes, du côté de l'exécution, les difficultés que l'on rencontre, par exemple, dans certaines œuvres de Listz, de Brahms, de Dvorack, d'Hoffmann, auxquelles il faudrait des orchestres de véritable tziganes. C'est pourquoi l'œuvre dont je parle a trouvé, je le répète, une interprétation délicate et presque irréprochable sous l'archet de nos musiciens italiens, belges et français. Les trois parties qui composent cette *Suite*, écrite d'une main très sûre d'elle-même, sont pleines de motifs heureux et de combinaisons instrumentales du meilleur effet. La note gracieuse domine, et les idées mélodiques sont plutôt aimables que puissantes. Leur abondance et leur variété, tout en étant une richesse enviable pour beaucoup de compositeurs qui cherchent des thèmes sans en trouver, n'en constitue pas moins un inconvénient auquel il serait facile de remédier. J'ai particulièrement remarqué l'habileté avec laquelle est traitée la partie de clarinette dans la *Rhapsodie*, puis un délicieux passage dans lequel se répondent le hautbois et les flûtes. L'instrumentation, d'ailleurs, est partout fine, soignée et les détails en sont aussi charmants qu'intéressants.

PÉNAVAIRE

M. Pénavaire, dont les Angevins ont été plusieurs fois mis à même d'apprécier le talent de compositeur et de chef d'orchestre, appartient à l'école de ceux qu'on appelle des mélodistes et ne saurait être accusé de laisser s'égarer ses inspirations dans les brumes de la musique transcendante et spéculative. Si j'avais un reproche à lui adresser ce serait plutôt d'être trop clair et de se faire comprendre trop vite. Peut-être serait-ce abuser de mon rôle de critique et je courrais en tous cas le risque d'être seul de mon avis, l'absence de clarté étant par le temps qui court le défaut de beaucoup de compositeurs modernes.

La *Vision des Croisés* est un poème symphonique écrit avec une réelle habileté et rempli d'intéressants détails d'instrumentation. Il possède, en outre, l'avantage d'être en parfaite concordance avec son programme et d'en rendre musicalement les diverses phases. M. Pénavaire ne se perd ni dans le vague ni dans le rêve, il sait où il va, ce qu'il veut, et s'arrange de façon à ne jeter sur sa statue que des voiles assez transparents pour ne rien cacher de ses charmes.

Tout le début de sa *Vision des Croisés* est d'une exellente facture, et l'idée mélodique qui se déroule sur un rythme de marche ne manque ni de caractère, ni d'originalité. Le morceau est d'ailleurs supérieurement conduit et ne languit nulle part. La *Danse d'Almées* se distingue par un effet d'instrumentation des mieux réussis, les parties de flûte et de basson y sont particulièrement bien traitées. De toutes les *danses* de ce genre que j'ai entendues, celle-ci est certainement l'une des meilleures. Le *Finale* m'a semblé pécher à certaints moments par excès de sonorité. Il se termine par un choral majestueux confié aux instruments de cuivre.

COLOMER

L'ouverture de *Théodoric* peut sembler d'une forme un peu démodée, ce qui ne l'empêche pas d'être très habilement traitée, soit au point de vue du développement de la pensée, soit à celui de l'orchestration. De ce côté, je dois particulièrement insister sur le talent de ce compositeur qui dans certains passages, comme par exemple dans l'accompagnement de son *scherzo* pour cor, fait preuve d'une légèreté de main merveilleuse. Cette double pièce « *Andante et Scherzo* » d'un bout à l'autre est charmante et des plus intéressantes. A noter également l'heureux emploi des *cuivres* dans la seconde partie de l'ouverture dont le titre « *Théodoric* » me fait malgré moi songer à ces volumineuses partitions que tant d'artistes voient dormir dans un coin de leur cabinet de travail, espérant toujours un réveil prochain sous le feu de la rampe et les acclamations d'une salle en délire.

Innocente folie ! mais ainsi nous sommes, et pourtant Dieu sait que le feu n'en vaut pas la chandelle.

A un grand talent de musicien, M. Colomer ajoute un non moins grand talent de pianiste, au jeu délicat, sobre et correct, exempt de toute afféterie et de cette exagération dans la recherche de l'effet par le tour de force que l'on déplore chez tant de virtuoses. Son *Concerto* très mélodique et d'une facture fort distinguée, a été chaleureusement applaudi. Ce n'était que justice. La seconde partie « *Andante tranquillo* » m'a paru vraiment exquise. Voilà de la musique de délicat et de raffiné. J'en dirai tout autant du *Scherzo* pour cor, dont j'ai parlé déjà et avec lequel M. Garrigue a obtenu une véritable ovation suivie d'un *bis* et d'un triple rappel. Il est vrai qu'ici le grand talent de l'interprète jouait un rôle important. Quel joli phrasé ! quelle douceur et égalité de son ! M. Garrigue prouve tous les jours l'incontestable supériorité du cor à pistons, et s'il parvient à le faire universellement accepter chez nous, il aura rendu un véritable service en nous débarrasant de ces sons bouchés et nasillards si désagréables, à moins qu'ils ne répondent à une intention spéciale du compositeur.

WORMSER

M. Wormser est un vrai jeune, c'est-à-dire un compositeur qui joint à la jeunesse de la forme et de la pensée celle des années. C'est un avantage qu'il possède sur d'autres qu'on appelle aussi, non sans raison, des jeunes, et qui le sont restés... dans leur musique. Celle de M. Wormser révèle un tempérament franchement artiste, elle n'a peut-être pas encore tout ce qu'on obtient par une longue pratique, mais je lui reconnais plusieurs de ces qualités que l'expérience ne donne point. Et ce sont là justement celles qui me font croire à son avenir, de même que c'est à elles qu'elle doit une partie de sa couleur et

de son charme. On a écouté avec un véritable enchantement la *Suite tzigane*, écho charmant, quoique
adouci, des chansons d'amour, des danses échevelées
de ces Bohémiens dont l'origine et la vie renferment
tant de mystères et tant de poésie.

Tout le début de la *Czardas* est d'un grand effet,
les motifs mélodiques joignent à beaucoup de caractère
la note amoureuse et tendre, doublée de cette pointe
de sensualisme qui séduit les esprits que fatiguent
parfois l'usage trop constant du mystique, de l'angé-
lique ou du divin. Rien de plus frais, de plus sentimental que l'*andante* « Au bord du Danube », si délicieusement soupiré, murmuré, chanté par M. Marsick.
La *Danse slovaque* ne pouvait manquer d'enlever le
public, et c'est à peine si l'on a cru devoir attendre
le dernier accord pour faire à l'auteur et l'interprète
une ovation sur la spontanéité de laquelle il n'y avait
point à se méprendre.

GIGOUT

M. Gigout est l'un des plus remarquables organistes
de notre époque et l'on s'accorde, à Paris, à le regarder
comme un maître dans l'art, aujourd'hui si délaissé,
de l'improvisation. Jadis les organistes avaient souvent l'occasion d'improviser sur un thème donné ;
entouré de quelques connaisseurs, de professeurs
plongés eux-mêmes dans les profondeurs et les mystères du contre-point, le savant se livrait tout entier
à son art et l'on admirait la facilité avec laquelle il
entassait harmonies sur harmonies, développements
sur développements. Imitations, canons, fugues, se

succédaient, à la grande joie d'un auditoire restreint,
amateur de ces joutes artistiques, dans lesquelles deux,
trois maîtres quelquefois, rivalisaient de science et
d'imagination, de science surtout, si nous en jugeons
par le genre de compositions auquel ils s'adonnaient.

Peut-être serait-il nécessaire, de prévenir le public d'un travail qui lui semble un véritable tour
de force et dans lequel, cependant, l'habitude et le
procédé tiennent une place importante. La remise
d'une lettre contenant le motif inédit sur lequel
l'improvisateur exercera sa verve et son talent ne
peut qu'intéresser vivement l'auditeur, pourvu qu'il
soitprévenu de ce qui va se passer. Il convient de
ne pas trop négliger ici la mise en scène, indispensable pour attirer l'attention générale sur un genre
d'exercice musical auquel nous ne sommes pas habitués.

M. Gigout y excelle et la façon dont il a traité le
thème qui lui a été transmis prouve que, sous ce
rapport, il possède à fond les secrets du métier. Ce
thème manquait un peu de caractère, je l'aurais désiré
plus saisissant, plus tranché, comme rythme surtout.
Le compositeur en a tiré cependant un excellent parti
et, une fois de plus, le bel instrument de M. Debierre
a obtenu un réel et vif succès.

E. GARNIER

La Mer

La Mer est une œuvre distinguée, clairement conçue
et purement écrite. A un talent de critique de premier

ordre, son auteur joint celui de musicien distingué. Le début *Sur la Plage* m'a paru d'une instrumentation brillante et sonore, avec des détails du meilleur effet, comme par exemple les coups de grosse caisse et les premiers appels du cor. L'*Andante* « Nuit calme et rêverie », malgré les intéressantes imitations qui se succèdent passant de la clarinette à la flûte et au hautbois, a laissé le public froid. Il s'est réchauffé avec l'*Appareillage*, le *Coup de Mer* et surtout la *Danse des matelots*, très caractéristique, pleine de verve et d'entrain. L'orchestration en est véritablement heureuse et j'ai particulièrement remarqué le pittoresque accompagnement des bassons qui doublés, je crois, des altos, semblent converser gaiement par dessous les motifs des premiers violons. Le succès de cette suite d'orchestre a été très franc et l'auteur a été rappelé. La *Kermesse*, fantaisie valse, composition d'un genre moins sérieux, a été également bien accueillie. C'est une page alerte et gracieuse, écrite sans grande recherche d'effets mais très délicatement travaillée.

M. Garnier, quoique éclectique et sans parti pris, comme presque tous les hommes d'une valeur réelle, n'est point de ceux qui ont la prétention d'inventer toujours quelque chose; on ne peut lui reprocher de vouloir devancer son époque, il reste aux traditions des maîtres classiques et trouve qu'Haydn, Mozart et Beethoven, sont des bases assez solides pour s'éviter la peine d'en chercher d'autres, la musique de l'avenir lui ferait plutôt douter de l'avenir de la musique et il s'est toujours efforcé dans ses compositions de demeurer logique avec ses principes. Sa vie toute entière n'a été qu'une longue lutte, un perpétuel labeur, et tous ceux qui le connaissent sont d'accord pour constater qu'elle fût celle d'un artiste méritant et convaincu.

A travers les Maîtres étrangers

SYMPHONIE DESCRIPTIVE. — EN NORVÈGE ET EN BELGIQUE.

A TRAVERS LES MAITRES ETRANGERS

SYMPHONIE DESCRIPTIVE

Listz et le poème symphonique. — J. Raff. — Deux symphonies descriptives. — Rubinstein. — L'Océan. — Reineke.

LISTZ

Les Préludes. — Le Tasse. — Prométhée

Les *Poèmes symphoniques* de Listz étonnent plus qu'ils ne charment. C'est un résultat qu'obtiennent souvent ceux qui abusent en musique de la note pittoresque et descriptive. Le grand défaut de ces compositions romantiques et modernes c'est de vouloir trop dire et de parler parfois une langue peu compréhensible. Et pourtant du moment que l'on admet la musique à programmes, et il faut bien l'admettre aujourd'hui, on doit reconnaître que le passage de Lamartine sur lequel sont écrits les *Préludes,* est de ceux qui pouvaient le mieux inspirer un compositeur.

Plein de vague, il se borne à éveiller en nous des pensées dont nous pouvons chacun à notre manière suivre le développement en écoutant la musique qu'elles ont fait naître. Nous ne sommes pas en face d'un fait précis, d'une page d'histoire ou d'amour, ce n'est pas une vie qu'on nous raconte mais un simple état de l'âme qu'on nous présente comme étant un excellent point de départ pour notre imagination. Il y a dans ces *Préludes* des inspirations légèrement communes, des effets d'instrumentation un peu lourds, mais auprès de cela que de ravissants détails ! que de poésie ! Le début est d'une grandeur saisissante, tout le passage relatif au charme de la vie des champs est adorable et merveilleusement traité, l'on se sent en face de l'œuvre d'un homme dont le talent peut sembler inégal mais que relève la grandeur dans la conception.

Il y a dans les œuvres orchestrales de ce prince des pianistes des étincelles de génie, et je puis ajouter une véritable personnalité, mais on y trouve trop de longueurs et une abondance de détails fatigante pour l'oreille la mieux disposée. Dans *Tasso* le fond et la forme présentent certainement un vif intérêt, l'idée, la phrase mère est belle et les transformations successives qu'elle subit captivent l'attention, seulement l'auteur n'a pu éviter toujours l'écueil inhérent à ce genre de composition. Rien de plus simple en apparence qu'un thème, rien parfois de plus compliqué, de plus difficile à trouver. Beethoven a médité pendant des mois certains thèmes de ses symphonies. Il y a des motifs qu'on ne saurait indifféremment montrer sous plusieurs aspects. Tel est ici le cas du thème principal de *Tasso*. Son caractère essentiellement martial est à sa place dans le *Triomphe*, il ne convient pas à l'*Adagio mesto* du *Lamento*, qui semble d'une monotonie désespérante. En revanche il apparaît adorablement encadré dans le *Menuet*, écrit je ne sais trop pourquoi dans une tonalité qui complique singulièrement les difficultés de l'interprétation. Toute cette partie de l'œuvre est d'ailleurs charmante; c'est du Listz de la bonne manière.

Comme Berlioz, Listz s'est laissé séduire par la forme toute moderne du poème symphonique. Son esprit hardi, inventif et rêveur a trouvé dans ce genre bâtard un aliment précieux sur lequel il s'est jeté. L'exemple de ces deux grands musiciens a été suivi, et maintenant la mode est aux poèmes symphoniques : il en pleut. Cette forme, dans laquelle Saint-Saëns s'est le plus approché de la perfection, a ses avantages et ses inconvénients.

« Le mythe de *Prométhée*, dit Listz dans la préface
« explicative de son œuvre, est plein de mystérieuses
« idées, de vagues traditions, d'espoirs aussi dénués
« de corps que vivaces de sentiment. »

Puis, plus loin : « ... *Il suffit* à la musique de s'as-
« similer aux sentiments qui, sous toutes les formes
« successivement imposées à ce mythe, en ont fait
« comme le fond et comme l'âme. Audace, souffrance ;
« endurance et salvation... »

Ces quelques lignes peuvent être considérées comme le résumé d'un texte fort long, tout parsemé d'anti- thèses et de pensées philosophiques. Elles nous dévoi- lent l'idée mère d'une œuvre qu'il sera intéressant d'analyser au point de vue purement musical.

Certes, le principe et le point de départ de ces sor- tes de compositions me paraissent discutables, sur- tout au point de vue musical, mais elles n'en con- tiennent pas moins une somme de talent qu'il n'est pas permis de laisser dans l'ombre, sous peine de rester en arrière. Le *Prométhée* de Listz ne fait point partie du nombre de ces œuvres que l'on comprend du premier coup. C'est une conception sévère et puissante, remarquable plutôt par la profondeur et l'énergie que par le charme. Un certain travail d'esprit est nécessaire pour en saisir le sens, et je conçois parfaitement que ceux qui ne veulent pas prendre la peine de chercher et de réfléchir, n'éprouvent en l'écoutant qu'un médiocre plaisir. L'interprétation en a été remarquable, et l'orchestre ne pouvait donner une meilleure mesure de ce que l'on peut attendre de lui. Conduit de main de maître par son vaillant chef, il s'est véritablement surpassé. Le public a religieusement écouté ; on ne pouvait lui demander davantage. L'attention soutenue qu'il apporte presque toujours aux œuvres mêmes qui lui semblent obscures, montre qu'il n'a point usurpé sa réputation bien établie, d'être l'un des publics les plus intelligents et les plus avancés de France.

RAFF

Dans la Forêt. — Lénore.

La symphonie *Dans la Forêt* qui, lorsqu'elle parut, consacra la réputation de son auteur, appartient au genre descriptif. On peut la ranger dans cette catégorie d'œuvres se rattachant d'un côté à la symphonie telle que la comprenait Beethoven en écrivant *La Pastorale*, d'un autre au *Poème symphonique*, tel que le comprennent aujourd'hui Listz et quelques-uns de nos jeunes maîtres contemporains. Tout y est, commençons par le dire, raisonné et raisonnable. La musique n'y cède point le pas à l'idée poétique, les vraies traditions de l'art n'y sont point sacrifiées à une recherche malsaine de pittoresque et d'originalité : c'est

une toile saisissante et colorée, mais où nulle part on
ne voit affiché le mépris de la forme et la négation de
la ligne. Le compositeur ne s'est pas contenté de
savoir où il voulait aller, ce qui ne suffit nullement,
il l'a nettement montré; son œuvre reste claire et
toujours compréhensible. Elle serait parfaite si l'on
pouvait en retrancher quelques longueurs qui dépa-
rent légèrement la première, et surtout le dernier
morceau.

Elle se compose de trois parties :

Pendant le jour. — *Pendant le crépuscule.* — *La
nuit.*

Le n° 2 se divise lui-même en une *Rêverie* et une
Danse des Dryades ; soit l'*andante* et le *scherzo* qu'on
retrouve dans la plupart des symphonies à leur place
habituelle.

Le premier morceau débute par de courts fragments
des principales mélodies que nous allons entendre
développer avec un merveilleux talent, par un maître
dans l'art de l'instrumentation. J'ai surtout remarqué
le retour du second thème confié aux cors et délicieusement accompagné par les premiers et seconds violons.

L'entrée de clarinette dans la *Rêverie,* le beau chant
de violons sur la quatrième corde, la reprise de ce
chant par les altos sous le contrepoint des flûtes, sa
réapparition, pendant la *Danse des Dryades,* avec les
violoncelles, le début de la troisième partie, succession
d'imitations à l'octave supérieure, les grondements
des trombones, les sonneries des trompettes, les appels
des cors pendant la chasse sauvage, tous ces épisodes
d'un poème musical dont l'intérêt ne se dément pas,

tiennent continuellement l'auditeur sous le charme.

Toute cette dernière partie, du reste, est merveilleusement traitée au point de vue de l'instrumentation et le compositeur a su avec un art extrême y donner la note réaliste, sans tomber dans les excès et les exagérations de la musique descriptive. Il a cherché l'impression des choses plutôt que leur peinture et n'est pas sorti du domaine symphonique. Aussi a-t-il écrit d'une main sûre et vigoureuse une page magistrale, qui tient dignement sa place auprès de celles des maîtres illustres de la patrie de Gœthe et de Schiller.

Dans la Forêt est une symphonie descriptive, tenant le milieu entre le poème symphonique et la suite d'orchestre. On y retrouve l'influence de Beethoven et de Mendelssohn qui s'y fait sentir auprès de celle de Wagner. L'ordre et la disposition des thèmes rappellent les procédés des maîtres classiques, tandis que tout ce qui constitue le pittoresque, l'éclat, la couleur, nous ramène à l'école moderne. Raff s'éloigne toutefois des illustres fondateurs de la symphonie en ce que dans le cours de l'œuvre il se sert à deux reprises des mêmes motifs. C'est ainsi qu'il ramène à la fin de la dernière partie le second thème de la première, et que dans le *Scherzo* nous voyons revenir la délicieuse mélodie sur laquelle est basée l'*Andante* tout entier. C'est un pas dans la voie de la symphonie à thème unique, si magistralement traitée par Saint-Saëns.

Nous sommes loin déjà de l'antique forme employée par Mozart.

La symphonie voit chaque jour grandir le cadre qu'on lui donnait il n'y a pas un siècle, cadre devenu

trop étroit pour le double rôle qu'on cherche à lui
imposer. La recherche de quelques thèmes se prêtant
aux développements prescrits par les règles ne suffit
plus au musicien. Au domaine de l'art se joint celui
de la pensée, le temps de chanter simplement pour
chanter est passé; l'impulsion donnée par Beethovén
a porté ses fruits, dans la musique pure on met le
drame, le drame de la vie, de nos passions, de nos
amours, de nos douleurs et de nos haines. Impressionniste et symbolique, telle sera la symphonie de
demain. Il me semble que bientôt l'heure des trou-
bles, des hésitations et des tâtonnements aura fini de
sonner. Nous verrons s'évanouir les exagérations
enfantines de la musique à programme et seul sur-
-vivra le principe nouveau d'où elle sortit, principe à
face multiple et qui, selon les déductions qu'on en
tire, prend des apparences d'erreur ou de vérité.

Oui, la symphonie peut et doit être autre chose
qu'un jeu, qu'une agréable récréation de l'oreille,
mais à la condition de conserver ce qui constitue son
essence même, la musique comme point de départ. Il
ne faut pas que l'idée littéraire étouffe l'idée musicale.
Le tort de Berlioz a été d'écrire ses symphonies comme
il eut écrit pour le théâtre, et de vouloir remplacer
l'action scénique, absente, par la simple lecture d'un
programme, dont en composant il suivait pas à pas
les détails. Autre chose est la musique avec paroles
chantées, précisant les situations, autre chose est la
musique uniquement symphonique. Wagner a placé
la symphonie dans le théâtre, il a magnifiquement
fondu deux éléments faits pour être unis, il a même
mis la symphonie dans la plastique, dans le geste,

dans les attitudes, mais il ne s'en suit pas qu'on puisse impunément placer le théâtre dans la symphonie, ce qu'il s'est bien gardé de faire.

Le programme qui figure en tête de la partition de Raff est de ceux qui ne retiennent en aucune façon le compositeur captif. Comme celui de la *Pastorale*, il lui laisse toute liberté, ne lui offrant aucune de ces successions de scènes imaginaires dont les détails ne peuvent être clairement traduits.

Dans le *Finale* seul, la légende est plus explicite. Elle en dit trop déjà pour le musicien, pas assez pour l'auditeur. Le morceau malgré sa variété, sa vigueur, ses éclatantes sonorités, paraît un peu long. Il l'est en effet.

Lénore est la cinquième symphonie de Raff. Comme *Dans la Forêt*, elle appartient au genre descriptif. Je serais en vérité fort en peine de dire laquelle de ces deux œuvres est la meilleure : ce qu'on peut affirmer, c'est qu'elles émanent l'une et l'autre d'une puissante personnalité musicale et dénotent chez le compositeur qui les a signées une vigueur d'inspiration peu commune. Dans *Lénore*, la richesse mélodique et l'abondance des idées sont telles qu'on est tenté de se demander s'il n'y a pas pléthore. Comme Rubinstein, Raff tombe facilement dans le défaut de ceux qui se laissent entraîner par l'imagination, et chez lui la spontanéité dans la conception nuit parfois à l'art du développement. Il sème à pleines mains les diamants. Mais il oublie parfois que ceux-ci doivent leur effet surtout à l'ouvrier qui les taille et qui les monte. C'était la grande force de Beethoven de savoir tirer d'un thème de quelques mesures d'innombrables pages

éblouissantes d'éclat et d'inspiration. Aussi les motifs
enfantés par son génial cerveau ne prenaient-ils sur
le papier leur forme définitive qu'après avoir été longuement médités. Ici les idées musicales sont plutôt
jetées, elles se pressent, se succèdent, parfois sans
même laisser aux traditions la place à laquelle elles
ont droit, place nécessaire à l'harmonie générale de
l'œuvre. Il convient d'ajouter que *Lénore* n'est pas à
proprement parler une vraie symphonie : l'auteur eût
pu tout aussi bien l'intituler poème symphonique. Les
quatre parties de l'œuvre répondent à des situations
qui sont en peu de mots clairement désignées. Sur
cette musique tout un drame se joue, drame silencieux,
fait de tendresse, de douleur et de mort, chanté par
le poète dans une ballade populaire de l'autre côté
du Rhin.

La part faite au côté littéraire devient ici la première
cause de certains défauts et de longueurs sur lesquelles
je ne veux pas insister, préférant demeurer sous la
grande impression de l'ensemble. Elle est d'ailleurs
de celles dont les plus difficiles auraient tort de ne se
point contenter. Aussi louerai-je sans m'arrêter aux
critiques de détail toute la première partie, dont l'*Allegro* précède un si poétique *Andante*. La *Marche*, avec
son effet de *crescendo* et de *decrescendo*, coupé par un
Appassionato des instruments à cordes, est merveilleusement conduite. Tout le final est dramatique et
plein de fougue.

Le public a fait à l'œuvre de Raff un chaleureux
accueil, et par trois fois dans le cours de l'exécution
a manifesté clairement le plaisir que lui causait cette
audition. Le fait est caractéristique, et cette œuvre

remarquable a certainement été plus goûtée à Angers qu'à Paris, où elle n'obtint guère qu'un succès d'estime. Faut-il en conclure que nous sommes plus avancés ou simplement moins difficiles? *Lénore*, malgré ses hors-d'œuvre, ses digressions, quelques passages plutôt vulgaires que banals, est l'une des œuvres les plus intéressantes qui ait été interprétées à nos concerts. Elle a mieux encore, la chaleur et la vie, qui se communiquent et sans lesquelles il est si difficile d'émouvoir.

A. RUBINSTEIN

L'Océan

L'Océan ! beau titre et bien fait pour tenter un musicien avide de vastes horizons. Rubinstein me semble un peu s'y être égaré dans la brume et je ne vois rien dans son œuvre qui puisse justifier le nom qu'il a cru devoir lui donner, si ce n'est, toutefois, l'ampleur de ses proportions. Mais autre chose est de faire grand et de faire long, et l'impression ressentie à la première audition de cette vaste et diffuse composition me porte à trouver qu'en poursuivant le premier but, le chef de l'école russe a seulement atteint le second. Un *Scherzo*, trois *Adagios*, trois *Allegros*, dans lesquels l'oreille ne perçoit aucun écho de la voix sublime de cette enchanteresse qu'on appelle la mer, n'est-ce pas ce qu'on peut définir : beaucoup de bruit pour rien. Certes, je ne conteste pas le mérite musical de chacun de ces morceaux, que nul lien ne relie et qui, pris à part, s'écouteraient peut-être avec plaisir, mais je ne saisis aucun des côtés du tout qu'ils ont la prétention de former. Rubinstein passe, à juste titre, pour un mélodiste de large envergure et dans sa symphonie les motifs ne manquent pas. Seulement ils ne sont ni caractéristiques, ni développés, et rien, dans ces conditions, ne me semble monotone comme la mélodie. J'ajouterai que ce titre : *Océan*, nous conduit fatalement dans le domaine de la musique descriptive ; or l'auteur, en nous gratifiant du mot, ne nous a nullement donné la chose. Sous ce rapport, son œuvre entière ne vaut pas dix mesures de la *Suite Algérienne*, de Saint-Saëns, un coloriste, celui-là. Je n'y rencontre aucun effet d'instrumentation parlant clairement aux sens et j'y vois tout effleuré, rien approfondi. Cela ressemble vraiment à une « immense improvisation » comme le disait justement M. Jules Bordier dans une analyse de cette composition.

Rubinstein a beaucoup écrit, trop écrit. Sa musique se distingue par une incontestable richesse dans les idées, l'inspiration, parfois, s'y élève à une véritable hauteur, mais elle ne reste pas dans ces régions sereines où le maitre, emporté par de violents coups d'ailes et des éclairs de génie, ressemble à l'un de ces brillants météores, dont le sillon de feu n'a qu'une éphémère durée. La musique de ce prince des pianistes modernes a, ce me semble, plus de réputation qu'elle n'en mérite, et je crois qu'elle bénéficie dans une large mesure du prestige et des grands triomphes du virtuose dont les doigts, à coup sûr, valent mieux que la plume. L'instrumentation n'est pas cherchée, l'inspiration parait souvent pauvre, l'idée mélodique existe mais elle est quelquefois vulgaire. Au point de vue musical, les concertos de Rubinstein demeurent

inférieurs à ceux de Listz, de Scharwenka, de Reinecke
de Brahms et tout un monde les sépare des modèles
de ce genre écrits par Saint-Saëns, les plus parfaits
sous le rapport de la forme et de l'originalité depuis
Beethoven.

REINECKE

Manfred

L'ouverture de *Manfred* est une page superbe dont
le début m'a paru particuliérement saisissant. Les
instruments à cordes y sont remarquablement traités
et l'œuvre entière de grande envergure se tient dans
les hauteurs parfois nuageuses d'une technique aussi
pure qu'intransigeante et peu disposée aux concessions faites en vue du succès. Cette œuvre de l'un des
plus célèbres compositeurs de l'Allemagne moderne,
mérite bien sa grande réputation et, sauf deux ou
trois passages scolastiques bien rudes avec leurs *imitations* heurtées, nous ne saurions trop en admirer la
conception, la forme et le style. C'est de la musique
dans l'acceptation la plus élevée, la plus idéale de ce
mot.

Puisque j'ai l'occasion qui se présente trop rarement de parler de Reinecke j'en profiterai pour recommander les œuvres de ce grand artiste aux pianistes
et surtout aux professeurs de pianos. Nul mieux que
lui ne sut écrire de la bonne musique facile et destinée
aux commerçants. Il a des pièces pour les petites mains
qui sont de véritables bijoux d'une grande fraîcheur
d'idées, d'une réelle élévation de style et écrites avec

un soin scrupuleux. Sa plume n'a, je crois, jamais signé une page qui ne soit inspirée par un complet respect de l'art et le professeur peut, avec lui seul, faire monter à son élève dans d'excellentes conditions tous les degrés de l'échelle du mécanisme.

A TRAVERS LES MAITRES ÉTRANGERS

EN NORVÉGE ET EN BELGIQUE

Coup d'œil analytique sur une symphonie de J. Svendsen. —
Peter Benoit. — Th. Radoux. — A. Samuel.

JOHANN SVENDSEN

Symphonie en ré majeur

Exécutée à Angers sous la direction de l'auteur, il
y a douze années pour la première fois, cette œuvre
obtint un succès d'enthousiasme. Que le lecteur me
permette de la lui présenter brièvement analysée.

Molto allegro (*ré* majeur). — Dans les trois premières mesures se trouve l'*allegro* tout entier. L'exposé
du motif principal se fait à plein orchestre; il est
simple, clair, très franc d'allure, contrastant avec le
caractère plus expressif, plus sentimental de celui qui
suit. La partie des développements, bâtie sur les deux
thèmes, est très étudiée et particulièrement intéressante sous le double rapport des modulations et de
l'harmonie. La rentrée du premier motif, heureusement préparée par un dessin rythmique qui le fait
attendre et désirer, rappelle les procédés des classiques
et surtout d'Haydn.

Andante (*la* majeur). — Deux motifs : le premier
chanté par les violons, doublés ensuite par l'harmonie;

le second, murmuré d'abord par la clarinette et le
hautbois, auquel se vient joindre le quatuor des cordes.
A remarquer les délicieux détails de contrepoint qui
accompagnent la réapparition de l'idée mélodique, se
déroulant calme et sereine tandis que, tantôt le violon,
tantôt la flûte se livrent au plus fantaisiste et plus
exquis des babillages. D'une grande intensité d'expression, l'inspiration se soutient ici sans longueurs
ni redites, et l'heureux emploi du chromatique s'y joint
à celui d'habiles superpositions de rythmes, d'où résulte une grande variété dans l'unité.

ALLEGRO SCHERZANDO (*sol* majeur). — Ce morceau,
d'une grâce exquise et d'une fantaisie charmante, est
en même temps d'une grande pureté de style. On
dirait de l'Haydn et du Beethoven. Il rappelle, en effet,
le premier de ces maîtres par le caractère mélodique
de son début, et le second par l'importance et le genre
de ses développements. C'est un duo continuel, pétillant d'esprit, éblouissant de gaieté, de charme, d'imprévu, entre le quatuor des cordes et les instruments
de l'harmonie. Notons comme effets très réussis le
passage d'arpèges des premiers et second violons
divisés, puis, un peu plus loin, le joli motif traité en
canon à l'octave entre les violons et violoncelles. Rien
de plus fin, rien de plus délicat.

FINALE. — Quelques mesures de *maestoso* préparent
l'*allegro* final. La flûte nous y fait entendre le motif
qui va servir de base au reste du morceau. Ce motif
est attaqué vigoureusement par les violons, altos, violoncelles, à l'unisson. Le second thème, d'un sentiment
tout différent, saisit par l'ampleur de l'idée mélodique.
Vouloir suivre le compositeur dans le domaine de la

fantaisie où il jongle avec deux phrases musicales serait dangereux. Tout est si limpide et si clair dans sa musique qu'avec ces quelques indications l'auditeur s'y retrouvera facilement.

J. Svendsen est certainement l'un des plus grands symphonistes de notre époque. Il possède au suprême degré ce que l'on regrette de ne pas rencontrer plus souvent chez Brahms, le charme, la passion, la vie. S'il n'approche pas de Beethoven, en ce qui concerne la puissance dans le développement d'une idée musicale, si l'inspiration mélodique ne présente pas chez lui la fraîcheur, la grâce qu'on admire tant chez Haydn, il connaît en revanche tous les secrets de l'instrumentation moderne et sait se servir avec un art extrême de moyens et de procédés nouveaux, Il procède d'ailleurs de ces modèles, et, d'une main sûre d'elle-même, donne à ses compositions les solides assises qui résultent de l'étude constante, approfondie des classiques. Pleins de verve, d'éclat, de couleur, les principaux motifs de son œuvre séduisent encore par leur élégance et leur clarté. Rien de vague, rien d'indécis, rien de confus. Ça et là des envolées charmantes dans le pays du sentiment et du tendre, puis des merveilles d'habileté dans l'emploi du contrepoint, des imitations, du style fugué. Sous ce rapport l'*Allegretto Scherzando* est un de ces rares bijoux dont la forme pure et les délicates et fines ciselures provoquent l'admiration des connaisseurs.

Que dire de la romance pour violon, de ce merveilleux compositeur que Paris n'a peut être pas assez entendu et qui du fond de sa poétique patrie laisse tomber sur le papier les adorables et touchantes inspirations d'un cœur épris d'idéal et de poésie. Toute la rêverie sentimentale de ces beaux pays du nord où lacs, forêts et montagnes ont un charme si doux est là dans ces quelques notes que l'incomparable archet d'Ysaye nous a si éloquemment traduites. Cette musique est clair, limpide, transparente comme le ciel qui l'a vu naître. Cette mélodie qui court, grandit, se développe sans jamais s'arrêter, toujours simple, toujours facile, évitant les cadences, semble un vrai petit poème amoureux et mystique, on écoute comme suspendu aux lèvres de la femme aimée, cela vous prend, vous captive, vous transporte dans des sphères élevées dont seules les intelligences d'élite ouvrent les portes à nos oreilles fatiguées des exagérations réalistes du temps présent.

PETER BENOIT

Le Roi des Aulnes. — Concerstuck pour flûte

Le *Roi des Aulnes* justifie bien son titre d'ouverture romantique. Nous avons là l'une des premières productions du maître : la jeunesse y coule à pleins bords, c'est chaud et coloré, senti et vécu. Dès le début l'inspiration plane sur l'œuvre et la belle phrase des violoncelles, se déroulant sur le tremolo persistant des autres instruments à cordes, a été accueilli par un murmure d'admiration. L'exécution a été superbe, digne de la musique, digne du chef d'orchestre. Cette ouverture contient des passages assez difficiles à bien rendre, entre autres une entrée des premiers violons commencée dans un mouvement rapide et continuée par les seconds, auxquels succèdent les altos, basses, contre-basses, venant aboutir à un éclatant et formidable ensemble de tout l'orchestre. L'effet est grandiose et le trait rappelle un peu celui que Beethoven a placé dans l'ouverture de *Léonore*.

Le *Concerstuck* pour flûte est une œuvre complète et me semble la plus parfaite de toutes celles que nous avons applaudies avec tant d'enthousiasme. Tout en conservant la forme habituelle et classique des concertos, l'auteur a voulu y ajouter une nuance fantaisiste que nous pouvions déjà soupçonner en lisant le titre donné à chaque partie : *Feux-follets ; Mélancolie ; Danse de feux-follets*. Je me hâte de dire que cet élément nouveau n'enlève absolument rien au côté purement musical qui doit dominer dans toute œuvre de cette nature. Comme la plupart des modèles laissés par les maîtres qui ont écrit pour le piano et le violon, nous trouvons trois parties, la première et la dernière traitées dans un mouvement vif et rapide, la seconde qui forme l'*Andante* et où nous avons remarqué le plus délicieux des dialogues entre la flûte et les cors. Le premier et le dernier allegro reposent chacun sur les deux thèmes traditionnels, reliés suivant toutes les règles de l'art et développés sans aucune recherche d'excentricité.

Je n'ai point l'intention de présenter ici une analyse d'une partition que je n'ai pas étudiée et ne parle absolument que d'après l'impression ressentie en l'entendant exécuter, désireux de ne point mêler la critique et l'esthétique, deux choses qui tout en ayant des rapports communs doivent cependant rester distinctes et séparées. Dans cette œuvre charmante la mélodie abonde et je ne résiste pas au plaisir de rappeler parmi tant de jolies inspirations celles des deux motifs majeurs du premier morceau et du *Finale :* le dernier surtout est d'un sentiment tout à fait exquis ; les dessins et broderies de la flûte pétillent d'esprit et d'originalité, on sent une main sûre d'elle-même et maniant avec une légèreté rare toutes les ressources de l'art.

TH. RADOUX

Ce qui distingue surtout la musique de ce maître c'est la sûreté de main avec laquelle elle est écrite. On se sent dès les premiers accords en face d'un homme possédant à fond toutes les ressources et tous les secrets du métier. Rien n'est livré au hasard, tout est pesé, raisonné, voulu. La science de l'instrumentation, ce qu'on appelle aujourd'hui le coloris musical, est poussée jusque dans ses plus extrêmes limites et je ne crois pas que M. Radoux ignore un seul des plus petits côtés de l'art si délicat de manier les sonorités de l'orchestre. L'équilibre entre les différents timbres des cuivres et de l'harmonie est obtenu d'une façon merveilleuse et l'oreille toujours satisfaite n'est jamais heurtée par une de ces duretés qui résultent le plus souvent de l'inexpérience ou du manque de pratique.

M. Radoux, qui à son grand talent de compositeur joint celui de remarquable chef d'orchestre, a conduit avec une indiscutable autorité plusieurs œuvres, toutes excessivement intéressantes. L'ouverture d'*André Doria*, dans laquelle j'ai remarqué un délicieux effet de sonorité obtenu avec les altos, cors et bassons, ainsi qu'un ravissant motif exposé par la clarinette et accompagné par les *pizziccati* des instruments à cordes,

a été écoutée avec une attention constante et un
visible plaisir et le succès de l'auteur ne s'est point
fait attendre. De tout ce que M. Radoux nous a fait
entendre, cette page d'une mélancolie si douce et
d'une tristesse si vraie est certainement celle qui a
produit sur le public la plus vive impression. La
pensée mélodique, aussi pure qu'élevée, y plane constamment sur un accompagnement toujours concertant
et symphonique d'une délicatesse et d'une habileté
merveilleuses. Ici l'instrumentation dénote un vrai
maître : tantôt l'orchestre pleure, tantôt sa voix
grandit avec des progressions admirablement amenées
et conduites, tantôt il a des appels désespérés qui
vont droit à l'âme. Voilà de la musique bien vivante
et bien sentie.

ADOLPHE SAMUEL

En présence de certaines œuvres d'art, le rôle du
critique, qui tient à rester indépendant et sincère, est
beaucoup plus difficile que ne le pourrait faire supposer le vers célèbre de Boileau, dont le sens exact
n'est pas d'ailleurs, il convient de le remarquer, celui
qu'on lui prête généralement. En musique surtout,
l'impression du public n'est certes pas à dédaigner ;
elle fait le succès, donc il faut compter avec elle. Toutefois on est bien obligé d'admettre que le public peut
se tromper, si l'on songe au grand nombre de chefs-
d'œuvre méconnus auxquels il n'a rien compris tout
d'abord. Si l'obligation de réagir soit contre ses enthousiasmes, soit contre ses injustices, s'impose à
celui dont le rôle est de juger consciencieusement les
hommes et les choses, il n'en est pas moins particu-

lièrement délicat de se trouver en contradiction avec
lui. Il faut donc ou le suivre dans ses erreurs, ou les
signaler et les combattre, et dans ce dernier cas, s'ex-
poser à l'accusation de pédantisme et de présomption.

Telle est la situation dans laquelle me place la très
remarquable symphonie de M. Samuel, dont l'interprétation, fait honneur aussi bien à notre excellent
orchestre qu'à l'Association artistique, qui a cru devoir
ouvrir ses portes à l'un des plus éminents compositeurs de la Belgique.

La symphonie, de M. Adolphe Samuel, se divise en
quatre parties, nettement définies et construites sur
le modèle des symphonies des maîtres classiques.
L'auteur n'a point laissé de place à la note descriptive
et s'est plu à demeurer dans le domaine de la musique
pure, de l'art auquel nous devons l'*Ut mineur*, l'*Héroïque*, la *Symphonie* en *la*. Ici pas l'ombre de notice,
pas d'analyse anticipée, pas de programme comme
dans *Lénore*, comme *Dans la Forêt*, de Raff, deux
œuvres auxquelles il serait intéressant de la comparer.

Comme parties particulièrement bien traitées, je
veux citer tout le magnifique *Largo* du début, précédant
l'*Allegro con spirito*, et d'un caractère dramatique et
vigoureusement affirmé. La première reprise de cet
Allegro, contenant l'exposé des thèmes, charme par
son allure entraînante et décidée. Plus loin, le compositeur se perd dans des développements dont la longueur n'est pas compensée par un suffisant intérêt.

L'*Andante* m'a paru superbe et d'une grande richesse
mélodique, et le *Scherzo* me semble devoir être considéré comme une des plus belles pages symphoniques
de ce genre, écrites depuis les admirables *Scherzos* de

Beethoven. Celui de M. Samuel est surtout intéressant par ses effets rythmiques ; quant aux motifs mélodiques eux-mêmes, ils sont pleins de fougue, de chaleur, de passion. J'aime le début du *Finale;* mais avec le second thème, l'inspiration languit et de nouvelles longueurs viennent affaiblir l'heureux effet du commencement.

En résumé, la symphonie de M. Samuel est une œuvre de large envergure et dans laquelle l'élément moderne se fond admirablement avec les traditions classiques. Elle demande une tension d'esprit de quarante-cinq minutes, c'est beaucoup.

Essais de Critique musicale

ESSAIS DE CRITIQUE MUSICALE

ŒUVRES MODERNES & MODES ANCIENS

Le carnaval d'Athènes de Bourgault-Ducoudray. — Les Scènes
hindoues d'Érasme Raway. — Tonalités rétrospectives. —
L'archaïsme en musique.

M. BOURGAULT-DUCOUDRAY.

Le Carnaval d'Athènes.

La musique descriptive est à l'ordre du jour, on
veut tout peindre; bientôt chaque mesure, chaque
note aura sa signification dramatique et poétique, et
l'on ne nous présentera plus une seule page de musique
sans l'accompagner de commentaires où l'auteur
expliquera ce qu'il a voulu dire. Que de chemin
parcouru depuis Weber! Je n'ose dire que de progrès! Un autre abus contre lequel nous ferions bien
de nous mettre en garde, c'est l'exagération de la couleur locale, encore un de ces mots auxquels le public
se laisse prendre et qui trompe bien des gens. En
musique, tout ce qui est vrai, sincère, simple, a suffisamment de couleur locale. Un air arabe, une mélodie
hindoue, une chanson bretonne en présentent davantage à mes yeux que l'opéra des *Huguenots* tout
entier, quoique certains admirateurs de Meyerbeer

aient appliqué à sa musique l'épithète d'historique. On en a bien vu jadis dans *Guillaume Tell* à cause du *Ranz des vaches* fantaisiste placé dans l'ouverture et qui n'a rien de commun avec le véritable. Où nous pourrions en trouver à coup sûr c'est dans le *Carnaval d'Athènes* de M. Bourgault-Ducoudray, qui a obtenu à Angers un si légitime succès. Mais ici la chose est toute naturelle. L'auteur a parcouru l'Orient; pendant son séjour en Grèce, il a recueilli les mélodies populaires chantées dans les rues et dans les campagnes, il a étudié les modes et spécifié les harmonies qui doivent en découler; laissant de côté toute idée personnelle et méprisant toute fantaisie, son seul désir fut d'obtenir une scrupuleuse exactitude. Je ne doute pas qu'il y soit arrivé. En tout cas, M. Bourgault-Ducoudray me semble bien trop convaincu, trop respectueux de son art pour avoir sacrifié une parcelle de vérité à la satisfaction passagère de se voir applaudi. Le caractère franc de sa seconde danse « *Tempo di marcia* » a saisi le public déjà charmé par le premier morceau. Le *crescendo* et *accelerando* final a soulevé des applaudissements dont la chaleur et la spontanéité m'ont d'autant plus frappé que je ne croyais point à l'effet considérable de cette musique qui me paraissait plutôt un régal de dilettante, de gourmet. Le *Tempo di valse* n'a pas été aussi bien compris. La première phrase si tendre et si langoureuse a passé presque inaperçue, malgré l'union charmante des sonorités de la flûte et du cor anglais. En vérité, ce dialogue amoureux ne ressemble point à celui qu'on se glisse à l'oreille dans le tourbillon de nos bals. Notre valse est plus fade ou plus passionnée, plus insignifiante ou plus sensuelle. Elle nous entraîne et nous emporte, celle-ci nous berce et nous conduit doucement vers le pays des songes et de la rêverie. Nous nageons en pleine poésie orientale.

Avec le n° 4 des *Danses grecques*, nous retrouvons la tonalité majeure. Le motif est ravissant et d'une fraîcheur exquise. Tout d'abord confié aux flûtes, il passe ensuite d'un instrument à l'autre. L'auteur nous dit lui-même dans ses *Souvenirs d'une mission musicale en Grèce*, que dans ces contrées « la flûte est l'ins- « trument populaire par excellence », aussi en a-t-il fait son principal interprète.

M. Bourgault-Ducoudray croit aux ressources des modes grecs, il est convaincu qu'on y trouvera des richesses nouvelles que ne possèdent point nos gammes majeures et mineures, et réclame leur introduction dans la musique moderne.

S'il est de ceux devant la foi desquels on s'incline avec respect, il est aussi de ceux dont les convictions artistiques, basées sur une science profonde, en impo- sent même aux profanes qui pourraient ne les point partager entièrement. Peut-être M. Bourgault-Ducou- dray se laisse-t-il emporter un peu loin dans le pays des illusions en croyant au retour des anciens modes de la Grèce et du moyen âge, dans notre musique moderne. Ce pas en arrière serait-il d'ailleurs un pro- grès? Bien des compositeurs ont essayé de se servir de ces modes antiques. Dans *Le Carnaval d'Athènes*, M. Bourgault-Ducoudray lui-même, voulut les em- ployer exclusivement; M. Raway, dans ses *Scènes hindoues*, s'en est servi presque constamment; Meyer- ber, Wagner en ont obtenu d'excellents effets, mais à la condition d'en user avec une extrême sobriété, comme exception.

L'exception me paraît justement devoir ici confirmer la règle qui nous donne un système musical fondé sur le majeur et le mineur, modes clairement tranchés, avec lesquels Mozart, Beethoven et Richard Wagner écrivirent tant d'immortels chefs-d'œuvre. Dans l'étude et la pratique de ces tonalités oubliées et disparues je vois, pour ma part, une intéressante reconstitution du passé, je cherche en vain le pas en avant, le rayon lumineux perçant un coin quelconque du voile de l'avenir.

L'art rétrospectif a certes son importance. J'admire le musicien qui fait revivre à mes oreilles les mélodies délaissées des civilisations éteintes; j'aime à apprendre de lui, quelles harmonies montèrent à travers les colonnes restées debout des temples de Corinthe, quels chants frappèrent l'air, alors qu'au son des hymnes sonores, tenant en main les patères et les corbeilles, défilaient autour de l'Acropole les vierges des Panathénées, mais je ne crois pas à l'aurore d'une renaissance par l'emploi de ces formes primitives, dont le vague et l'indécision finissent par engendrer à la longue une fatigante monotonie.

Certes, la Bretagne a des refrains d'une grâce et d'une naïveté touchante; les mélodies si délicatement harmonisées par M. Bourgault-Ducoudray en sont la preuve; mais des montagnes d'Arrée jusqu'aux sommets du Caucase et de l'Himalaya, des lacs d'Écosse aux plaines africaines, des milliers de motifs populaires et caractéristiques circulent dans l'atmosphère. Écrire avec quatre notes l'*Allegro* de l'*ut mineur*, tirer d'un thème de quelques mesures une symphonie toute entière, ainsi que viennent de le faire MM. Saint-Saëns et Lalo, baser sur une courte succession d'intervalles chromatiques un drame lyrique comme *Tristan* et *Yseult*, la plus sublime expression de tout ce que l'amour et la douleur renferment de poésie dans l'humanité, voilà ce me semble des manifestations musicales, des conquêtes artistiques, qui dérivent uniquement de la pratique exclusive des tonalités majeures et mineures.

En ces modes, après des siècles de tâtonnements, l'oreille a fini par trouver sa pleine et entière satisfaction. S'ils ont remplacé leurs prédécesseurs restés encore souverains maîtres dans nos églises, c'est qu'ils constituent un progrès, c'est que leur richesse est plus grande, plus grande aussi la variété dans les effets, soit mélodiques, soit harmoniques qu'on en peut tirer.

L'intérêt des recherches auxquelles M. Bourgault-Ducoudray consacre son double talent de littérateur et de musicien n'échappe à personne, nul mieux que lui ne sanrait aujourd'hui nous donner une impression juste et vraie de la musique d'autrefois, car nul n'est mieux à même de nous la présenter avec sa véritable couleur et son réel caractère; il a pu s'assurer par les chaleureux bravos qui ont accueilli son éloquente conférence aussi bien que ses trois mélodies bretonnes, dont l'une, l'*Angélus*, a été bissée, que le public était sous le charme, et de sa parole, et de sa musique.

De ses trois *Pièces d'orchestre* écrites dans le style moderne, la troisième « *Enterrement d'Ophélie* » se distingue, et par le sentiment profond qui se dégage, soit de l'idée mélodique elle-même, soit des sonorités très neuves, très délicates, qui en rehaussent encore le charme et la douce mélancolie.

ERASME RAWAY

Les Scènes hindoues

M. Raway est venu diriger à Angers une œuvre déjà plus de vingt fois acclamée en Belgique, où presque tous les orchestres importants l'ont interprété à diverses reprises. Ecrit avec hardiesse et conviction, ce poème symphonique tranche singulièrement sur ce que nous avons l'habitude d'entendre, et dénote un musicien de premier ordre. Son originalité, sa sincérité valent la peine qu'on s'y arrête, et le lecteur ne m'en voudra pas d'insister sur cette composition, qui ne pouvait plaire également à tout le monde à cause de sa nouveauté, parfois de son étrangeté.

Deux faits ressortent tout d'abord : une grande liberté souvent audacieuse, et l'emploi presque continu des anciens modes.

Je dirai plus loin ce que je pense de ces tonalités encore en usage dans nos églises, et qu'en principe et neuf fois sur dix on ferait mieux d'y laisser. Je me hâte d'ajouter que dans l'œuvre qui nous occupe elles ont leur raison d'être et sont tout à fait à leur place.

L'analyse détaillée et raisonnée de la partition des *Scènes hindoues* offre un singulier attrait, comme celle de toute œuvre essentiellement originale et personnelle. Le poème symphonique de M. Raway comprend quatre parties. La première, intitulée *Danse hindoue*, me semble comme le reste de l'œuvre d'un caractère absolument vrai. C'est de la musique d'impressioniste dans le bon sens de ce mot si souvent mal compris. J'ignore si les motifs mélodiques sont hindous ou non; peu importe. L'impression cherchée et rendue est toute morale et non matérielle. Nous voguons en plein mysticisme et retrouvons à chaque pas la sensation de ce fatalisme religieux, calme jusque dans ses manifestations les plus échevelées, qui constitue l'un des côtés les plus curieux des peuples orientaux.

Les premières mesures contiennent déjà le résumé de l'œuvre entière. Les trois notes, en *pizzicati*, des instruments à cordes, *fa*, *sol*, *ré*, représentent la quintessence mélodique, tandis que le premier accord donné par les bassons, hautbois et flûtes, nous indique quel sera le caractère harmonique. Je n'ignore pas l'inutilité de ces observations, transmises au lecteur et difficiles à présenter sans notation musicale, mais il est bon de constater le procédé. M. Raway n'a pas la prétention de l'avoir inventé, il peut avoir celle de l'employer d'une façon particulière et inusitée.

L'*Hymne du peuple*, avec son dessin persistant des basses, la nature indécise de sa mélodie, sa tonalité vague et mystique comme celles de nos chants d'église, est surprenante de réalisme. La pensée plane ici dans les mystérieuses hauteurs de l'infini, tel qu'on l'entrevoit là bas. Je me disais, en écoutant cette page, que si M. Raway voulait essayer, il pourrait, mieux que tout autre, écrire une symphonie gothique, sujet qui, l'on s'en souvient, a tenté M. Benjamin Godard, mais que, sans nul doute, l'auteur des *Scènes hindoues* traiterait tout autrement.

11.

J'arrive au *Sacrifice*, le numéro 3 de la partition, d'une couleur étonnante : il contient une perle mélodique confiée au hautbois. Les cuivres, de leur voix formidable, entonnent ici le chant « funèbre et cruel » des Brahmanes. Nous entrons dans un nouveau mode avec la seconde augmentée comme caractéristique. L'orchestre s'anime, des plaintes déchirantes dominent les sonorités des trombones, les motifs mélodiques se croisent, se heurtent, s'entre-choquent dans un puissant ensemble. Puis le calme se fait, le hautbois reprend sa mélancolique cantilène, les instruments à cordes renvoient à nos oreilles, comme un écho du chant des prêtres, et tout disparaît dans la paix d'un majestueux silence.

Avec le *Divertissement* et *Finale,* nous revenons au rythme vif et mouvementé, c'est de nouveau la danse qui reprend ; la danse dominée toujours par le sentiment religieux avec lequel, du reste, elle se confond dans toutes les cérémonies du culte brahmanique. L'ouvrage se termine par un thème original indien, très court, et que les instruments de cuivre exposent avec une énergie qui, malgré sa raison d'être, a pour fâcheux résultat de fatiguer l'oreille tout en l'empêchant de saisir le chant des autres parties. Il faut reconnaître, d'un autre côté, que cette explosion finale d'une incontestable grandeur, déroute un peu le public plutôt étonné que charmé, mais sentant qu'il est en face d'une œuvre personnelle et puissante.

Elle sera discutée comme tout ce qui sort de l'habituelle routine, et d'ailleurs, il faut bien reconnaître que par certains côtés elle prête à la critique. J'y blâmerai, pour ma part, l'exagération dans l'emploi de la dissonnance, la dureté de certaines successions harmoniques et la marche, par instants, trop audacieusement libre des parties. Je serais également tenté de reprocher à M. Raway l'abus de la pédale, abus qui engendre fatalement la monotonie : mais la nature même du sujet traité devait forcément l'amener à s'en servir presque continuellement.

Ce qui me semble remarquable dans cette musique, c'est la préoccupation constante de l'auteur de mettre en pratique le grand principe de l'unité. Son œuvre est en effet bien une, et dans son apparente diversité tout se relie, tout se tient, tout s'enchaîne avec un art infini. M. Raway cherche plutôt l'élévation de la pensée, la grandeur de la conception que le charme. L'effet n'est pour lui que secondaire, et c'est cependant sur l'effet qu'on doit le plus souvent juger une œuvre musicale, il ne l'ignore pas, mais a des visées plus hautes. Honneur à ceux dont les convictions artistiques résistent à cette misérable faiblesse qui porte tant de musiciens à se faire les esclaves et les valets du public, plus soucieux de leur réputation à faire que de la vérité.

« Toute grande vie est une » a dit notre grand sculpteur David ; n'en doit-il pas être de même de toute grande œuvre. Les *Scènes hindoues* nous offrent cette unité, non seulement dans la conception mais encore dans l'exécution, là pratique et le choix des moyens. Ce poème symphonique résulte comme tous les autres d'une association d'idées entre la musique et la littérature, mais du moins celle-ci disparaît aussitôt que le musicien commence, et nous ne quittons pas le domaine des sons pour celui de la poésie. Ce point de départ est ici le même que dans la *Symphonie pastorale :* on peut logiquement l'admettre, il n'a rien d'irrationnel ni de puéril, ainsi compris. M. Raway ne demande pas à l'art musical ce qu'il est incapable de donner, ses hardiesses sont celles d'un contre-pointiste, il ne suit pas un programme, et dans celui que nous avons pu lire je ne vois de juste que ces lignes : « L'au- « teur *s'est inspiré* de la coutume barbare des Hindous de « sacrifier la femme qui a perdu son époux, et exprime « la civilisation religieuse de ce peuple en présentant « l'impression qui résulte des quatre caractères qu'il « expose : des koribantes dans leur désir exalté, du « peuple dans son fanatisme religieux, de la victoire « dans son abandon fatal, et des Brahmanes dans leur « foi inexorable, lesquels participent tous à cette céré- « monie. » En dehors de cette explication nécessaire à la compréhension de l'œuvre, on peut écrire sur chacune des quatre parties telle légende qu'on voudra, de même qu'on peut le faire sur une sonate de Beetho- ven prise au hasard dans la collection.

M. Raway ne se pose pas en peintre, il ne cherche pas le côté descriptif, mais s'efforce de donner l'impression de la chose par l'ensemble de l'œuvre. Aussi rien ne vient en détruire le caractère musical. Si le plan même des *Scènes hindoues* est remarquable au point de vue de cette unité dont je parlais tout à l'heure, l'orchestration n'est pas moins intéressante et neuve. Nous n'y voyons pas de groupes particuliers, il n'y a qu'un ensemble, qu'un tout à la perfection duquel chaque instrument concourt là où le compositeur croit à sa raison d'être. Ici encore je remarque l'absence complète de tout charlatanisme et de ces procédés qu'en style de théâtre on nomme « ficelles » qui, employés par une habile main, rapportent des succès plus faciles qu'honorables. Que M. Raway persévère dans cette voie, qu'il reste de plus en plus sincère et vrai, se préoccupant toujours vis-à-vis de la masse des auditeurs non de recevoir l'impulsion mais de la donner, qu'il ne sacrifie pas à l'effet que tous les maîtres ont trouvé pour ainsi dire sans le chercher, et le monde musical pourra se flatter de compter une personnalité de plus.

Peut-être fera-t-il bien de moins cultiver la dissonnance, justement par désir de rester dans la vérité artistique et nullement à cause de l'impression produite. Cette impression ne peut d'ailleurs avoir pour la critique qu'une valeur très relative. Le fait que l'oreille accepte, telle dureté harmonique jusqu'ici repoussée, ne prouve nullement en sa faveur et rien n'est plus facile que de pervertir de ce côté le goût du public.

On s'habitue aux choses les plus choquantes, et ceux qui ont séjourné en Orient nous en donnent la preuve ; je pourrais multiplier les exemples et citer l'opinion de plusieurs musiciens que les chants arabes faisaient souffrir dans les premiers temps et qui ont fini par y trouver du plaisir et du charme.

En art nous voyons parfois le public accepter de détestables audaces et se montrer rebelle à de superbes hardiesses. J'ai dit en commençant que les tonalités employées par M. Raway étaient dans le cas présent très justifiables. Il serait pourtant dangereux d'en abuser.

Quelques compositeurs actuellement séduits par la

variété des modes anciens, sont tentés de délaisser parfois notre mode majeur et mineur et notre gamme diatonique, base de ce que j'appellerai la musique civilisée. Certes, loin de moi la pensée de nier l'intérêt immense des travaux accomplis par MM. Fétis et Gevaert, poursuivis dernièrement par M. Bourgault-Ducoudray, mais l'histoire de la musique ancienne ne peut avoir pour le compositeur moderne qu'une utilité limitée dans la pratique. Qu'on fasse de l'archaïsme en musique, comme en fit Balzac en littérature, comme en font en peinture certains artistes, entre autre M. Puvis de Chavannes, rien de mieux. Ce sont jeux d'esprit et d'imagination entre savants. Mais qu'on ne vienne pas nous présenter ce retour en arrière comme un progrès. Oui, les modes arabes et grecs ont un caractère qui ne manque pas de grandeur et surtout de couleur, on peut y puiser quelquefois. Nos temples retentissent de chants dont je ne méconnais pas la beauté, mais tout ceci près de notre tonalité moderne, près de l'art de Bach, d'Haydn, de Mozart, de Beethoven et de Wagner, n'est que de la barbarie. Peut-être sont-ils à leurs places dans les pagodes, dans les mosquées, sous les voûtes des églises byzantines et de nos cathédrales gothiques. Là, du moins, les aspirations vers la divinité doivent revêtir une forme immuable et que la marche du temps n'atteint pas, mais sur le seuil de ces monuments l'homme devient libre et l'art aussi. De cette liberté est née la musique moderne, et si les maîtres ont délaissé les anciens modes, c'est qu'ils avaient mieux à mettre à leur place.

Un emploi restreint de ceux-ci peut avoir du bon,

mais il serait désastreux d'en présenter l'usage habituel comme un progrès.

ESSAIS DE CRITIQUE MUSICALE

NOUS ET LES AUTRES

Nos salles de concerts. — Chez nous et chez les autres.
— Sociétés chorales en France. — L'élément féminin. —
Tyrannie des préjugés. — Éclectisme. — Éducation musicale·
· — Les orphéons et leur rôle. — Un peuple artiste. — Trois
mille ans en arrière. — Les milliards pour la boucherie.—
Utilitarisme et classes dirigeantes.

Nous sommes très portés en France à croire que
tout est pour le mieux dans le meilleur des mondes et
que ce qui se fait chez les autres ne vaut pas ce qui
se fait chez nous, Certains écrivains savent bien ce
qu'ils ont à gagner en flattant notre amour-propre
national, ils publient des *Voyages au pays des milliards*
et les éditeurs remplissent leurs caisses en faisant à
gros coups de tam-tam vibrer une corde patriotique
qui devient pour eux la source d'un nouveau Pactole.
Ce sont là des succès faciles qui ne prouvent rien et
ont le tort de nous empêcher de voir juste.

Ceux qui chez nous aiment réellement la musique,
sont des exceptions, mais en réalité fort rares si l'on
considère les trente-six millions d'habitants qui peuplent notre beau pays.

Et cependant, nous avons tout ce qu'il faut, pour
apprécier et comprendre la musique et sommes admirablement doués sous le rapport des aptitudes.

Nos compositeurs sont nombreux, leurs œuvres courent le monde et portent aux quatre coins du globe la preuve de notre supériorité, leurs succès soit dans les théâtres, soit dans les concerts ne sont contestés par personne, et pourtant je maintiens que de l'autre côté du Rhin, il n'y a guère de villes de cent mille âmes qui ne compte dans ses murs plus d'amateurs sincères et passionnés de la musique que Paris.

Cette capitale est fière à juste titre de ses théâtres dont deux seulement, disons-le tout en passant, sont réservés à la musique digne de ce nom ; elle possède l'Orchestre du Conservatoire, peut-être le meilleur du monde, mais dont la destinée est de ne jamais recevoir que les applaudissements de quelques élus, réunis dans une salle absolument ridicule et qui n'ouvre point ses portes au grand public ; les Concerts populaires y font un certain bruit : leur fondateur, Pasdeloup, a posé la première pierre ; sont ensuite venus MM. Colonne, Lamoureux, qui se font chaque hiver concurrence, dans les salles sentant l'écurie et ornées de trapèzes, cordes, filets et autres engins à l'usage des acrobates, ou dans des théâtres qui le soir deviennent le temple des *Pilules du Diable* et d'autres inepties du même genre. Il y a bien une salle de concert à Paris mais on ne s'en sert point. La musique symphonique se loge où elle peut, et l'important en somme est qu'elle soit bonne et bien exécutée. De ce côté je reconnais qu'il n'y a pas à se plaindre. L'aimet-on ? Non.

Que représentent pour une ville comme Paris quatre ou cinq concerts réguliers par semaine et qui plus est ayant lieu tous à la même heure et seulement le dimanche ?

Quelques milliers d'amateurs intelligents et distingués il est vrai : voilà tout le public. Mais Berlin avec son million d'habitants contient trois ou quatre orchestres symphoniques qui chaque soir interprètent des œuvres de tout genre devant un auditoire toujours au complet. Francfort a deux concerts par jour : on boit, on fume, on mange, mais l'on écoute. En lisant dans les feuilles musicales de Leipzig ou de Dresde la nomenclature des concerts de chaque semaine et celle des œuvres exécutées, l'on reste stupéfait d'une activité pareille dans des villes qui ne représentent en somme que le double ou le triple d'Angers.

Il faut avoir le courage de le reconnaître : là-bas l'art est vu de plus haut, pour la masse c'est mieux qu'une distraction, c'est un besoin ; des hautes sommités de la banque et du grand commerce jusqu'au fond de la plus modeste arrière-boutique, on le respecte, on l'aime et les grandes entreprises musicales réussissent parce qu'elles trouvent un appui solide dans toutes les classes.

Je ne connais rien d'admirable comme ces merveilleuses sociétés chorales exclusivement composées d'amateurs hommes et femmes, comptant parfois jusqu'à deux et trois cents membres. Nous parlons beaucoup en ces temps-ci d'égalité, de fraternité, mais on dirait que la plupart du temps le mot nous suffit et que la chose nous importe peu. C'est à peine en province si nous pouvons arriver à former des chœurs d'hommes et mille considérations qui n'ont rien à voir avec la musique en rendent le recrutement difficile. Quant aux femmes, il n'y faut pas songer, les mères de familles se signent à la seule pensée que leurs filles pourraient un jour chanter en public auprès de gens qu'elles ne connaissent pas.

A de rares intervalles la charité vient parfois à bout de ces scrupules et pour un soir on se risque, non sans hésitation, mais cela dure l'espace d'un moment. C'est assez pour prouver que les ressources ne manquent pas et trop peu pour pouvoir rien entreprendre de sérieux.

En Belgique, en Suisse, en Allemagne, même en Angleterre, nation anti-musicale et prude par excellence, on agit tout autrement et l'on a tout au moins l'esprit d'avoir l'air de croire que la réputation des femmes ne tient pas à un fil, si facile à casser. Les jeunes filles font presque toutes partie de quelque société de musique et ne craignent point de se compromettre en interprétant un oratorio d'Haëndel ou de Mendelssohn. En résumé ce qui nous manque, c'est le goût même de la musique et le jour où nous trouverions un véritable plaisir à en faire, bien des préjugés ridicules tomberaient.

J'ai parlé de nos voisins : croit-on qu'ils soient exempts de tout ferment de discorde et de division ? Comme chez nous, la lutte est permanente sur le terrain social, politique ou religieux, avec cette différence qu'elle est plus rude et plus vive et l'on n'est encore jamais parvenu à s'entendre sur le meilleur système pour conduire les hommes et adorer Dieu. Mais au moins l'union se fait lorsqu'il s'agit d'art et l'on se tend la main pour exécuter la neuvième symphonie de Beethoven, *la Passion* de Sébastien Bach ou *les Saisons* d'Haydn. A l'ombre protectrice de ses immenses génies, les distances s'effacent et pendant un moment exécutants et public se trouvent unis dans un même sentiment d'admiration, dans un même effort vers les sphères élevées de l'idéal. Qu'on ne rie pas de cette fraternité d'une heure qui laisse après elle des traces plus profondes qu'on ne le croit généralement. Son influence est réelle et grande, et ceux qui dans une ville s'efforcent d'agrandir pour leurs concitoyens ce domaine artistique et neutre, d'où l'on bannit ce qui divise, où l'on accueille ce qui rapproche, rendent un service qui presque jamais n'est apprécié à sa juste valeur, mais dont la portée n'échappe point à l'œil de l'observateur ou du philosophe.

Chez nous, en dehors du théâtre, la musique n'existe pas pour une foule de gens qui connaissent à peine les noms de Beethoven, de Mendelsshon, de Schumann, de Schubert et de bien d'autres grands musiciens n'ayant que peu ou point écrit pour la scène. Symphonies, concertos, oratorios leur paraissent appartenir à un genre totalement dénué d'intérêt. Ne leur dites pas que ce sont là les plus pures, les plus hautes, parfois les plus sublimes manifestations de l'art, ils ne vous comprendront pas.

Le fait est du reste facile à expliquer. Pour aimer le théâtre il n'est pas indispensable d'aimer la musique et l'opéra contient une dose suffisante d'attractions qui sont indépendantes de l'art musical. Le plaisir des yeux se joint à celui des oreilles, l'action dramatique elle-même, et la mise en scène à laquelle on attache, à tort, de plus en plus d'importance peuvent parfaitement faire oublier les combinaisons harmoniques et mélodiques du compositeur qui quelquefois se voit relégué même au second plan. L'invasion barbare de l'opérette, seule expression de la musique bouffonne, n'est pas faite pour exercer une heureus influence sur le goût public qu'elle déprave en portant au genre illustré par Auber, Boïeldieu, Hérold, Adam, des coups dont il ne se relèvera point. Découragés par l'indifférence générale, déroutés par des théories nouvelles les compositeurs se creusent en vain la cervelle, et contemplent l'horizon sans jamais pouvoir y trouver leur étoile.

La symphonie faisant le plus souvent l'effet d'un soporifique, ils créent la *Suite d'orchestre*; l'opéra-comique ne leur offrant plus de chance de succès, ils le remplacent par le drame lyrique qui jusqu'ici ne leur a rien rapporté. Ce système de concessions, de transactions, de précautions présente de graves incovénients.

Que nous traversions une époque de transition, c'est possible; mais l'absence de principes assurés et solides n'en a pas moins pour résultat l'amoindrissement forcé de notre répertoire dramatique; je ne discute point ici la valeur incontestable de certaines œuvres de nos jeunes compositeurs, me plaçant seulement en face d'un fait indiscutable : l'accueil généralement froid du grand public.

Ici encore, si je jette les yeux au delà de nos frontières, j'y vois une situation artistique bien différente. Le monde musical est divisé en deux camps : les uns marchent avec Wagner, Listz, Godmark, les autres suivent Brahms, Kiel, Hiller, tous savent ce qu'ils veulent et où ils vont. C'est ainsi que nous voyons des œuvres, entièrement opposées et différentes aussi bien dans le fond que dans la forme, se soutenir au théâtre comme dans les concerts; c'est pour cela qu'un homme a pu construire un théâtre à lui seul et trouver des auditeurs pour venir entendre des œuvres qui dans sa pensée sont les premières assises du temple de l'art national. Le public allemand nous donne tous les jours une leçon d'éclectisme et de bon sens, et ces amateurs qui dans une même soirée entendent une fugue de Bach, une symphonie de Beethoven, une valse de Strauss et un pot-pourri sur la *Belle-Hélène* ou le *Lohengrin*, tout en suivant plus ou moins ironiquement les luttes et les querelles des compositeurs et des journalistes, ont du moins l'intelligence de prendre leur bien partout où ils le trouvent.

Ils restent fidèles aux chefs-d'œuvre du passé et font aux tentatives nouvelles qui en valent la peine l'accueil qu'elles méritent.

Auber sera encore bon pour eux pendant longtemps, quand nous avons déjà des gens qui ne veulent plus entendre parler de vieilleries comme le *Domino noir* ou *Fra Diavolo*. C'est la grande erreur de certains de nos novateurs de croire que pour pouvoir marcher en avant il est nécessaire de renier le génie de nos pères; à force de déprécier des œuvres vieilles de quarante et cinquante ans de gloire ils déroutent le jugement du public. Celui-ci finira par mépriser totalement l'ancien répertoire; comme il ne sait pas s'en créer un autre et ne montre qu'un enthousiasme fort restreint pour les œuvres nouvelles en dehors des opérettes, il ne lui restera plus rien du tout.

Le jour où chacun sera bien persuadé de cette vérité que l'art musical offre aux jeunes des voies aussi diverses qu'innombrables, et que toutes les routes sont bonnes suivant la manière dont on les parcourt, nous aurons fait un fameux pas sur le chemin du progrès.

Une des principales raisons de la supériorité des Allemands sur nous pour tout ce qui regarde la musique, vient du sérieux qu'ils apportent dans l'étude et la pratique de cet art. Il est impossible de ne pas être frappé dans leurs réunions, dans leurs concerts, de l'attitude des exécutants et des auditeurs. Les premiers sont convaincus, pleins de zèle et d'enthousiasme, ils possèdent la foi; les seconds ont le respect de l'art, ils écoutent non seulement pour se distraire mais ajoutent à ce sentiment bien naturel le désir de s'instruire et celui d'élargir de plus en plus les bornes du champ des jouissances intellectuelles. Ils ne comprennent pas toujours, mais toujours ils désirent comprendre et l'abstraction de certaines œuvres ne les épouvante pas. Chez nous il n'en est pas ainsi : nous voulons saisir le sens de ce que nous entendons sans prendre jamais la peine de réfléchir ou de chercher, nous demandons qu'on nous amuse et fuyons les sommets d'un art transcendant qui ne nous charme plus dès qu'il exige de notre pensée le plus léger travail. Je parle ici de la généralité des amateurs, de ce qui constitue la masse du public, laissant naturellement de côté les heureuses exceptions qui forment en France une avant-garde ardente et résolue mais que ne suit point le gros de l'armée.

Comme je l'ai déjà dit nous avons tout ce qu'il faut pour être à la hauteur de nos voisins, et les Anglais ainsi que les Américains ne nous appellent point sans raison un peuple d'artistes, mais notre légèreté d'esprit et de caractère vient malheureusement paralyser des dispositions naturelles que nous ne développons pas.

Notre éducation musicale est encore à faire et, sous ce rapport, il faut bien nous persuader que nous en sommes aux premières lettres de l'alphabet. Les trois quarts des professeurs n'ont ni le respect ni l'amour d'un art qui, le plus souvent pour eux, n'est qu'un métier et leurs élèves se ressentent de cette indifférence. Aussi voyons-nous beaucoup de mécaniques plus ou moins perfectionnées, mais peu de musiciens.

Partout, dans nos théâtres, dans nos concerts, dans nos festivals, l'art est vu par ses petits côtés et le public se contente en somme d'un idéal des moins élevés. Les audaces des novateurs ne l'intéressent point, c'est quand elles sont déjà vieilles de vingt ou trente ans et qu'elles ont fait plusieurs fois le tour du monde qu'il consent à s'en préoccuper. Aussi notre répertoire dramatique se renouvelle-t-il lentement; les compositeurs ne manquent pas, mais ils ne se sentent point soutenus et montrent souvent un trop grand souci des habitudes et des préjugés du public.

Les grandes œuvres des vieux maîtres demeurent inconnues grâce à l'absence presque totale de sociétés chorales mixtes et à la mauvaise organisation des chœurs d'hommes qui dépensent leur temps et leurs forces, neuf fois sur dix, à interpréter de détestable musique. Les orphéons de France sont une puissance qu'on ne sait pas utiliser. Elle est pour le moment entre les mains de compositeurs sans grande autorité, d'éditeurs de musique de second ordre et de fabricants d'instruments en quête de clientèle. Ces sociétés sont nombreuses et si incomplètes qu'elles paraissent, pourraient rendre à la cause de l'art chez nous des services incalculables. Elles attendent l'impulsion qu'un de nos jeunes maîtres devrait leur donner, elles ont besoin d'une direction. Quand viendra-t-elle ? Que les compositeurs de notre école française veuille un peu s'en préoccuper et les résultats seront vite obtenus. Qu'on en finisse une bonne fois avec les concours dont l'organisation est absolument défectueuse et qu'on les remplace par des festivals ayant un but artistique. Il y aura moins de médailles mais plus de vraie musique.

C'est ainsi que cela se passe par exemple dans la Suisse allemande, et l'on pourrait prendre comme modèle le système employé chez nos voisins. J'en ai remarqué la simplicité pratique à une fête nationale de chant donnée à Zurich.

Il y a deux grandes divisions : le chant artistique et le chant populaire. Les sociétés se font inscrire dans l'une ou dans l'autre, selon leur degré de force. Elles passent toutes devant le jury et celui-ci leur donne la place qu'elles méritent. A Zurich sur quatre-vingt-dix sociétés une trentaine concouraient pour le chant artistique et les autres pour le chant populaire. On tient surtout compte, en prenant les notes, de l'exécution d'abord et de la difficulté du morceau. Comme récompense on offre une couronne aux sociétés qui se sont fait remarquer par une interprétation hors ligne. La grande affaire pour les chanteurs est donc d'obtenir une bonne place d'après laquelle ils jugent s'ils sont en progrès ou non. Outre le concours il y a le concert, où sont exécutées de grandes œuvres et de grands chœurs d'ensemble imposés par le comité directeur et envoyés à tous les exécutants plusieurs mois d'avance.

Ce sont des fêtes superbes et ce système a de plus l'avantage de supprimer les questions d'amour-propre, de personnalité, toutes les susceptibilités sont ménagées ou plutôt elles n'existent pas n'ayant aucune raison d'être.

Je ne puis insister sur les détails d'une organisation dont les moindres rouages seraient intéressants à connaître : il me suffira de dire que les résultats obtenus sont excellents.

Nous n'en sommes pas là, nous y viendrons peut-être, mais il est indispensable pour cela que l'initiative de cette grande réforme soit prise par un maître dont l'autorité s'impose. Je voudrais voir à la tête de ce mouvement un homme comme Saint-Saëns. L'appui de sa personnalité, le seul prestige de son nom suffi-raient à élever cette question à une hauteur telle qu'il faudrait bien qu'on s'en occupe.

On parle beaucoup aujourd'hui d'art, de musique populaire ; les uns veulent mettre l'art dans la démo-cratie, les autres la démocratie dans l'art, et l'on ne songe pas assez qu'avant tout il faut mettre les gens à même de comprendre la langue qu'on leur parle. Pour aimer le beau il est indispensable de le sentir. Il est donc nécessaire de prendre la foule par la main, de la guider et de lui démontrer que l'art comme la science est un soleil dont les rayons sont bienfaisants. Ne confondons pas : ce n'est pas à l'art de descendre, mais au peuple de monter et pour cela il est indispensable qu'on le pousse en avant. Où sont les hommes de bonne volonté ?

Un peuple eut jadis une conception nette et juste de l'art ; ce fut celui d'où sortirent les Phidias, les

Praxitèle, les Sophocle, les Euripide et tant d'autres
rêveurs de génie dévoués au culte du beau. C'est
qu'alors ce culte était, non pas le fait d'une élite, mais
bien celui de la masse, de la foule, qu'une foi religieuse, débordante de poésie, préparait de bonne heure
à goûter et comprendre les manifestations d'un art
accessible à tous et capable de trouver la popularité
sans jamais descendre des sereines hauteurs qu'il ne
doit pas quitter, sous peine de perdre une partie de sa
noblesse et de sa grandeur.

En Grèce, le sentiment de l'art était partout, il s'incarnait dans cette race affinée, l'enfant le buvait avec
le lait maternel, et si la musique des Bach et des
Beethoven eût existé au siècle de Périclès, nul doute
qu'elle n'eût été saisie jusque dans ses plus subtils
détails par le peuple tout entier.

Chez nous, il n'en est point ainsi. L'art n'a guère
de temples que dans les grandes villes, et ses adora-
teurs sont presque tous recrutés dans la classe riche
ou du moins aisée. Le travailleur, l'habitant des campagnes lui demeurent indifférents. Il y a d'heureuses
mais rares exceptions. Il y en aurait davantage si les
hommes qui tiennent dans leurs mains le sort des
nations, monarchistes ou républicains, sénateurs ou
ministres, députés de droite ou de gauche, s'unissaient
pour donner l'impulsion.

Mais, qui donc y songe? Et cependant le quart des
millions et des milliards jetés à profusion dans les
fournaises d'où sortent les canons Krupp et autres
engins de ruine et de mort, suffirait à transformer, en
peu d'années, la puissance intellectuelle du monde
civilisé. Hélas! l'objectif est ailleurs! il faut s'entre-

tuer du Nord au Sud, de l'Oural à l'Atlantique : tous soldats ; voilà le mot d'ordre, le cri du jour, la folie insensée des politiciens qui guident les peuples et finiront par être victimes eux-mêmes de la terrible boucherie qu'ils préparent.

Jadis, le métier des armes était le lot de quelquesuns pour lesquels la guerre semblait une agréable distraction, il est fort regrettable qu'il n'en soit plus ainsi : cela valait cent fois mieux pour le bonheur et la prospérité générale que les immenses hécatombes d'existences que nous réserve l'avenir, taches sanglantes d'un horizon dans lequel il reste à peine une place pour l'espérance.

Que devient l'art en face de pareils lendemains ? Relégué fatalement au trente-sixième plan par les maîtres de nos destinées, son action moralisatrice et bienfaisante est des plus restreintes et, faute d'éducation, la masse ignore les avantages qu'il procure.

Voici longtemps que cela dure, et c'est pourquoi nous autres Français, quoique particulièrement aptes à goûter les jouissances artistiques, soit en musique, soit en peinture, nous restons sur ces questions dans une ignorance d'autant plus regrettable qu'il nous suffirait de vouloir pour qu'il en soit autrement.

Mais l'on ne nous pousse pas à vouloir.

Un vent néfaste d'utilitarisme souffle sur notre pays. Combien, parmi ceux qui nous gouvernent, prennent souci du progrès de l'art.

Les régimes autocratiques et théocratiques sont condamnés à disparaître et l'avenir appartient à la démocratie, j'entends par ce mot le droit des peuples de disposer d'eux-mêmes et de se donner des formes de gouvernements qui leur conviennent. Or la démocratie sans les lettres, les arts et les sciences, ne sera que le prélude d'un retour à la simple barbarie. L'orgueil imbécile d'un despote entravera moins la marche du progrès humain qu'une foule inintelligente abandonnée à elle-même ; c'est donc vers l'émancipation intellectuelle de cette foule que doivent tendre les efforts de tous ceux qui, par leur fortune, leur instruction, leur situation sociale, sont à même d'avoir une action quelconque.

En décrétant chez nous l'obligation pour tous de savoir lire, écrire et compter tant bien que mal, on a sans doute pris une excellente mesure, mais la lecture, l'écriture et les principes de l'arithmétique ne constituent qu'un bagage intellectuel des plus insignifiants, avec lequel on n'apprend pas à penser. Je connais en Suisse des cantons où depuis longtemps l'école est obligatoire, ce qui n'empêche point les habitants de se montrer rebelles à la plupart des conquêtes de la science et du progrès moderne. Que peut dans nos mains un levier, fût-il capable de soulever le monde, si nous ignorons la façon de nous en servir ?

Ce qu'il faut au peuple, c'est la possibilité de nourrir son esprit en même temps que son corps. Donnons-lui la vision de l'au delà ; non pas seulement de l'au delà qui suit la mort, mais de l'au delà pendant la vie, de l'au delà des satisfactions uniquement matérielles. Celui qui n'éprouve jamais ni le désir, ni le besoin d'une joie purement spirituelle n'est guère plus civilisé que le sauvage. Pour tous élargissons l'horizon, laissant ainsi le libre espace aux aspirations de l'âme.

Il ne s'agit point de faire des savants, des artistes, des philosophes, des poètes : ceux-là se font eux-mêmes, mais bien de pousser la masse à les aimer, à les comprendre, de lui apprendre à savoir jouir de leurs ouvrages et de leurs travaux.

L'avenir est là.

L'art musical entre tous est certainement le plus facilement accessible aux foules ; en lui nous pourrions trouver des éléments puissants de progrès intellectuel et moral.

Cependant, pour la majorité des Français, la musique est un langage soupçonné mais incompris.

ESSAIS DE CRITIQUE MUSICALE

IMPROMPTUS

Musique et femmes. — La fin de la fugue.
Un virtuose.

Indifférence artistique. — La musique à domicile. — Nos femmes et nos filles. — Concerts de charité. — Le despotisme de la mode. — Un art qui s'en va. — Un grand violoniste.

Aimons-nous la musique ? On serait en vérité parfois tenté de le croire en voyant à Paris le nombre toujours croissant des concerts. Autrefois le Conservatoire était l'unique temple où quelques fidèles se réunissaient pour entendre une symphonie. Mozart, Haydn, Beethoven ne trouvaient guère que là un public habituel, et encore l'enthousiasme et la sympathie faisaient-ils souvent défaut. L'on venait par genre, par habitude et les séances de musique classique ressemblaient un peu à ces messes de midi et d'une heure où se rendent les gens qui croient de bon ton de n'y point manquer. Pasdeloup le premier, c'est là son plus beau titre de gloire, eut l'idée de convier la foule à ces festins artistiques qu'on paraissait considérer comme n'étant point faits pour elle et sans hésiter, bravement, installa dans l'arène poussiéreuse, champ de bataille jusque-là des écuyères, des clowns et des gymnastes, les immortels chefs-d'œuvre de l'art musical. La fortune lui sourit et le cirque devint trop étroit pour contenir les admirateurs de ces génies inconnus et méconnus, qu'acclamaient depuis longtemps déjà les fils de la blonde et rêveuse Allemagne.

Il ne faut pas oublier que là, vécurent J. S. Bach, Beethoven et Richard Wagner : à force d'aller puiser aux vraies sources, nos compositeurs sont devenus pour les maîtres de là-bas des rivaux presque inquiétants, mais il leur manquera longtemps encore une chose précieuse : des oreilles pour les comprendre. Et pourtant les concerts se sont multipliés, après M. Colonne sont venus MM. Broustet, Lamoureux, Godard, des sociétés se sont formées, la province ne reste pas impassible, et veut aussi jouer son rôle dans le mouvement musical actuel. Malgré tout cela, je constate avec amertume qu'en France la masse du peuple demeure indifférente à la musique et dans la partie instruite de la population, pour ceux qui s'en occupent, c'est un passe-temps comme un autre, jamais un besoin. Voilà pourquoi nous avons peu de ces sociétés chorales, si remarquables chez nos voisins, dont les adhérents, hommes et femmes, se réunissent chaque semaine uniquement pour la satisfaction que leur procurent le culte et la pratique de l'art. Sous ce rapport nos provinces de l'Ouest sont particulièrement pauvres.

Le fait de contribuer à l'exécution d'une belle œuvre et de mettre au service de tous la somme de talent qu'on possède, semble à la plupart des femmes une de ces bizarreries de l'imagination auxquelles il est inutile de s'arrêter.

Aussi qu'arrive-t-il? A peine a-t-elle atteint ses dix-
sept ans, Mademoiselle, fatiguée de pianoter et d'écor-
cher les nocturnes de Chopin, s'aperçoit tout à coup
qu'elle doit à la nature un léger filet de voix qui prend
bientôt aux oreilles des parents des proportions
énormes. Le professeur se garde évidemment de détruire des illusions qui lui rapportent, et pendant
quelques années il martyrise son élève et ceux qui sont
forcés de l'entendre avec les vocalises de Bordogni et
de Duprez, jointes aux airs et romances de notre
antique et vieux répertoire d'opéra-comique. Le mari
vient, on pianote et l'on chante encore; les enfants se
succèdent, peu à peu tout se tait, les chansons s'en-
volent et le clavier quelques années muet ne redevient
bavard que sous de petites mains roses qui montent
et descendent des gammes depuis le matin jusqu'au
soir. C'est une autre série qui commence, mais plus
ça change et plus c'est la même chose.

Si au lieu de cette façon d'agir nous consentions à
procéder par voie d'association, si de tous ces talents
modestes, de toutes ces voix fluettes nous faisions une
gerbe, et réunissant nos forces, prenions le parti de
marcher ensemble vers un but, celui d'interpréter une
grande œuvre, de la faire connaître, de la faire aimer,
tout le temps passé jadis à apprendre quelque chose
ne serait au moins pas perdu ; nous finirions par nous
intéresser à l'entreprise commune et serions heureux
de faire profiter une ville, un pays du peu que nous
saurions. Ce peu d'ailleurs deviendrait considérable
par la seule puissance de l'union des forces. Ne pour-
rions-nous donc pas faire ce qui se fait en Belgique,
en Allemagne, ce que font même les Anglais qui, privés

dé dispositions naturelles, remplacent tout ce qui leur manque et que nous possédons, par une dose de bon sens et de volonté que malheureusement nous n'avons pas et n'aurons peut-être jamais ? Non : nous préférons vouer nos filles et nos femmes à l'art de salon, nous leur imposons la musique à domicile : chanter pour ses amis, sa coterie, son monde passe encore ; mais sortir des limites d'un cercle hors duquel on dirait qu'il n'y a point de salut, n'y pensons pas. C'est là notre grand malheur et tant que nous resterons les esclaves d'un préjugé qui nous empêche de mettre en commun nos efforts, nous ne parviendrons pas à populariser sérieusement le goût de la musique en France.

A de longs intervalles cependant la charité vient balayer ces petites considérations qui ont tant de prises sur la femme ; elle chante alors en tendant la main : Pour les pauvres, s'il vous plaît ! C'est une excuse et l'on a tout l'air de dire : Pardonnez-moi, Seigneur, parce que j'ai chanté.

Terrible puissance de la routine et tyrannie fatale du qu'en dira-t-on ! Voilà ce qui chez nous stérilise tant d'efforts et paralyse tant de bonnes volontés. Peut-être cependant, finirons-nous par comprendre tout ce que nous délaissons de jouissances intellectuelles et artistiques en subissant le joug de préventions qu'au fond nous trouvons complétement déraisonnables ? Je l'espère sans y compter, à moins que la mode ne s'en mêle et n'obtienne un beau matin ce que l'amour de l'art n'a jamais pu faire. Ceci n'est point invraisemblable : la mode est un despote que la femme subit et devant lequel elle s'incline ; il lui dit : Marche entourée de cercles d'acier, emprunte aux vastes tonneaux

qui font l'honneur de nos celliers, leur aspect majestueux et bouffi, elle adopte l'épouvantable crinoline ;
emprisonne les hanches dans un étroit fourreau de
façon à ne pouvoir remuer tes jambes, elle s'enthousiasme pour la robe collante ; déforme ta taille et ta
poitrine dans ces étaux cruels qui semblent un défi
perpétuel à la nature, elle se serre à ne pouvoir respirer, dissimule ton front sous des mèches de cheveux,
elle porte des franges ; tu es brune, fais-toi blonde :
tu es blonde, fais-toi brune, elle se teint ; mets sur ta
tête les immenses chapeaux qui te faisaient tant rire
en regardant les vieux albums de mode de nos grand-
mères, elle s'affuble de coiffures à fleurs rappelant
les jardins suspendus de Sémiramis et trouve moyen
d'y ajouter des oiseaux étrangers expédiés par ballots
des pays où l'on trouve encore des forêts vierges et
des femmes qui ne s'habillent pas.

En vérité, femme, ô martyre adorable et volontaire,
je te plains, mais ce qui me console c'est que le jour
où la mode te dira chante ! tu chanteras.

LA FIN DE LA FUGUE

Un illustre musicien du siècle dernier, Mozart, je
crois, disait qu'il ne connaissait point de plaisir plus
grand que celui d'écouter une belle *Fugue*. En suivre
les développements, en admirer l'architecture irréprochable, en savourer les détails, les infinies et délicates combinaisons, lui semblait une vraie fête pour
l'oreille, une de ces jouissances artistiques dont les
connaisseurs seuls peuvent apprécier le raffinement.

En ce temps, la science du contre-point régnait en

maîtresse sur l'Allemagne protestante. J.-S. Bach était le prophète béni, l'apôtre dont la majestueuse polyphonie, montant vers les voûtes saintes des temples, portait à l'Éternel les paisibles et pieuses prières des disciples du grand Luther. Alors on aimait à s'égarer dans un inextricable dédale de véritables problèmes harmoniques, se rapprochant plus de l'algèbre que de la musique, on multipliait les imitations, les canons, à la seconde, à la quarte, à la sixte. Semblables à ces théologiens dont l'intelligence s'abîma dans les flots troublés d'une casuistique aux insondables profondeurs, les compositeurs, accumulant règles sur règles et notes sur notes, ne tardèrent pas à devenir les jouets inconscients d'une idée fixe, consistant à remplacer en musique le sentiment par l'équation.

Bach, seul, illumina ce genre du reflet de son immense génie. Chez lui l'artiste doublait le savant et l'on comprend parfaitement, en parcourant l'interminable série de ses œuvres, l'enthousiasme de l'auteur de *Don Juan* pour une fugue bien faite.

Mais combien, aujourd'hui, sont rares ceux qui le partagent.

Cette musique ne parle pas au peuple, et d'ailleurs elle se meurt, victime du temps d'abord, qui finit par user tout ce qu'il touche, de Beethoven ensuite, dont la main hardie, balayant l'espace, entr'ouvrit aux yeux de tous d'éblouissants et nouveaux horizons.

Une seconde aurore se levait pour une foule avide d'émotions, de sensations dans lesquelles le cœur entrât pour quelque chose. Or, la *Fugue* pure, cette souveraine si souvent revêche, pendant la première moitié du xviiie siècle, laissait plus de place au procédé qu'à l'inspiration. Si la poésie n'en fut pas complétement absente, elle rappelait par trop celle de l'acrostiche et des bouts rimés.

Véritables puits de science, les Contrapuntistes tombèrent dans l'enfantillage, et l'unique objectif de la difficulté vaincue ne pouvait manquer de rendre leurs travaux stériles

Aussi, tandis que les chœurs à seize parties, combinés de manière à n'avoir ni endroit, ni envers, ni commencement, ni fin, dorment dans la poussière des bibliothèques, n'évoquant rien qu'un sourire de compassion pour leurs auteurs ; de modestes et simples mélodies, transmises de générations en générations, après avoir traversé des siècles, charment encore aujourd'hui les vallées de notre Provence et les landes de notre Bretagne.

Loin de moi la pensée de vouloir restreindre les mérites de la Fugue. Noble et majestueuse dame, elle eut son règne et peut s'estimer heureuse du pouvoir qu'elle exerça pendant plus d'un siècle sur l'oreille des délicats, des gens de goût et des savants. La musique religieuse lui doit ses plus belles manifestations. Elle demeure encore la clef de voûte de toute une science, la source bienfaisante à laquelle il faut boire durant le temps des études premières, le tremplin sur lequel on se fait l'esprit à la gymnastique des sons; mais ces triomphes ne dépassèrent jamais le cercle restreint d'un dilettantisme éclairé.

La foule ne pouvait la comprendre et la fin de son rôle brillant se trouve justement correspondre à l'avénement de la puissance populaire, à l'entrée sur la scène du monde civilisé d'un régime nouveau.

Il fallait, au public ardent et naïf des dernières années du xviiie siècle, un genre de musique plus vivant, moins quintessencié. A ces nouvelles couches sociales surgissant soudain de l'ombre épaisse et réclamant leur place au soleil, il était indispensable d'offrir autre chose que l'intérêt d'un sujet bien choisi, d'un contre-sujet habile, d'une bonne réponse, d'une strette serrée, de modulations inattendues, et cela sous peine de n'être pas même écouté.

Aussi, quand d'Italie nous parvinrent les premiers échos d'une musique rayonnante de jeunesse et de fraîcheur, exubérante de sève, chaude, amoureuse, entraînante, on se prit à battre des mains et, pendant soixante années, les compositeurs en *i* furent les privilégiés de la fortune et du succès.

La Fugue perdit même la plupart de ses fidèles et dut se contenter de la société des professeurs qui, comme Chérubini, l'utilisèrent en lui donnant une place d'honneur dans des *Kyrie*, *Gloria* et *Credo* d'une longueur parfois démesurée.

Actuellement, quelques-uns de nos maîtres s'en servent de temps à autre avec une liberté d'allures qui frise l'irrévérence. En remplaçant la draperie sévère dont elle parait sa beauté sereine par une toilette de goût moderne et de façon plus ou moins fantaisiste, ils en dénaturent et l'esprit et le caractère.

Elle semble dépaysée au milieu d'un monde qui ne la comprend pas.

La foi n'y est plus.

La Fugue se meurt, elle est morte, et le talent d'une demi-douzaine d'organistes ne parviendra sans doute pas à la ressusciter.

UN VIRTUOSE

Eugène Ysaye

M. Ysaye est élève de Vieuxtemps et de Wieniawski : ces deux grands violonistes lui apprirent les secrets du métier ; quant au reste, il le doit à son père, à la nature qui l'a comblé de dons exceptionnels, à son organisation, j'ajouterai à son amour pour l'art, au culte respectueux qu'il professe pour la grande et saine musique. Il n'a pas la cervelle hantée par ces mesquines préoccupations que portent trop souvent empreintes sur le front les virtuoses émérites ; quand il se trouve en face du public et de l'œuvre qu'il interprète, rien dans l'attitude, le geste, le regard ne permet de supposer que sa pensée s'envole ailleurs. Cette absence complète de pose, de charlatanisme et d'affectation, dénote le musicien de race, l'artiste convaincu. Il apporte dans son jeu un sentiment exquis et dégagé de toute espèce d'exagération ou d'afféterie ; jamais je n'ai vu donner une pareille ampleur à la phrase musicale et je crois impossible d'arriver à une plus grande perfection de nuances. Dans les passages qui demandent de la force, il déploie une vigueur, dans le coup d'archet, réellement stupéfiante, ce qui ne l'empêche pas d'obtenir des sons d'une douceur adorable et d'une pureté absolue. Le *staccato*, les notes harmoniques, les gammes en tierces, sixtes et octaves, les séries d'arpèges les plus échevelées ne sont pour lui que jeux d'enfants comme du reste tout ce qu'on est convenu d'appeler les difficultés du mécanisme. Ceux qui entendent Paganini rapportent qu'il ne cherchait point l'effet dans la puissance du son ; sous ce rapport M. Ysaye me paraît posséder la même manière de voir et généralement il a l'air de penser que la quantité est peu de chose auprès de la qualité. Pourtant il sait quand il le faut arracher à l'instrument la plus forte dose de sonorité qu'il puisse contenir.

La grande force d'Eugène Ysaye se trouve dans le caractère essentiellement musical de son interprétation. Avec lui l'idée mélodique est toujours présentée sous son véritable aspect, il n'y ajoute ni n'y retranche rien. Elle prend son vol et plane dans l'espace nous dévoilant toutes les splendeurs de son inaltérable beauté, car il a le don précieux, la science rare de nous la montrer telle qu'elle est, se préoccupant avant tout de la conception, de la vérité sans chercher à la rehausser par une parure de son choix. Aussi quel admirable style, et comme derrière le virtuose on retrouve le musicien qui s'identifie l'œuvre et sait dégager sa propre personnalité, pour ne laisser en relief que celle du créateur. Cet effacement volontaire est le propre des grands artistes, et, grâce à lui, nous voyons de temps à autre revivre le génie des maîtres disparus.

Il possède encore au suprême degré le charme. C'est même à cette dernière qualité qu'il doit sa grande action sur le public. Le fruit du travail et de la persévérance, tout ce qui s'acquiert, il l'a : l'archet est magique, la justesse absolue, la science de l'instrument complète, le mécanisme étonnant et plein d'imprévu ; mais si la main gauche se joue des difficultés, sans même avoir l'air de s'en préoccuper, la droite parle à l'âme avec un sentiment exquis, et là se trouve la raison des ovations et des triomphes qui l'accueillent partout et continueront à le suivre dans une carrière déjà bien remplie. En art il est des choses qu'on n'apprend pas, et ce sont celles qu'Ysaye connaît et possède le mieux. La langue de la musique ressemble à celle de l'amour, le plus incessant des labeurs ne la donnera pas à qui n'en porte pas le germe au fond du cœur, et l'on peut entasser les heures d'études les unes sur les autres, pendant des semaines, des mois, des années, sans que cela serve à rien, si l'on ne tient cachée, dans quelque repli de soi-même, l'étincelle sacrée.

Cette étincelle est chez lui devenue flamme et quand, après s'être identifié avec la pensée du maître, il la fait chanter et vivre à nos oreilles, il devient véritablement créateur lui-même. Poëte, il nous redonne toute la poésie de ces œuvres vieilles d'un siècle, comme le concerto de Viotti, qu'on a le tort de trop délaisser. Nul ne sait comme lui nuancer une phrase mélodique de quatre mesures, et c'est dans les passages les plus simples, les plus naïfs qu'il se montre le plus irréprochable, le plus complet. Il possède un don d'assimilation qui constitue l'un des côtés les plus séduisants de son talent, la variété. Il est l'homme non d'un genre, non d'un style, mais de tous les genres, de tous les styles. Je l'ai écouté tour à tour caressant et tendre dans un *Andante* de concerto de Viotti, pétillant d'esprit et de verve dans le *Finale*, étourdissant de virtuosité dans les *Études* de Paganini, débordant de charme de passion dans le *Siegfried-Ydille* de Wagner, superbe d'imprévu, de fantaisie, dans les airs russes de Wieniawski.

C'est le côté le plus intéressant peut-être de son

talent, que la facilité avec laquelle il s'impose à cette multitude attirée par la curiosité, subjuguée dès le premier coup d'archet par une interprétation essentiellement consciencieuse et respectueuse de l'art. Qu'il joue une fugue de Bach, un concerto classique ou moderne, un quatuor de Beethoven, une sonate, comme par exemple celle de Franck, vraie merveille de science et de poésie, que j'ai eu la rare jouissance de lui entendre exécuter dernièrement avec son frère, il reste le virtuose convaincu, possédant non pas seulement les trésors d'habileté que donnent l'étude persévérante et le travail infatigable, mais, mieux encore, la foi qui soulève les montagnes.

Il va jusqu'au fond de la pensée du maître, et chaque fois que son archet nous la rend, palpitante de vie, éclatante de vérité, nous éprouvons la sensation d'une parfaite compréhension de l'œuvre. Qu'elle soit classique ou moderne, sérieuse ou légère, toujours elle nous apparaît dans la complète pureté de sa forme et dans l'étincelante clarté de sa conception. Il n'ajoute ni ne retranche rien, soucieux uniquement de présenter une traduction sincère et fidèle. Chez lui domine un absolu respect de l'art auquel se vient joindre le culte instinctif et raisonné du beau.

Il est de ceux dont on peut dire : Grand virtuose et grand artiste.

ESSAIS DE CRITIQUE MUSICALE

A CHACUN SON DU

Coup d'œil rétrospectif. — Gluck et Richard Wagner. —
J.-J. Rousseau. — L'opinion d'un poète musicien. — Le
ballet au théâtre. — Récitatif obligé.

Rien de nouveau sous le soleil, dit un proverbe qu'il
ne faudrait pas cependant prendre à la lettre, mais
que devraient bien méditer ceux des réformateurs en
matière artistique pour lesquels le passé n'existe pas.
C'est pourtant lui qui les a faits ce qu'ils sont, quand
ils sont quelque chose, et pour nommer le plus illustre
d'entre eux, Richard Wagner n'ignore point que beaucoup des théories sur la musique de l'avenir ne sont
pas sorties de son cerveau. En France elles prirent
naissance : ce qui n'empêche pas certains adversaires
du maître de Bayreuth de soutenir qu'elles sont
inapplicables à notre théâtre. Le fait est piquant. Voici
plus de cent ans qu'avec *Alceste. Armide, Iphigénie,*
Gluck demandait aux Parisiens d'approuver des réformes qui devaient modifier entièrement le genre habituel de l'opéra. Il cherchait, comme il le dit lui-même,
« à réduire la musique à sa véritable fonction, celle de
« seconder la poésie pour fortifier l'expression des senti-

13.

« ments et l'intérêt des situations sans interrompre l'ac-
« tion et la refroidir par des ornements superflus. » —
« Je me suis gardé, écrivait-il dans sa préface d'*Alceste*,
« d'interrompre un acteur dans la chaleur du dialogue,
« pour lui faire attendre une ennuyeuse ritournelle,
« ou de l'arrêter au milieu de son discours sur une
« voyelle favorable. »

Tout comme aujourd'hui l'auteur des *Niebelungen*,
Gluck eut en ce temps des ennemis actifs, des détrac-
teurs acharnés. L'on se passionnait pour et contre sa
musique, les attaques pleuvaient, les éloges les plus
enthousiastes se succédaient, on se battait à la porte
du théâtre. Plus rapidement que Wagner, il triompha :
des littérateurs le portèrent aux nues. « Grâce à son
« génie, nous voilà parvenus à l'époque où la musique
« a recouvré tous ses droits. C'est lui et lui seul qui
« l'a rétablie sur le trône de la nature d'où la barbarie
« l'avait fait descendre. » Ainsi parlait l'Allemand
Wieland. Les admirateurs de nos modernes grands
hommes atteignent bien le même diapason. Du reste
si l'on peut reprocher à Wagner de pécher par excès
d'orgueil il ne fait en cela qu'imiter son prédécesseur,
lequel à défaut d'autres convictions posséda celle de
son génie. « Vous dites, écrivait-il à l'un de ses fidèles,
« que rien ne vaudra jamais *Alceste*, je ne souscris pas
« encore à votre prophétie. *Alceste* est une tragédie
« complète et je vous avoue qu'il manque fort peu de
« chose à sa PERFECTION. »

C'est dans cette même lettre qu'il ajoutait en parlant de son opéra d'*Armide* : « J'ai tâché d'y être plus
« peintre et plus poète que musicien. » Voilà une
phrase bien faite pour réjouir le cœur de tous nos

auteurs de poèmes symphoniques et Listz lui-même n'eût pas mieux dit.

Il suffit de revivre pendant une heure avec les vieux maîtres du siècle dernier pour s'apercevoir que sous le rapport de l'invention, nous leur sommes de beaucoup inférieurs. Ce qui trompe les naïfs c'est l'aplomb inouï avec lequel des compositeurs d'un véritable talent s'adjugent des découvertes auxquelles ils sont absolument étrangers. Doués d'une grande facilité d'assimilation, ils posent majestueusement les assises de systèmes plus ou moins compliqués dont ils revendiquent la paternité ; ils défendent la plume en main des principes qu'ils appliquent mais n'ont pas su trouver ; ils écrivent des volumes remplis d'affirmations et oublient souvent d'indiquer les sources où ils sont allés puiser.

Les exemples courent les rues, il ne s'agit que de choisir. On sait que Wagner s'est toujours montré l'un des plus fougueux ennemis du corps de ballets. L'absence de danseuses n'a pas peu contribué à l'insuccès du *Tannhaüser* à Paris et jusqu'à présent pas un compositeur n'a encore eu le courage de s'insurger contre cette tyrannie d'une mode idiote. Il y a longtemps que des gens de sens et d'esprit l'ont condamnée, témoin J.-J. Rousseau qui écrivait à ce sujet : « Les Italiens, qu'un sentiment exquis guide souvent « mieux que le raisonnement, ont proscrit la danse de « l'action dramatique. »

Autre part il appelle le ballet « monstrueux assemblage » et plus loin comme conclusion : « Quoiqu'on ne doive point AVILIR une action tragique par des sauts et des entrechats, c'est terminer très agréablement le spectacle que de donner un ballet après l'opéra, comme une petite pièce après la tragédie. »

Nul certes plus que moi ne s'incline devant le génie du grand novateur allemand et pourtant lui-même, le grand-prêtre de la musique de l'avenir, celui qui a dit à ses compatriotes qu'il leur fallait un art national, a-t-il bien extrait toujours du fond de sa propre pensée les belles théories qui remplissent une dizaine de forts volumes où sont expliquées et commentées les erreurs de nos pères et les *absurdités* des opéras de Rossini, de Meyerbeer ou de Gounod lui-même? J'en doute et pour le reste, tout comme pour la danse, il a des précurseurs.

Ces derniers sont plus nombreux qu'on ne le suppose généralement, ils fourniraient la matière d'une curieuse étude et il y aurait là de bizarres rapprochements à faire. Les hommes du génie qui au XVIIIᵉ siècle conçurent et exécutèrent le plan de l'*Encyclopédie*, avaient prié l'auteur de la *Nouvelle Héloïse* de s'occuper de la question musicale. Celui-ci, peu satisfait de ses articles trop hâtivement écrits, voulut les réunir et les refaire, telle fut la raison de son *Dictionnaire de musique*, ouvrage fort remarquable et dans lequel nous trouverions sans beaucoup de peine le point de départ d'une foule de théories qui n'ont de moderne que le nom.

En parcourant ces pages écrites il y a déjà bien longtemps je me demandais si J.-J Rousseau n'était pas, il y a plus d'un siècle, en avance sur les idées des collaborateurs musicaux du grand dictionnaire Larousse, qui cependant, pris dans son ensemble, constitue essentiellement une œuvre de lumière et de progrès. En musique comme en peinture, du reste, comme en architecture, nous n'inventons guère, mais appliquons beaucoup. L'habileté de main de nos artistes est merveilleuse, leur souplesse d'esprit tient du prodige et ils possèdent presque tous une facilité d'assimilation qui les porte parfois à se faire illusion sur eux-mêmes. Non contents de rendre praticables de nouvelles voies, ils veulent encore les avoir découvertes; ce n'est point assez d'y planter des arbres et des fleurs, il leur faut la gloire de les avoir trouvées : aussi c'est en toute sécurité qu'ils se la donnent, aidés en cela par le public qui prend rarement la peine d'approfondir.

En ce qui concerne la question du ballet soulevée par Wagner, il y a plus de vingt-cinq ans, à propos du *Tannhauser*, elle fut traitée avec un rare bon sens par des écrivains du XVIIIe siècle : vienne un auteur français ayant assez de talent et d'autorité, nous en avons plus d'un, pour exiger la mise en pratique de principes qui, on le voit, ne datent pas d'hier, soyez certain qu'auprès de neuf personnes sur dix, il passera pour en être le véritable père.

On ne se figure pas combien de compositeurs Allemands, Russes, Italiens ou Français doivent à Wagner leur réputation d'écrire de la musique neuve, ne pas confondre avec originale. Leur grand mérite, et c'en est un, est de l'avoir étudié et compris avant les autres. Pour l'instant, le gros public n'y voit que du feu : on lui sert du Wagner adouci, on calcule la dose qu'il peut supporter, tout comme ces peintres et aquarellistes de salons qui, soucieux d'un bon début, mettent dans leurs tableaux la quantité de nu convenable pour les yeux des demoiselles bien élevées :

bientôt, si cela continue, l'amour propre national aidant, nous en arriverons à croire que nous avons trouvé la vérité sur les proportions et qu'en fait de wagnérisme c'est le nôtre qui est bon.

Notre musique théâtrale traverse une époque difficile et chacun tirant un peu de son côté, il s'ensuit que nous ne voyons apparaître aucune œuvre solidement assise.

On ne veut plus des anciennes formes et cependant on n'ose pas briser complètement avec elles. Il faudrait pouvoir ici citer de longs extraits de Wagner pour bien montrer le but qu'il n'a cessé de poursuivre, but qu'il a défini parfois dans un langage fort obscur. Ainsi, pour lui, un opéra doit être « une œuvre d'art « capable d'opérer par la représentation scénique, « une impression irrésistible et de faire qu'en sa pré-« sence toute réflexion volontaire s'évanouit dans le « sentiment purement humain. »

Rousseau avait défini l'opéra : « spectacle dramatique « ou lyrique où l'on s'efforce de réunir tous les charmes « des beaux-arts, dans la représentation d'une action « passionnée, pour exciter à l'aide des sensations « agréables l'intérêt et l'illusion. »

Selon ce dernier, le poème, la musique et la décoration représentent les parties constitutives du drame lyrique et la danse n'y a sa raison d'être qu'autant qu'elle n'interrompt pas l'action et rentre plutôt dans la partie mimique et décorative. Wagner a, dans une langue d'une modernité plus séduisante, soutenu les même théories. Il déclare la nécessité d'une « égale et « réciproque pénétration de la musique et de la poésie. »

Rousseau disait : « La musique domine trop dans

« nos airs, la poésie y est oubliée. » Mais où ce dernier
pourrait sembler avoir prévu la fameuse tétralogie
des Niebelungen, c'est dans cette définition du récitatif obligé de laquelle je ne retranche pas un seul mot.

Récitatif obligé : « C'est celui qui, entremêlé de ri-
« tournelles et de traits de symphonie, oblige pour
« ainsi dire le récitant et l'orchestre *l'un envers l'autre*,
« en sorte qu'ils doivent être attentifs et s'attendre
« mutuellement. Ces passages alternatifs de récitatifs
« et de mélodie revêtue de tout l'éclat de l'orchestre
« sont ce qu'il y a de plus touchant, de plus ravissant,
« de plus énergique dans toute la musique moderne.
« L'acteur agité, transporté d'une passion qui ne lui
« permet pas de tout dire, s'interrompt, s'arrête, fait
« des réticences durant lesquelles l'orchestre *parle*
« *pour lui*, et ces silences ainsi remplis affectent infi-
« niment plus l'auditeur qui si l'acteur disait lui-
« même tout ce que la musique *fait entendre*. Jus-
« qu'ici la musique française n'a su faire aucun usage
« du récitatif obligé. L'on a tâché d'en donner quelque
« idée dans une scène du *Devin de village* et il paraît
« que le public a trouvé qu'une situation vive ainsi
« traitée en devenait plus intéressante. Que ne ferait
« point le récitatif obligé dans les scènes *grandes et*
« *pathétiques* si l'on en peut tirer ce parti dans un
« genre rustique et badin? »

C'est écrit en vieux style, sans grande recherche
d'effet, mais si l'on veut sincèrement aller au fond
des choses, on verra qu'il y a là le point de départ
de bien des pages musicales qui nous étonnent aujourd'hui et nous paraissent aussi nouvelles qu'audacieuses.

Notons, en passant, que Rousseau parle ici d'un *Devin de village* dont il est l'auteur. Encore un qui ne se disait pas de sottises! O réclame! tu ne dates pas d'hier. Sirène attitrée des vaniteux grands et petits, leur fais-tu payer assez cher un peu de renommée par beaucoup de ridicule!

Quand il s'agit des médiocrités, c'est drôle, mais voir des hommes de génie descendre à de pareilles pratiques, ce n'est plus que triste.

ESSAIS DE CRITIQUE MUSICALE

PROPOS D'UN INDÉPENDANT

Drame lyrique et opéra

Hier et demain. — Évolution nécessaire. — Le rôle de Beethoven et de Wagner. — Incertitudes présentes. — Le drame
Lyrique.

I

Il fut un temps où la foi soulevait les montagnes.
La musique, telle que nous la comprenons aujourd'hui,
n'existait pas et l'art de Bach, de Beethoven et de
Wagner dormait à l'état d'embryon, attendant pour
éclore et remplir les voûtes saintes, la venue du pri-
mitif de génie qui se nomme Palestrina. Les premiers
principes de l'harmonie s'élaboraient dans le silence
glacé du cloître, et la mélodie, enserrée dans les règles
impitoyables du plain-chant d'église, ne trouvait un
peu de liberté, d'espace et de lumière qu'avec les
chanteurs errants, troubadours et trouvères, qui, de
châteaux en châteaux, s'en allaient égayer la solitude
des nobles dames et demoiselles avec leurs contes et
refrains d'amour.

Alors, comme par magie, sortaient du sol les
gothiques cathédrales, que consacre l'admiration des

siècles, étonnantes symphonies de marbre et de pierre, mystiques palais d'un âge où l'humanité s'efforçait d'oublier la terre en tendant ses bras éplorés vers le ciel, entrevu comme l'unique et future joie, le suprême refuge, la fin de l'exil, le commencement de la vie.

Déjà lointaine est cette époque où se succédèrent des artistes qui firent de grandes choses, grâce à l'intensité d'une foi naïve et simple, grâce à l'absolue liberté qui leur fût laissée dans la conception et l'exécution de leurs œuvres. L'austérité qui la couvrait comme d'un voile sombre et protecteur dut cependant disparaître avec la Renaissance qui, partie des pays ensoleillés, vint nous apporter un autre art plus humain, plus terrestre, plus séduisant, reflet béni du paganisme grec, amoureux de la forme, de la beauté, de la femme, à laquelle le moyen-âge ne sut rien comprendre.

C'est ici que la musique vit enfin briller les premières lueurs d'une aurore qui devait se prolonger pendant deux siècles, illuminant de flammes de plus en plus chaudes et vives, l'Italie, la France et l'Allemagne, pour aboutir à la symphonie avec chœurs, sa plus sublime manifestation, non encore dépassée.

Le sera-t-elle jamais?

Bien audacieux serait celui qui ne craindrait pas de mettre un oui ou un non devant ce point d'interrogation auquel, seul, l'avenir répondra.

L'histoire du monde et l'étude du passé nous apprennent qu'il en a, jusqu'à ce jour, été des civilisations comme de tout ce qui naît, vit et meurt. L'art subit la loi commune, tout comme la violette des bois, la marguerite des prés; nous le voyons procéder par phases de préparation, d'apogée, de décadence.

Il est permis de supposer que nous approchons d'une époque où ces phases se succéderont plus rapidement qu'autrefois et sans intermittences, en tout cas, je ne vois rien qui puisse nous pousser à croire, aujourd'hui, qu'en musique l'heure de la décadence a sonné. Ce n'est pas au lendemain du jour où un cerveau humain a conçu et réalisé le drame de *Parsifal*, qu'on peut dire : c'est le commencement de la fin.

Je n'ignore pas qu'il y a des sages dont le temps se passe à sonner la trompette d'alarme. Avec leur printemps, ils voient tous les printemps passés. Et qui sait, ô prophètes de malheur! si ce n'est pas plutôt la fin du commencement?

Qui nous dit que le xxe siècle ne verra pas, soit de ce côté de l'Atlantique, soit de l'autre, apparaître le génie auquel est réservée la gloire de jeter aux échos du monde le dernier mot de l'art musical moderne. S'il est une pensée faite pour décourager les jeunes et paralyser leurs efforts c'est celle que, quoi qu'ils fassent, il est trop tard pour monter. Néfaste est la sagesse faite d'illusions détruites et de rêves brisés. Lugubre est le travail de ceux que l'amour de ce qui fut, aveugle et remplit au point de nier ce qui sera, du moins, ce qui peut être.

Je ne connais rien de plus triste que cette désespérance à laquelle se laissent aller, avec la meilleure foi du monde, ceux qui se disent en matière artistique : nous n'irons pas plus loin. Satisfaits des joies de la veille, ils n'éprouvent même pas le désir de celles du lendemain et finissent par demeurer insensibles à tout

ce qui ne rentre pas dans le cercle des émotions pas-
sées. Cet état d'âme est compréhensible et s'explique
certainement par mille raisons découlant de la force
des choses, il n'en est pas moins de ceux contre lesquels il faut réagir.

On ne saurait croire combien cette disposition d'esprit, qui porte si facilement l'homme parvenu vers le
milieu de sa carrière à douter qu'on puisse faire
mieux que ce qu'il a vu pendant vingt ou trente ans,
peut avoir d'influence sur la destinée d'œuvres d'art
tranchant d'une façon plus ou moins complète avec le
genre de celles qui les ont précédé. Berlioz lui doit
d'être mort sans avoir eu la satisfaction de se voir
enfin compris par ses concitoyens ; c'est elle qui plana
sous la coupole de l'Opéra-Comique, lors de la première représentation de cette *Carmen*, reçue si froide-
ment par un public sans doute encore sous l'impression de la *Dame Blanche* et de *Fra-Diavolo*. Presque
tous nos maîtres modernes, et particulièrement deux
des plus illustres : Gounod et Saint-Saëns, ont dû
commencer par lutter contre elle. *Faust* lui-même, ce
chef-d'œuvre de sentiment et de passion, n'a point été
sans connaître les soucis de la première heure.

Le pis est que toutes ces leçons répétées de l'expérience ne nous servent actuellement à rien. Nous ne
luttons pas assez contre l'esprit de routine qui, s'il
n'est pas de taille à tuer le progrès, du moins le retarde.
A ce mal, dont souffrent depuis dix ans nos théâtres
lyriques, vient se joindre un sentiment de chauvinisme
extravagant qui nous porte à repousser tout ce qui
vient de l'étranger. Ici l'esprit de routine cède la place
à l'esprit de clocher. En matière de produits indus-

triels cela s'explique, en matière d'œuvres d'art c'est
le comble du grotesque et du ridicule. Chasser les
hommes, passe encore, mais proscrire le Beau !

N'oublions pas qu'en art, l'apparition d'une seule
œuvre géniale peut, chez tout un peuple et même dans
le monde entier, déterminer un mouvement en avant,
une évolution bienfaisante, être le signal d'une véritable renaissance. Il y a des heures qu'il faut savoir
ne pas laisser passer, des influences auxquelles il est
dangereux et mortel de vouloir se soustraire.

En vérité, que vaut aujourd'hui dans l'histoire le souvenir des luttes immenses d'Artaxexès, d'Alexandre,
d'Attila? Pèse-t-il autant dans la balance qu'une
page d'Homère, d'Eschyle ou de Virgile?

Que sont, pour la gloire de l'Italie, toutes les batailles
qui, pendant des siècles, abreuvèrent ses plaines, ses
monts du sang de ses enfants, près d'un marbre de
Michel-Ange?

II

Si nous ne prenons garde avant peu, certaine pro-
pagande patriotique entreprise par une poignée d'exploiteurs doublés d'une poignée de naïfs, finira par
obscurcir singulièrement le lumineux bon sens qui,
jusqu'à ce jour, passa pour l'une de nos qualités les
plus caractéristiques et les moins contestées. Aimer
simplement son pays, le servir loyalement, lui donner, quand il le faut, et sa vie et son sang ne sont pas
des gages sérieux pour les austères et farouches

citoyens, prêts à proscrire ou briser toute œuvre de science et d'art ne portant pas l'estampille française. Je veux bien, s'ils le croient nécessaire à l'honneur et à la prospérité de la patrie, fermer la porte de ma maison aux jouets de Nuremberg, je consens à ne jamais approcher mes lèvres de la bière mousseuse de Munich ou du vin doré de Johannisberg, je m'engage à ne tolérer dans ma salle à manger ni saucisses d'Augsbourg, ni jambons de Mayence, mais j'entends conserver la liberté de jouir en paix des poètes et des musiciens du pays qui nous a donné Schiller, Gœthe, Bach, Beethoven et Richard Wagner. Je ne suis point d'humeur à me laisser imposer silence par la bande des énergumènes qui manifestaient dans la rue, pour nous empêcher d'entendre *Lohengrin*, je lutterai jusqu'à la dernière heure avec ceux qui pensent que cette intolérance, véritable défi jeté à la civilisation moderne, ne peut avoir pour nous que des conséquences funestes et désastreuses.

Aujourd'hui, plus que jamais, j'en ai la conviction, le peuple qui s'isole est destiné à voir peu à peu s'étioler son propre génie. Ce n'est pas à une époque où la pensée humaine se transporte en quelques secondes d'un bout du monde à l'autre, qu'on peut impunément fermer l'oreille à ses manifestations les plus élevées. Les considérations politiques n'ont, dans ce domaine, aucune valeur : elles sont inutiles et fatales.

Nos théâtres lyriques traversent depuis trente ans une période difficile et le mal dont ils souffrent se traduit par le nombre toujours plus petit des pièces ayant la puissance et le don d'attirer la foule. Veut-on des faits : après avoir dans la première partie de ce siècle subit l'influence de Gluck et de Spontini, le répertoire de notre Opéra, sous l'impulsion de compositeurs tels que Rossini, Meyerbeer, Halévy, Hérold, Adam, Auber, prit un nouvel essor. Ce fut là l'époque des grands succès sur lesquels nous vivons actuellement. Chaque année voyait apparaître, sinon un nouveau chef-d'œuvre, du moins un ouvrage qui, tout d'abord acclamé par le public parisien, faisait ensuite brillamment son tour de France, à la grande joie des directeurs de nos théâtres de province qui, maintenant désespérés, passent leur temps à guetter la venue trop rare d'une pièce sur le succès de laquelle ils puissent compter. C'était en 1828, *La Muette* précédant d'une année seulement *Guillaume-Tell*, en 1831 *Robert-le-Diable*, en 1835 *La Juive*, en 1836 *Les Huguenots*. Je passe sous silence les innombrables pièces signées Auber ou Adam, qui firent la fortune de l'Opéra-Comique et dont les mélodies faciles et charmantes ont su conserver assez de jeunesse pour résister au travail du temps.

Nous possédions alors un théâtre dont l'influence se faisait sentir même au delà de la frontière. On peut dire qu'il était basé sur l'éclectisme des compositeurs et du public. L'élément italien s'y trouvait représenté avec Rossini, les tendances allemandes y prenaient place avec Meyerbeer. Les musiciens connaissaient admirablement le terrain où ils marchaient et l'auditeur comprenait sans peine la langue qu'on lui parlait. Ni d'un côté ni de l'autre rien d'incertain, rien de compliqué, rien de douteux.

Tout ici-bas est instable et si l'art demeure, ce n'est pas sans subir des transformations successives. Vouloir s'y soustraire, ressemble à une lutte contre l'impossible : on en meurt.

Quand vint l'Empire, nous approchions de l'heure ou, par la force des circonstances, par le travail des idées, la transformation s'imposait. Nous étions à la veille d'une période de transition pendant laquelle deux Maîtres français devaient tenir haut et ferme le drapeau de l'Art national. Ceux auxquels nous devons *Faust, Mireille, Le Médecin malgré lui, Hamlet, Le Songe d'une Nuit d'été, Mignon,* ont d'une main puissante élargi la route : l'on pouvait supposer que l'impulsion donnée par eux serait suivie et qu'enfin notre école moderne, en pleine possession de ses forces, inaugurerait pour nos théâtres lyriques l'ère de prospérité désirée.

Pourquoi n'en-a-t-il pas été ainsi?

Qu'attendent nos jeunes maîtres pour amener le public à l'évolution nécessaire?

Ils sont là, nombreux et pleins de sève, doués d'une somme de talent immense, possédant comme jamais on ne le sut peut-être les secrets de leur art, corrigeant par une légèreté de main qui est le propre de notre race ce que la science allemande peut présenter de lourd et d'indigeste, et cependant pour eux ne s'est pas encore levé le vrai soleil du triomphe. On dirait que dans l'atmosphère froide des salles, un malentendu plane sous les coupoles, on se demande parfois si les spectateurs comprennent.

Je lisais dernièrement une excellente étude sur la situation musicale et l'instruction populaire en France, par M. J. Weber. L'éminent et consciencieux critique du journal le *Temps* y passe en revue les différentes causes des difficultés que rencontrent aujourd'hui les compositeurs pour trouver le chemin du cœur du public et en même temps les raisons de l'effet de moins en moins grand produit par les opéras de l'ancien répertoire. Après avoir établi qu'autrefois on affichait un mépris absolu de la prosodie, qui ne serait plus toléré de nos jours et qu'on se préoccupait outre mesure des exigences des chanteurs aussi bien que celles des directeurs, au lieu de la simple et franche recherche de la vérité dramatique, il fait en somme remonter la responsabilité de la situation présente au goût du public et conclut en affirmant que le moment est venu de « renier les formes conven-« tionnelles dans le rythme, dans la mélodie, dans la « coupe des morceaux. »

Nous le croyons aussi, bien d'autres avec nous; mais nous pensons également qu'on procède sans conviction suffisamment ardente, trop timidement et sans audace.

Ce ne sont pas des coups de canif qu'il faut, mais des coups de hache.

III

Dans l'étude rapide et forcément incomplète que je consacre à la situation présente de notre musique dramatique, je me préoccupe surtout de chercher la cause du mal dont nous souffrons, persuadé qu'une fois celle-ci clairement démontrée, le remède s'imposera de lui-même. Je prie le lecteur bienveillant de me suivre en se plaçant, comme je m'efforce de le faire, à un point de vue dégagé de toute idée préconçue, de toute arrière-pensée étrangère à la question purement artistique et musicale, que, seule, nous devons avoir présente à l'esprit.

Quittons pour un moment le terrain des personnalités, du sentiment, des phrases sonores et ronflantes dans lesquelles le mot « Patrie » rime infailliblement avec « Suprématie. » Veuillons nous borner à la froide constatation du fait ainsi qu'aux déductions qu'en peut tirer l'inexorable logique.

Nous assistons à la fin d'un genre. L'opéra, tel que le conçurent et le comprirent nos pères, est sur le point de disparaître. On pourra discuter tant qu'on voudra sur les raisons de sa maladie, le regretter ou se féliciter de le voir mourir, ses jours sont comptés, nul ne le sauvera.

Il ne s'agit point de savoir si l'opinion se trompe ou non. Tout s'use. On ne fait plus de tragédies qu'à de rares et peu heureuses exceptions : ceci n'enlève rien à la gloire de Corneille ou de Racine. Ni Gluck, ni Weber, ni Rossini, ni Meyerbeer ne seront diminués le jour où l'on n'écrira plus d'opéras.

Leurs modèles resteront ; seulement nous les regarderons comme des modèles d'un genre disparu.

Jusque vers la fin du second Empire, notre répertoire lyrique français partagea avec le répertoire lyrique italien l'avantage de fournir les principales scènes de l'Europe entière. *Fidelio*, les ouvrages de Gluck, de Spontini, de Mozart et de Weber ne pouvaient suffire à faire vivre les théâtres allemands qui venaient s'alimenter chez nous. Alors, déjà brillait d'un éclat inquiétant l'aurore d'un musicien d'outre-Rhin qui ne se proposait rien moins que de révolutionner le monde artistique en créant un genre nouveau, basé sur des principes tout différents de ceux suivis jusque là par les compositeurs qui l'avaient encore précédé. Doué d'un génie colossal, dont on ignorait la puissance, il ambitionna la gloire de donner à sa patrie le répertoire théâtral qui lui manquait et, confiant dans son étoile, il travailla sans relâche à l'œuvre à peine ébauchée avec *Tannhauser* et *Lohengrin*.

C'est ainsi que virent successivement le jour, le *Rheingold*, la *Walkyrie*, *Tristan et Yseult*, les *Maîtres Chanteurs*, *Siegfried*, le *Crépuscule des Dieux* et *Parsifal*.

Le drame lyrique était né.

Ce n'est point ici le lieu d'en démontrer les avantages où d'en rechercher les inconvénients. Je désire simplement me borner à constater que, peu à peu, la plupart de ces œuvres merveilleuses, prirent possession des théâtres du monde civilisé, dont, pour des raisons sur lesquelles il est inutile d'insister, Paris et la France tinrent à se séparer.

Ceux de nos compatriotes qui n'ont pu s'offrir le voyage de Bayreuth et qui trouvent trop coûteux d'aller jusqu'à New-York, Vienne, Munich, Dresde ou Leipzig, pour entendre les ouvrages de Richard Wagner, ne peuvent malheureusement s'en faire une idée exacte par les pâles échos de quelques concerts. D'où il résulte que chez nous on les ignore presque complétement. Nos compositeurs, il est vrai, les étudient et les admirent et tandis que, consciemment ou inconsciemment, ils en subissent l'influence, la masse du public en est réduite à se demander en quoi consiste leur grandeur.

Voilà le mal qui nous ronge, mal fait de sottise et d'orgueil.

Supposons qu'en 1826, lorsqu'Habeneck voulut initier les habitués des concerts aux sublimes beautés inconnues des symphonies de Beethoven, une poignée de Parisiens mécontents eût, à coups de pierres ou de sifflets, empêché le célèbre chef d'orchestre d'introduire chez nous un génie trop grand pour eux ; supposons que, pendant trente années seulement, nos oreilles françaises aient été privées des ineffables jouissances de l'audition de ces chefs-d'œuvre, croit-on que notre art national y eût beaucoup gagné ?

En admettant que nos jeunes maîtres, nos illustres compositeurs, ceux par lesquels la France rayonne, aient été par delà la frontière tendre l'oreille aux accents du colosse et réchauffer leurs cœurs à sa flamme, pense-t-on qu'au retour sur leur sol natal ils eussent été compris ?

Eh bien ! j'ai l'intime conviction que le rôle de Beethoven et de ses symphonies dans l'histoire musicale du monde est singulièrement analogue au rôle que doivent occuper Wagner et ses drames lyriques. L'ignorance continue de ces manifestations indiscutablement géniales finira par conduire le public français à un état d'infériorité désastreux, même au point de vue de notre propre productibilité. Il y a des choses qu'on ne peut pas impunément ne pas connaître.

Puisque la police n'a ni l'énergie, ni la force d'empêcher, qu'en plein Paris, la liberté individuelle ne soit violée, puisque la recherche de satisfactions purement artistiques et morales nous est interdite, il ne faut plus compter, pour réagir, que sur le bon sens public.

C'est à cette porte que nous devons frapper sans relâche et sans plate défaillance, au nom du droit foulé, de la justice méconnue, de l'art sacrifié.

Elle finira bien par s'ouvrir.

Mais, que de temps perdu !

L'éducation des masses est lente à se faire et je me demande si les vaillants champions de notre jeune école moderne ne finiront pas par se fatiguer de dépenser tant de talent à prêcher dans le désert.

Or, le public sait ce qu'il ne veut plus, mais il ne sait pas au juste ce qu'il veut.

IV

Je crois avoir suffisament démontré que l'ostracisme subi chez nous par les œuvres du plus grand des compositeurs de l'Allemagne moderne finirait par avoir pour résultat de nous placer, sur le terrain musical, dans une situation inférieure à celle des autres nations. C'est surtout quand la nuit est sombre que le marin cherche de l'œil le foyer lumineux qui lui montre la route.

Qui pourrait dire que nos théâtres lyriques ne traversent pas une période ténébreuse où l'orientation semble manquer aussi bien aux auteurs qu'aux spectateurs? Période transitoire, il faut l'espérer, pendant

14.

laquelle nous voyons beaucoup de talent et d'énergie payés par des succès éphémères et douteux.

Chacun hésite, chacun se demande en prenant la plume s'il sera compris. Dans ces préoccupations, trop souvent l'art reste au second plan. L'on veut, avant tout, servir au public un plat qui lui soit agréable. Le moyen de faire autrement! Les directeurs de théâtre ne le permettraient pas. Ils consentent à servir les intérêts de l'art, mais à la condition de ne point négliger les leurs. Il faut donc compter avec le goût du jour, avec la mode, les vieilles habitudes, les usages reçus, oublier sa foi de poètes, ses convictions d'artiste, mettre son drapeau dans sa poche et se laisser encore une fois guider par la défroque poussiéreuse de l'éternelle routine.

En même temps, la critique fait son œuvre, les théories du drame wagnérien sont discutéss avec passion, les brochures succèdent aux brochures, les volumes s'entassent sur les volumes, jamais on n'a tant parlé de nos musiciens les plus populaires que l'on ne parle de cet homme que nous ne connaissons pas.

Du choc de ces discussions, jusqu'ici la lumière n'a pas jailli; toutefois, un certain trouble s'est fait dans les esprits et la foule intelligente comprend que le moment est venu d'abandonner les formes « conventionnelles » de l'ancien opéra, celles auxquelles nous devons *Robert*, *La Juive*, *Les Huguenots*. Mais la foule, qui fait les révolntions de la rue, n'est pas de taille à faire celle des idées. Elle subit l'impulsiou du novateur et ne la donne pas.

En présence d'un semblable état de choses, que deviennent nos compositeurs?

Quelques-uns s'obstinent à construire dans le vieux moule des opéras qui meurent avant même d'avoir eu le temps de vivre ; ils nous redonnent les *airs, duos, quatuors* que nous avons entendus si souvent, ils récrivent le Chœur des soldats, de *Faust*, le sextuor de *Lucy*, le final du troisième acte de la *Traviata*, l'éternel *grand duo* des *Huguenots* et tant d'autres pages admirables dont les copies nous laissent froids.

De ceux-là, nous ne parlons pas.

Les autres. chercheurs infatigables, possédant des trésors de science et d'habileté, connaissent à fond les procédés et les principes du Maître de Bayreuth, et paraissent surtout se préoccuper de savoir dans quelle mesure il convient de les appliquer chez nous.

Leur tort est justement dans ce désir de pondération, dans cette recherche de proportions, dans cette apparence de sagesse.

Le public, les voyant reprendre de la main gauche ce qu'ils offrent de la main droite, se demande où on le mène et que signifient ces terres nouvelles où il retrouve à chaque pas ce qu'il a déjà contemplé tant de fois.

Et ce sont justement les concessions qu'on veut lui faire qui le déroutent. On mêle le drame lyrique à l'opéra-concert, croyant ainsi créer le genre intermédiaire qui convient à notre tempérament ! On affirme, sans l'ombre de raison, que nous sommes incapable de saisir les beautés des conceptions wagnériennes basées sur une mythologie qui nous est étrangère.

On oublie qu'en réalité ces héros, dieux ou déesses, dont les noms nous surprennent, sont les mêmes que ceux dont, avec Homère et les Classiques, nous apprîmes les exploits, Leur histoire, d'ailleurs, est plus ancienne encore ; elle date du premier jour où l'homme sentant le besoin de s'appuyer sur quelque chose de plus stable que la réalité présente, leva les yeux vers l' « au-delà » dont il tenta de faire la vraie patrie de ses espérances et de ses rêves. Nous les revoyons dans toutes les religions qui consolèrent et consolent l'Humanité. Partout, ils sont là où se manifeste la vie, et telle est leur puissance que nous avons fini par les incarner dans nos joies et dans nos douleurs. Ils sont nous-mêmes et nous sommes eux.

Aussi, quand, dans l'immense épopée wagnerienne, nous les voyons apparaître et jouer leur rôle, en eux nous nous sentons revivre avec nos passions, nos amours, nos haines que nous retrouvons grandies et divinisées.

Mythes ! religions, légendes ! vous fûtes les sources intarissables où puisèrent les poètes épiques des temps passés ; en restant pour le musicien moderne le cadre le plus grandiose, vous lui ouvrez des horizons sans bornes et c'est avec vous surtout qu'il peut le mieux tenter l'ascension des hautes cimes de l'art. Les dix-septième et dix-huitième siècles n'ont pas su vous comprendre, nos pères ne virent en vous que fables naïves ou grossières ; ils n'eurent pas même l'idée d'approfondir, d'écouter la voix qui chante en vous, la vraie voix de la nature. Ce sera l'éternel honneur des littérateurs et des savants de notre époque, d'avoir déchiré le voile épais qui vous couvrait, nous empêchant de vous contempler tels que vous êtes : étincelants de vérité, ruisselants de poésie.

En allant puiser à pleines mains dans ce monde

extra-humain créé par les aspirations, les désirs et les besoins de nos âmes, l'auteur de *La Tétralogie* pensa que nul part il ne trouverait pour le plus immatériel des arts un champ plus propice et plus vaste,

Il eut complètement raison, et ceux qui cherchent en musique à « faire grand » n'ont pas de meilleur exemple à suivre.

Est-ce à dire qu'il faille renoncer aux sujets historiques. Nullement, à la condition de ne pas leur demander plus qu'ils ne peuvent donner et de ne point avoir avec eux la prétention d'escalader le ciel. Leur vraie place est, selon moi, dans le répertoire d'opéra comique.

Mais, avant tout, soit que le compositeur s'inspire de la légende ou de l'histoire, soit qu'il fasse chanter des hommes, des héros, des dieux, il lui faut abandonner entièrement la forme de l'opéra ; réaliser l'union intime du poème et de la musique en donnant aux parties vocales et symphoniques la place qui leur revient ; obtenir *l'unité musicale* de l'œuvre aussi indispensable que l'unité littéraire, ce qui sera facilité par l'emploi constant des motifs typiques.

L'opéra nous vient d'Italie. Je n'insisterai ni sur son origine, vieille de plus de trois siècles, ni sur les diverses modifications qu'il a subies jusqu'à nos jours. Ce serait donner à cette rapide étude des dimensions qui n'ont point ici leur raison d'être. Je le prendrai tel qu'il est à l'heure présente, tel que l'ont fait les compositeurs qui depuis cinquante ans règnent en maîtres à notre Académie nationale de Musique. Vouloir contester la grandeur et le mérite des œuvres que nous ont données des hommes comme Spontini, Gluck, Halévy, Meyerbeer et Rossini, pourrait à bon droit passer pour une prétention aussi vaine que ridicule. Tout progrès est fait d'une somme de labeurs et d'efforts ; chacun apporte sa pierre à l'édifice et plus celui-ci s'élève, plus il convient de rendre justice au génie de ceux qui, d'une main puissante, en ont posé les premières assises. Mais il ne faut pas toutefois que le respect du passé nous endorme et nous devons nous garder des admirations qui tournent au féti-chisme.

On peut, sous l'influence du temps qui transforme tout et des idées qui naissent chaque jour, concevoir autrement que Meyerbeer le rôle de la musique au théâtre, sans pour cela fermer les yeux sur les beautés du *Prophète* et des *Huguenots*. Il est permis de penser que Weber et Gluck, si grands qu'ils soient, n'ont pas dit le dernier mot, sans mériter l'épithète d'aveugle et de présomptueux.

L'heure est venue, nous le croyons, d'appliquer au théâtre les théories de Richard Wagner sans restric-tion ni timidité.

Non content de poser les principes d'un art nouveau, il est entré dans la pratique et laisse après lui des œuvres qui peuvent et doivent servir de modèle. Il ne s'agit ni de se faire imitateur, ni de noyer sa per-sonnalité dans la sienne, mais bien de reconnaître, purement et simplement, son génie créateur. Men-delssohn, Schumann et d'autres se sont inspirés de Beethoven, ils ne l'ont nullement copié. De même que ce dernier, Wagner fut un initiateur ; il est le père du Drame-Lyrique et le Drame-Lyrique est lui-même l'opéra de l'avenir. On y apportera des modifications, comme on en a apporté dans la Symphonie sans doute, mais on entrera fatalement dans la voie nouvelle ouverte par le Maître allemand. Voici longtemps déjà que son influence se fait sentir chez nous qui le connaissons à peine, elle se fera tous les jours sentir davantage, que nous le veuillons ou non. Les colosses de ce genre sont rares et s'imposent à l'humanité. Celui-ci eût pu naitre à Marseille, à Rome, à Saint-Pétersbourg, il a vu le jour à Leipzick, je le regrette, il a écrit sur les Parisiens des inepties, je le regrette encore, mais au point de vue musical ces détails n'ont aucune espèce d'importance.

Déjà plusieurs de nos compositeurs ont tenté de remplacer les airs, duos, trios qui se succèdent dans les opéras, à la grande satisfaction des chanteurs, par des scènes plus en rapport avec la vérité dramatique.

Ces efforts sont manifestes dans *Henri VIII*, *Sigurd*, *Proserpine*, *Manon*, *Patrie*, *Esclarmonde* et *Salambô*, mais, en réalité, ces ouvrages appartiennent surtout à l'ancien genre. Il suffit, du reste, d'en lire les poèmes pour s'apercevoir que, sauf peut-être dans *Sigurd* et *Salambô*, le musicien avait les bras liés par le librettiste, Meyerbeer est allé presque aussi loin dans le *Pardon de Ploërmel*.

Qu'on nous donne donc une œuvre bien franche, bien sincère, écrite et conçue en dehors de toute préoccupation étrangère et secouant le joug du public, des chanteurs, des directeurs. Il faut pourtant se décider, ou bien à continuer simplement Meyerbeer, ou bien à adopter la forme wagnérienne. Ici, la recherche du juste milieu ne peut trouver place et ne produirait que des œuvres sans couleur, sans puissance et sans originalité.

Ambroise Thomas et Gounod ont agrandi, notamment dans *Hamlet* et dans *Faust,* le rôle de l'orchestre et donné à la partie symphonique dans l'opéra une importance qu'elle n'avait pas encore atteint. Il est regrettable qu'ils se soient arrêtés en chemin par crainte de trop sacrifier l'élément vocal. Les plus belles pages des deux ouvrages que je viens de citer sont justement celles où les auteurs ont placé le drame à l'orchestre en même temps que sur la scène. Il suffit d'entendre (au théâtre et non au concert) le troisième acte de *Tristan et Yseult* pour se rendre un compte exact de l'effet sublime et puissant qu'on peut obtenir avec l'union constante et complète de la déclamation lyrique et de la symphonie. A part certains cas spéciaux, l'orchestre *accompagnateur* a fait son temps.

Je ne suis pas de ceux qui pensent que l'on peut impunément se passer des motifs caractéristiques, de ce que les Allemands nomment le *Leitmotif,* système dont nous avons l'explication la plus parfaite dans *Parsifal.* C'est par lui que le compositeur écrira une œuvre vraiment *une.* Il y a là une mine inépuisable de ressources dont il faut, il est vrai. savoir se servir. Je n'ignore pas que, mal employé, il peut engendrer la monotonie, mais en tous cas cette monotonie n'est ni plus redoutable, ni plus agaçante pour l'oreille que celle qui résulte d'une longue série d'airs qu'aucun lien ne rattache les uns aux autres. Cette variété, souvent fastidieuse au concert, devient un non-sens dans le drame lyrique.

Tout le premier morceau de l'*Ut* mineur est écrit

avec une mélodie de quatre notes, rien cependant de plus riche et de plus varié.

Il est incontestable que, depuis quelques années, un mouvement se dessine qui, peu à peu, nous amène à la pratique des théories wagnériennes. Nous avons à lutter contre l'ignorance même où nous sommes des œuvres du maître dont nous subissons l'influence, ignorance fatale qui rendra peut-être stériles bien des efforts. Je n'en suis pas moins convaincu que le jour où nos musiciens entreront franchement et sincèrement dans la voie ouverte, sera le premier d'une ère nouvelle. Nous verrons s'y développer, loin de les y voir périr, les qualités qui caractérisent le génie de notre race et l'œuvre attendue, l'œuvre espérée naîtra. Elle entraînera la masse, élèvera la foule jusqu'à elle et mettra fin à la période d'hésitations, de tâtonnements, de transitions que nous traversons.

ESSAIS DE CRITIQUE MUSICALE

L'IMPRESSION EN MUSIQUE

A quoi tient le succès. — Les sources de nos enthousiasmes. — A Vevey. — La magie du cadre. — L'état d'âme.

Extrait d'une lecture faite à l'Académie des Belles-Lettres d'Angers.

« Ce que j'aime le mieux dans la musique, ce sont les femmes qui la font », disait un soir je ne sais plus lequel de nos littérateurs, un philosophe, peut-être ; un poète, sans doute.

Si le mot n'avait d'autre valeur que celle d'un compliment banal à l'adresse d'une interprète plus ou moins jolie, il ne vaudrait guère la peine d'être répété; mais sous son apparence légèrement paradoxale, il renferme un fond de vérité sur lequel je vous demande la permission d'attirer un instant votre attention.

En effet, l'impression que produit sur nous une œuvre musicale est multiple. Elle ne découle pas toujours uniquement de sa valeur propre et c'est en nous-même qu'il convient souvent d'en rechercher l'origine. Telle mélodie qui, dans certaines circonstances, nous laisserait indifférents ou froids, dans d'autres, a le don de nous remuer profondément. Ceci dépend de l'état d'âme dans lequel nous nous trouvons en l'écoutant, et la satisfaction qu'elle nous cause peut avoir son point de départ dans des raisons dont elle reste presque totalement indépendante.

Le rôle de la musique devient alors celui de la goutte d'eau qui fait déborder le verre. Elle n'est plus le foyer de lumière embrasant l'esprit, réchauffant le cœur, mais un simple reflet, le motif indirect des sensations de notre oreille. Ce n'est plus elle qui nous emporte à travers les pays du rêve, c'est notre âme qui prend son vol au doux bercement d'accords qu'elle se plaît à parer de toute la poésie de ses aspirations.

Tel est le secret du plaisir que nous prenons quelquefois à l'audition d'œuvres musicales d'un ordre souvent inférieur.

Qui de nous, en fouillant le passé de ses jouissances artistiques, ne retrouvera quelqu'une de ces douces émotions dont le souvenir ne se peut effacer ?

Quelques notes murmurées jadis par une voix aimée, un fragment de sonate, joué par des mains qui nous furent chères ; un lambeau de valse écouté sur quelque plage, au milieu de ces foules bigarrées qui deviennent, à certaines heures, les plus exquises des solitudes ; voilà ce qu'on oublie difficilement. A l'inspiration géniale, aux harmonies savantes qui résonnèrent à nos oreilles, la mémoire peut, sous la main du temps, devenir infidèle ; elle conservera sa fraîcheur et sa puissance pour ces vieux chants qui, partis du cœur ou venus vers lui, firent vibrer ce qu'au fond de nous-mêmes nous possédons de meilleur.

Ah ! la musique est une admirable magicienne ! tantôt, fille des dieux, elle arrache notre esprit aux réalités d'ici-bas pour l'entraîner vers les célestes hauteurs ; tantôt, muse terrestre, elle se fait notre esclave et présente à nos lèvres une coupe débordante d'exquises jouissances.

N'y boit pas qui veut.

Tant de malheureux ignorent ce sens raffiné qui, du domaine des sons, fait un monde animé, spirituel, royaume sans borne tout parfumé de la poésie de l'irréel et du mystère de l'infini. Sur ces natures, l'art de Bach et de Beethoven n'agit ni directement, ni indirectement ; c'est une langue dont ils entendent les mots, sans jamais pouvoir en comprendre le sens. L'un de ces incomplets l'a même appelé le plus désagréable de tous les bruits.

Le rôle multiple de la musique dans les effets qu'elle produit leur doit échapper complètement. Il serait bien curieux d'approfondir ce sujet qu'ici je me contente d'effleurer, l'étude en serait intéressante et variée, car nul art ne présente une pareille diversité de sensations, peut-être parce que nul art ne subit plus facilement le contre-coup d'influences étrangères.

Ces influences sont nombreuses : mille causes les suscitent, les développent, les détruisent ou, pour mieux résumer ma pensée, les font naître, vivre et mourir. Le succès d'une œuvre musicale tient quelquefois à des riens dont on ne soupçonne pas la portée ; l'heureuse impression d'un opéra, d'une symphonie, d'un concert, n'est pas due seulement, abstraction faite de la valeur de l'œuvre, à la plus ou moins grande perfection de l'exécution ; tout y contribue, tout, jusqu'à l'air que nous respirons.

Remonter aux sources de nos enthousiasmes ou de

notre indifférence m'entraînerait bien au de-là des limites que je me suis assignées. Un volume n'y suffirait pas.

J'y devrais étudier, tout d'abord, ce qui agit sur notre esprit, ce qui touche à la personnalité même de l'auteur, son histoire, ses luttes pour la gloire et même pour l'existence; ce qui le rend particulièrement intéressant aux femmes, sa jeunesse et ses aventures, s'il est vivant, la légende faite autour de son nom s'il est mort; et puis cent autres détails dont l'importance varie selon les auditeurs et le niveau de leurs facultés artistiques, sa nationalité, ses opinions, ses croyances.

On a vu des catholiques fervents nier jusqu'à la possibilité de l'inspiration chez l'artiste ne possédant pas le don précieux de la foi; il y a des protestants pour lesquels un juif ne saurait écrire de bonne musique, Wagner lui-même, n'a-t-il pas laissé sa haute intelligence rouler dans les bas-fonds de l'anti-sémitisme.

Citer tout ce qui influe sur notre jugement, quoique entièrement étranger à la question d'art est, je le répète, impossible.

Après l'artiste, il y a l'homme; après l'homme, l'œuvre.

Certains morceaux doivent leur succès à la réputation qui les précède. On applaudit de confiance. Il se trouve des gens pour admirer très sincèrement les péchés de jeunesse des musiciens de génie. Le motif le plus insignifiant devient, si quelque vieux savant reconnait l'écriture de Mozart, suave, adorable, divin.

Sur le terrain de l'art, comme sur d'autres, dangereuse autant que rapide, est la pente qui, de la religion, conduit au fétichisme. La musique a, ne l'oublions pas, ses vrais et ses faux dieux. Les premiers doivent leur grandeur et leur beauté à la flamme géniale qui les fit naître immortels; les seconds ressemblent à des ombres passagères créées par les fantaisies et pour les besoins de notre imagination.

Celle-ci joue dans la vivacité de nos impressions un rôle souvent plus important que celui de l'œuvre même.

Son action, d'ailleurs, est de celles dont on aurait tort de se plaindre; nous lui devons de bons moments dans la vie, de ces heures qui restent gravées dans la mémoire à cause de l'émotion d'art qu'elles font revivre dans notre esprit.

J'en veux rappeler une ici dont l'histoire, mieux que cent arguments, démontrera la force de cette influence résultant des objets qui nous environnent, du milieu où nous nous trouvons placés.

J'étais à l'âge heureux où l'on tourne, sans songer à les compter, les feuillets du livre de la vie, à l'âge où l'on commence à jouir de tout ce que le Créateur a bien voulu mettre de bon ici-bas pour la plus grande satisfaction de notre cœur et de nos sens. J'avais vingt ans, et pour principe de me laisser aller au courant de mes impressions sans les déflorer par une recherche d'analyse qui me semblait superflue.

En peinture, je regardais. En musique, j'écoutais, indifférent au pourquoi des choses, et me gardant presque de réfléchir comme si cela m'eût empêché de sentir aussi vivement. Le hasard des voyages m'ayant conduit à Vevey, je me trouvai, sans trop savoir comment, par un beau soir de juin, tranquillement assis sur la terrasse de l'hôtel Monnet, les yeux perdus dans la brume tiède du bleu Léman.

Semblable à la mer, le lac déroulait vers Genève la nappe immense de ses eaux, ridées à peine par les derniers soupirs d'une brise expirante. En face de moi s'élevaient, en pentes rapides et verdoyantes, les forêts et les prairies de montagnes hautes de deux mille mètres, dont les pointes, facilement accessibles, offrent aux baigneurs d'Évian d'admirables panoramas; à gauche s'enfuyait le mélancolique Valais, coupé par un blanc ruban, le Rhône, et fermé par les parois abruptes de rocs gigantesques et de glaciers éblouissants. Plus haut encore, noyées dans l'azur, quelques cimes d'une immaculée blancheur, amoureusement caressées par de petits nuages grisâtres fuyant devant l'âpre bise qui, dans ces régions, souffle toujours.

Çà et là, des voiles pendaient aux mâts, tachant de blanc le lac; de coquettes barques glissaient enlevées par d'énergiques rameurs.

Vis-à-vis de moi, Meillerie, Saint-Gingolph, petits villages oubliés, véritables nids de verdure, s'endormaient déjà dans la paix du soir, tandis qu'un bruissement de vie moderne animait encore Chillon, Clarens, Montreux, délicieuses retraites disparaissant sous les grands hêtres et les pampres touffus, patrie du cosmopolitisme et des désœuvrés, solitudes où se croisent sans se connaître tant de désillusionnés fatigués du combat de la vie et de la lutte pour les chimères.

J'étais seul, libre de soucis, l'esprit exempt de toute romanesque préoccupation, le cœur dégagé de toute sentimentale rêverie, subissant dans une sorte de calme inconscient la magie de cette admirable nature. Il y a des moments où l'on se sent comme grisé par la vue des choses et l'air qu'on respire.

Le charme de certains paysages nous monte à la tête ainsi qu'une fumée d'opium ou de tabac, une force hypnotique court dans l'atmosphère et nous subjugue, émoussant l'énergie d'une volonté qui s'éteint.

Je laissais mes yeux errer, écoutant dans un demi-sommeil les bruits confus de l'air, ces mille bruits qui forment l'éternelle chanson de la nature, ce que Wagner a si bien défini, la symphonie de la forêt, lorsque je fus soudain transporté dans un autre monde par les accords plus précis de l'un de ces médiocres orchestres de casino que l'on rencontre un peu partout.

Les motifs d'une valse assez banale; laquelle? Je ne me souviens plus, se déroulaient dans l'ordre habituel, les *forte* succédant aux *piano*, les clarinettes répondant aux violons, et le trombone envoyant aux échos du rivage son bruyant contre-chant.

J'ai depuis entendu bien des valses, mieux encore, bien des chefs-d'œuvre, soit au théâtre, soit au concert; j'ai ressenti des émotions d'une infinie douceur, des enthousiasmes d'une immodérée violence et, cependant, l'impression causée par cette musique de pacotille, demeure au fond de ma mémoire comme l'une des plus vivaces qui m'aient remué le cœur.

Telle est la force de l'influence d'un milieu. Celui où je me trouvais m'enveloppait de son charme et me grisait de sa beauté. J'étais admirablement préparé pour une émotion quelconque, la musique me l'a donnée, elle eût pu tout aussi bien venir d'ailleurs.

15.

Toujours est-il que je dois une réelle reconnaissance à l'auteur de la valse oubliée pour le plaisir qu'il a provoqué chez moi. J'ai trouvé ses mélodies d'une adorable fraîcheur, leurs ailes m'ont paru blanches et roses, elles m'ont emporté dans les espaces bleus et dans cette profondeur de sensation : la musique n'était rien, le cadre était tout.

Le cadre ! Qui donc oserait affirmer n'avoir jamais subi le contre-coup de son influence ? En amour même il est parfois tout-puissant et l'on ne se figure pas que les clairs de lune, de ce côté, font annuellement de victimes.

Que de passions dont la première étincelle jaillit d'un rien, d'un détail de coiffure, de la couleur d'une robe, de la façon d'un corsage. Quelle est dans toutes les classes de la société la jeune fille qui ne devine ou ne soupçonne, ou ne connaisse la magie de l'élégance et le pouvoir de la toilette. Or, la toilette chez les femmes, c'est le cadre ; et l'on sait que ce cadre devient souvent la première étape de bien des hommages et de bien des cœurs.

Nous ne le connaissons pas, nous autres hommes, esclaves de modes dont la monotone et disgracieuse tyrannie met sur nos épaules sa griffe vulgaire. C'est pourquoi nous voyons, chaque jour, tant de gens saisir avec empressement l'occasion de se débarrasser de l'habituel costume pour endosser la livrée plus ou moins fantaisiste d'une société quelconque, nautique, de tir, de gymnastique, de marcheurs même et surtout de musique, car, il faut l'avouer, nous devons un peu les joyeuses fanfares qui sont le plus grand charme de nos fêtes publiques à la simple satisfaction d'une partie de leurs membres de n'être point habillés comme les autres.

C'est que tout ceci constitue le cadre et résulte de ce fait que l'effet n'est pas dû seulement à la chose elle-même, mais encore à la façon dont elle est présentée.

Et nous retrouvons, à chaque pas, dans la vie, les preuves éclatantes de cette vérité. Sur nos places ou dans les manœuvres de nos bataillons, nous sentons vibrer l'âme de la France; sous les voûtes de nos vieilles cathédrales où les pompes du culte, les chants mystiques, les pieuses images forment autant de liens qui nous rattachent au ciel; dans nos théâtres, dans nos rues, dans nos campagnes, au pied des Alpes, au bord de l'Océan, sur les rives de nos fleuves, à travers les bruyères de nos landes, partout nous ressentons l'influence de ce cadre dont il nous est presque impossible de nous isoler complètement. Elle nous poursuit plus encore qu'ailleurs, en musique, où la logique et la raison de nos sensations peuvent si difficilement se préciser, se définir.

C'est justement le grand côté, l'incomparable avantage de cet art, que la faculté qu'il possède de nous toucher, de nous émouvoir, de nous faire passer du rire aux larmes, sans jamais rien spécifier, sans quitter un instant le domaine du vague, du rêve, de l'infini.

Des sons qui se succèdent ou se fondent, tel est le moyen d'action qui découle de son principe et de son essence même.

Les vieux maîtres ne jugeaient point utile d'en chercher d'autre pour nous charmer. Ils mettaient leur force et leur confiance dans le développement de l'idée mélodique sur laquelle ils édifiaient leurs sonates, leurs quatuors et leurs symphonies.

Depuis, deux hommes de génie, Listz et Berlioz, aussi littérateurs que musiciens, ont inventé le poème symphonique et transporté dans le domaine de la symphonie des procédés faits pour la musique dramatique et théâtrale. De là nous avons vu sortir l'immense débauche de musique à programme à laquelle nous assistons depuis trente ans. Le moindre chant du violon, le plus léger soupir du hautbois, le plus modeste ronflement du basson nous sont expliqués, annotés, commentés. Non seulement on s'acharne à forcer, chez nous, l'impression, mais on prétend la régler, la diriger.

Hélas! les créateurs de ces formes bâtardes, en poursuivant la conquête d'horizons inconnus, n'ont pas suffisamment pris garde qu'ils risquaient de sortir du royaume dont ils prétendaient reculer les frontières. Ils ont oublié que la beauté d'une œuvre musicale était spécifique à la musique, et promené leurs chimériques désirs dans une sphère d'idées étrangère à leur art.

Chez leurs prédécesseurs, la recherche de l'effet demeurait libre, dégagée de toute préoccupation ; l'impression produite avait son origine et prenait son point de départ dans la seule musique.

A cette impression nous devons nos plus pures jouissances, dont le principe est dans l'art lui-même et dont uniquement le mérite de l'œuvre alimente la source.

C'est l'impression par excellence, elle ne détruit pas

les autres, mais les domine et les relègue au second plan.

Et maintenant, Mesdames et Messieurs, jai tenté de démontrer que ce que nous ressentons à l'audition d'une œuvre musicale résulte de l'état d'âme où nous sommes en l'écoutant, du milieu dans lequel nous nous trouvons, enfin de sa propre beauté.

Après avoir insisté sur quelques-uns des innombrables motifs de sensations dont l'origine est tout entière dans le travail et la disposition de notre esprit, j'ai, dans un exemple personnel, recherché le rôle joué par les objets qui nous entourent ; il me restait à signaler l'impression émanant directement de l'œuvre elle-même.

Vous la recommander comme la meilleure serait aussi superflu qu'inutile. En musique, les impressions se raisonnent, elles ne se règlementent pas. Puisse cette analyse rapide de celles que vous avez pu ressentir quelquefois, vous en laisser une bonne aujourd'hui. C'est le souhait que je forme en vous priant de m'excuser d'avoir retenu si longtemps l'attention sympathique que vous avez bien voulu m'accorder.

ESSAIS DE CRITIQUE MUSICALE

MUSIQUE ET NATIONALISME

L'opinion de Berlioz. — Couleur exotique. — L'intolérance. —
Influence des milieux. — L'homme et l'œuvre. — La grande
patrie.

La statistique est une science bien moderne au positivisme de laquelle les philosophes et psychologues, de la fin du siècle, font parfois appel afin de donner à leurs théories, conclusions ou systèmes, une base en apparence inébranlable. Leur tort est de trop diviser. L'on se perd au milieu des innombrables catégories qu'ils présentent, et la nuit de leurs chiffres engloutit tout. Dans l'analyse de l'âme humaine, il ne faut pas abuser de la loupe et du scalpel. Si nous n'y prenons garde, nous ressusciterons la casuistique. L'art musical, tout comme la littérature, la peinture, la politique, souffre de ce morcellement constant qui stérilise tant d'efforts. L'objectif commun s'évanouit pour faire place aux mesquines considérations de personnes et de coteries. Chacun ne voit de salut qu'en l'avenir de la petite église à laquelle il appartient. A la vivante ardeur d'un chef d'école prêt à la lutte, toujours sur la brèche, cherchant dans les profondeurs de l'inconnu quelque nouveau progrès, semble succéder un immense désir de repos qui, des novateurs d'hier, fait des grands-prêtres et des pontifes soucieux surtout de poser des règles, des limites et des barrières. Du classique majestueusement appuyé sur les chefs-d'œuvre des maîtres au décadent perdu dans son océan de brumes mystiques et symboliques, c'est partout la même prétention d'indiquer le droit chemin, le même esprit d'exclusivisme, la même intolérance. Comme l'abeille qui butine son miel entre les pétales des fleurs les plus variées, l'artiste doit puiser à toutes les sources, même à celles qui jaillissent d'une terre étrangère et lointaine. Par cela même que la musique est une langue universelle, planant au-dessus des peuples, des bornes et des frontières, nous avons l'obligation d'en connaître toutes les manifestations, sous peine de déchéance et de recul. De l'ignorance, il ne peut sortir que du mal, et ceux qui, sous prétexte de patriotisme, proscrivent une œuvre géniale quelconque, ne se doutent pas du tort considérable qu'ils font à cet art national qu'ils ont sans doute l'intention de protéger et de défendre.

Tout d'abord, il faudrait s'entendre sur ce qui constitue l'art national et savoir au juste de quelle somme d'études, d'efforts, de résultats il se compose.

La question paraît simple, pourtant elle n'est pas facile à résoudre, et je serais facilement tenté de croire qu'en musique ces deux mots ne représentent rien autre chose que des mots. Sans aller aussi loin que Berlioz, qui disait que « les idées de nationalisme devaient paraître à tous les esprits droits, d'un ridicule infini », je me demande s'il est possible de définir clairement l'idée qui se cache derrière cette formule dont on abuse si souvent.

Jetons par exemple un regard sur les pays qui nous entourent, et cherchons les noms qui peuvent résumer une histoire musicale, jeune encore, puisqu'elle date à peine de deux siècles. En Allemagne, nous citerons : Haydn et Mozart, Bach et Beethoven, Weber et Richard Wagner, noms qui défient le temps et l'oubli. Faut-il leur opposer ceux de Palestrina, Cimarosa, Bellini, Donizetti, Rossini, dont on est bien forcé de le reconnaître, l'éclat pâlit de jour en jour quoique le soleil d'Italie soit toujours aussi rayonnant ; ou bien en France, ceux de Rameau, de Méhul, d'Herold, de Boieldieu, d'Auber et de Félicien David, mélodistes aimables et faciles, qui semèrent l'esprit à pleines mains.

En dehors de ces trois pays, dont le passé musical peut se raconter avec des noms et des œuvres, il n'y a plus rien. Aucun écho ne nous vient d'ailleurs, ni de la chaude Espagne, ni de la froide Angleterre. La Norwège et la Russie voient, il est vrai, se lever une aurore pleine de promesse ; le Nouveau-Monde s'agite et travaille, rien ne prouve qu'au vingtième siècle, la lumière ne nous viendra pas de l'Amérique, mais en attendant le secret de demain, nous pouvons constater que pour ces peuples *hier* n'existe pas.

J'entends par *hier*, un ensemble de manifestations musicales dignes d'être considérées comme des œuvres d'art. Il ne saurait être ici question de ces airs nationaux, dans lesquels nous aimons à reconnaître les vieux chants murmurés par les ancêtres. Chaque pays a les siens, d'infatigables chercheurs, des archéologues, des savants nous en donnent chaque jour des reconstitutions précises et consciencieuses. Des voyageurs nous les rapportent coquettement imprimés sur papier de luxe, annotés, commentés, disséqués. Leur histoire est toujours la mêne. Tous naïfs, tous simples, ils ont chacun leur caractère bien tranché, leur physionomie, leur couleur. On y voit l'empreinte des races. C'est par milliers qu'on les compte et rien qu'en France, après la Bretagne et la Provence, voici que la Bourgogne, la Normandie, la Gascogne nous en offrent un stock considérable et plein d'intérêt. L'Orient, fort à la mode ces dernières années, s'est installé dans tous les coins et recoins de notre Exposition.

Roumains, Tziganes, Arabes, Javanais, Annamites y rivalisaient d'ardeur du matin au soir. Les amateurs de musique exotique auront pu se griser de ces refrains, bizarres comme les instruments qui les produisaient ; six mois pour écouter le grincement du *rebab*, le sourd bruit du *gong*, les crépitements du *gambang*, n'est-ce pas suffisant ? Ajoutons à tout ce présent si vivant et si pittoresque, les innombrables échos du temps passé, recueillis par des congrès institués tout exprès pour ne nous rien laisser ignorer des traditions populaires, échos d'Angleterre, échos de France, rondes lorraines, chansons bretonnes, briolages berrichons, danses slaves, airs finlandais, russes, grecs, espagnols, et réjouissons-nous de tous ces efforts qui ressuscitent pour nous des sensations éteintes, nous permettant de vivre un instant de la vie de ceux qui ne sont plus.

Mais reconnaissons-le franchement, toute cette musique, malgré son charme, sa poésie, sa personnalité, son extrême originalité, ne constitue nullement un art. Des danses nationales, soit ; des airs nationaux, je le veux bien ; mais un art national, jamais.

Trois pays seuls pourraient avoir la prétention de posséder en musique un art national : l'Allemagne, l'Italie, la France.

Prétention vaine, inutile, dangereuse qui ne se peut justifier, mais qui dérive d'un esprit de chauvinisme n'ayant rien à voir avec la logique.

Chacun des peuples, dont je viens de parler, a ses grands musiciens, ses artistes qui honorent leur patrie et dont la patrie s'honore. Quant à leurs œuvres elles sont d'ici, de là ! pour elles, il n'existe pas de frontières : il ne doit pas en exister.

*
* *

Il est bien difficile de prendre au sérieux les formules, plus ou moins prudhommesques, qu'inspirent à certains possesseurs de hautes situations, les mots sonores et généralement accouplés d'art et patrie. Cela ressemble à : famille et propriété, ordre et liberté, égalité, fraternité ; je m'arrête. Nombreux sont ceux qui se font une réputation de *sages*, avec un choix habilement exploité de ces phrases cent fois servies dans les réunions de toutes sortes, distributions de prix, récompenses et médailles, banquets de corporations, d'orphéonistes, d'anciens élèves, inaugurations de monuments, statues, musées, ouvertures de cours, tribunaux, dans toutes les circonstances enfin où se fait implacablement sentir le besoin de pontifier, de diriger, de pérorer et de parler le plus souvent pour ne rien dire.

Que de fois hélas! toutes ces grandes choses que nous aimons et vénérons, ont à souffrir des lieux communs dont on se sert pour les défendre. Ainsi par exemple, l'orateur par métier ou par occasion, comme il vous plaira, sait que depuis une douzaine d'années, il n'est point de succès complet sans une allusion quelconque à l'idée de revanche. Elle peut être discrète ou lourde comme un pavé, suivant les circonstances. En tout cas, elle est obligatoire et point exclusivement laïque. On la met à toutes les sauces sans s'apercevoir de ce qu'il y a d'extraordinairement bizarre à parler toujour d'une revanche et de ne point la faire, quand il serait plus logique de la faire et de n'en point parler.

Sous le masque du plus noble et du plus pur des sentiments, le patriotisme, nous descendrons, si nous n'y prenons garde, la pente fatale qui conduit directement à l'intolérance, à l'exclusivisme. Il ne faut pas qu'à l'ombre de l'amour sacré du sol natal, puisse germer et grandir l'arbre empoisonné dont les fleurs endorment et dont les fruits tuent. La vaine et passagère satisfaction de se dire que tout est chez soi pour le mieux dans le meilleur des mondes, coûte parfois bien cher.

Si l'artiste possède une patrie, celle de ses pères, à laquelle il doit son bras, son cœur, son talent, l'œuvre d'art ne peut connaître de frontières et lui en vouloir assigner, c'est trahir la cause de l'intelligence et renier les droits imprescriptibles de l'esprit humain.

Dans le domaine des lettres et des sciences, on parviendra peut-être à donner un semblant de raison à la nécessité, rarement sincère, de certains ostracismes;

dans celui de l'esthétique et de l'art, ce faux-fuyant même est impossible et de ce côté, la foule, qui ferme de parti-pris ses yeux à la lumière, est toujours le jouet d'une erreur dont on trouvera la source, si l'on veut se donner la peine de l'aller chercher parmi le petit nombre de ceux qui sont à même d'en profiter.

Il y a près d'une trentaine d'années, un compositeur allemand donnait, au théâtre de l'Académie impériale de musique, un ouvrage qu'à la troisième représentation étouffèrent les sifflets d'une bande de gommeux qui n'en comprenaient ni la portée, ni le sens, ni la valeur.

Nous avons aujourd'hui le droit de supposer que ce jour-là, Paris, où plutôt le *tout Paris*, ce qui n'est pas la même chose, se trompa.

Rien de bien étonnant à cela : *errare humanum est*.

Le temps a marché, peu à peu l'œuvre conspuée a pris possession de tous les théâtres du monde, elle plane à cette heure au milieu des hauteurs sereines où, dans l'éternelle splendeur de leur jeunesse et de leur beauté, rayonnent les manifestations du génie.

Le monde entier l'admire et l'acclame, Paris seul l'ignore.

Or, il est arrivé que l'auteur de cette œuvre qui, déjà devançait son époque, a bouleversé de fond en comble les antiques formules autour desquelles gravitait la musique théâtrale et créé un art véritablement nouveau, ne détruisant en aucune façon le passé, mais ouvrant aux regards de l'univers ébloui de superbes horizons. Saisissant d'une main puissante ces trois éléments divers : la symphonie, le chant et la parole, il en a fait le drame lyrique, fusion merveilleuse de la musique et de la poésie. Et maintenant, non seulement d'un pôle à l'autre son sublime langage est écouté et compris, mais encore des quatre coins du globe on vient en foule au théâtre qu'il a fait construire dans une petite ville perdue de la Bavière, afin d'assister aux représentations organisées par ses admirateurs et ses disciples.

Lui, repose dans l'immortelle gloire, près de ses illustres devanciers, Bach et Beethoven.

Paris s'obstine à ne point le connaître.

On dirait, en vérité, que la cité la plus spirituelle et la plus raffinée du monde a peur du charme fascinateur des chants de ce maître, qu'elle ne veut même pas entendre.

Ses adversaires les plus acharnés (les médiocrités seules n'ont pas d'ennemis), le déclarent un musicien de génie. Tous nos compositeurs, sans exception, fouillent, jusque dans leurs derniers replis, ses admirables partitions, ce dont on ne saurait trop les féliciter d'ailleurs; la foi artistique, le courage et la persévérance de quelques chefs d'orchestre successeurs d'Habeneck, le révélateur en France de Beethoven, ont fini par ouvrir à des extraits d'œuvres écrites pour la scène, les portes de nos concerts; sous la poussée fatale de ses théories, le rôle de l'orchestre grandit, celui du chanteur se transforme, la mise en scène se modifie, des formes nouvelles laissent deviner leurs indécises silhouettes; on semble attendre l'éclosion du germe, que recouvre encore une terre glacée; l'élite qui vit de l'art ou pour l'art, aspire à voir autre chose que des reflets pâlis du soleil qu'on nous cache et la foule se demande si quelque *Siegfried* ne viendra pas bientôt briser le cercle d'ombre qui nous en sépare. Cependant le temps marche, et quand M. Carvalho, à l'Opéra-Comique, ou M. Lamoureux à l'Eden veulent jouer *Lohengrin*, quelques énergumènes de la rue, fatigués d'exalter dans les carrefours les bienfaits de la liberté, ne nous laissent même pas celle d'aller entendre le chef-d'œuvre que nous aimons.

Les journaux protestent, la critique s'indigne, on les cloue au pilori de l'opinion ; puis tout se tait, ils recommencent le lendemain ; on les tolère, on les supporte, ils en imposent à la masse des indifférents qui disent : « Ça ne durera pas, il faut laisser passer ça. — Et puis vous savez, ce n'est pas une mauvaise chose de protéger un peu notre art national. »

Voilà comment les deux nobles mots d'art et patrie, dont je parlais en commençant, peuvent devenir des causes d'immobilisme et de recul. Combien de temps le public se laissera-t-il encore prendre aux facéties des exploiteurs de cette belle devise. Le masque commence à s'user, mais il produit encore son effet, et ce n'est que lorsqu'il tombera tout à fait qu'on s'étonnera du temps qu'il a duré.

L'intolérance et la persécution ont toujours su s'abriter sous de grandes idées, sous de pieux symboles.

En matière artistique, il ne doit pas exister de frontières, on ne saurait trop le répéter. Assimiler comme le font les Américains, un paysage de Corot à un sac de maïs ou de café, peut avoir un côté pratique, mais c'est d'un grotesque suffisant à ridiculiser tout un peuple.

Le seul moyen de protéger la musique en France,

est de soutenir, d'encourager les sociétés de concerts, de fonder des théâtres lyriques ouverts aux jeunes, d'augmenter le chiffre des subventions en exigeant le maintien au répertoire des œuvres consacrées par le succès, mais non d'empêcher l'exécution d'un chef-d'œuvre étranger, sous prétexte qu'il prend et du temps et de la place.

Cela ne se discute pas, et pourtant cela s'est fait.

L'incident de *Lohengrin* n'a du reste que la valeur d'un exemple à l'appui de la thèse que je soutiens ici. Les mêmes faits se passeraient au sujet de *Lucie de Lammermoor*, qu'il y aurait lieu de tenir identiquement le même langage. Il y a là une question de principe doublée d'un gigantesque malentendu sur ce qu'on veut appeler l'art national.

Que le lecteur ait la patience de me suivre encore un moment, et j'essaierai de lui démontrer que si Richard Wagner est Allemand, si Rossini est Italien, si Gounod est Français, les œuvres sont d'ici et de là, le domaine de leur action n'ayant d'autres limites que celles qui sont définies par le degré de culture et d'intelligence des auditeurs susceptibles de les entendre, de les apprécier et de les comprendre.

*
* *

Le musicien, comme le poète, subit certainement l'influence du milieu qui l'entoure. Dans toute œuvre d'art, on retrouve des qualités spéciales de race et de tempérament. Il serait cependant puéril de vouloir leur donner une importance qu'elles ne possèdent en aucune façon. Il n'est sans doute pas indifférent de

naître sur les rives du Danube ou sur les bords de la
Seine, et les airs que chante à plein gosier le berger
de l'Oural, ne ressemblent que de fort loin aux refrains
des habitants de nos landes bretonnes, mais le caractère national de ces mélodies primitives et populaires
s'atténue dès que le compositeur veut en faire une
œuvre d'art, basée sur les lois fondamentales de la
musique moderne. Ici, la langue est une. Nous sortons
du domaine où la forme varie, nous ne sommes plus
en présence de conceptions dramatiques et poétiques,
dont les signes extérieurs reposent sur des termes de
convention essentiellement différents.

Eschyle, Schakespeare et Corneille, ont parfois eu
les mêmes pensées, mais jamais les mêmes mots pour
les rendre. Le musicien, lui, pour traduire ses inspirations à nos oreilles, possède les sept notes de la
gamme, partout et toujours les mêmes. L'universalité
du langage qu'il parle ne lui permet pas d'avoir, par
le fait même des moyens dont il dispose, une particu-
larité nettement tranchée.

Il s'ensuit que si nous avons une littérature nationale, nous ne pouvons revendiquer le moindre titre à
la possession d'une musique nationale et nous ne
sommes en cela ni mieux, ni moins bien partagés que
les autres. L'art musical repose sur des principes communs et dérive de lois semblables. Faire miroiter à
nos yeux, de ce côté, le prisme d'une nationalité faite
pour flatter notre orgueil ou tenter notre patriotisme,
c'est jouer sur les mots.

En musique, les modèles sont partout, et le coin de
terre où ils vivent n'a qu'une bien petite importance
pour leurs disciples.

Les directeurs de conservatoires de tous pays paraissent avoir une tendance marquée à présenter comme les meilleurs exemples à leurs élèves les musiciens de *chez eux*. Cette faiblesse d'esprit n'est qu'une conséquence fatale de l'officielle situation qu'ils occupent. A ces postes-là, le talent, ni le génie ne résistent longtemps.

Peut-être l'heure sonnera-t-elle où l'esprit de clocher finira par dominer l'art musical ; pour le moment, Dieu merci, nous n'en sommes pas là.

Ce jour-là, pour les Russes, les plus grands musiciens devront être forcément nés entre le Caucase et la Baltique ; pour les Allemands, pas un compositeur n'existera s'il ne parle la langue de Gœthe et de Schiller ; les Italiens n'auront d'oreilles que pour les Verdi, Donizetti, Bellini, et tous autres maîtres en *i* ; les Français exigeront pour admirer ou même écouter, l'extrait de naissance de l'auteur. Ce sera le triomphe du nationalisme et de l'encroûtement.

Heureusement que chez nous l'esprit court les rues, ce qui nous empêchera, non de commettre des erreurs, mais d'y persévérer. Déjà la persécution contre les œuvres de Wagner commence à s'user. La jeune génération s'apprête à balayer un ostracisme grotesque, chacun commence à voir les vraies raisons d'un chauvinisme incandescent devant lequel on reste sceptique. Mais nous l'aurons échappé belle.

Rien d'ailleurs ne serait plus funeste à nos compositeurs français, que le parti-pris de ne rien voir en dehors de leurs œuvres et de les considérer comme l'unique point de départ des progrès à réaliser pour l'avenir. Les petites églises ont toujours sur l'art une action néfaste, elles arrêtent l'essor du génie, diminuent le talent et rétrécissent des horizons qu'il faut au contraire élargir le plus possible. Est-ce que l'influence des maîtres étrangers à notre pays n'est pas salutaire? Est-ce que nos plus illustres compositeurs ne doivent pas quelques parcelles de leur talent soit à l'Italie, soit à l'Allemagne? Gounod n'a-t-il pas le culte de Bach et de Mozart? Saint-Saëns n'emprunte-t-il pas la moitié de son incontestable prestige à l'étude approfondie de Beethoven? Ne retrouvons-nous donc pas Richard Wagner à chaque pas dans les plus belles œuvres de nos compositeurs modernes? Et dans Wagner, ne voyons-nous pas tantôt Berlioz, tantôt Rossini lui-même et des échos des vieilles formules italiennes.

En ce qui concerne le répertoire de notre Académie nationale, est-ce que *Guillaume Tell* n'est pas aussi bien une œuvre italienne qu'une œuvre française? Le *Prophète* n'a-t-il pas été signé par un Allemand? *Obéron*, *Préciosa*, tous les opéras de Weber ne sont-ils pas remplis d'air qui pourraient être tombés de la plume d'un Grétry ou d'un Boieldieu?

La nationalité en musique est dans les hommes et non dans les œuvres. Il n'y a pas, à proprement parler, d'écoles allemandes, françaises, italiennes, russes, mais simplement des compositeurs russes, italiens, allemands et français. Plus que jamais, aujourd'hui, l'art musical est cosmopolite. L'Allemagne n'est le pays de la symphonie que parce qu'elle a produit des hommes comme Haydn, Beethoven, Mendelsshon, Schumann, mais la symphonie ne constitue nullement pour les compatriotes de Gœthe et de Schiller, un genre national. Il nous appartient tout aussi bien. A l'heure actuelle, notre école moderne y donne même la preuve d'une étonnante vitalité.

Quelques exemples suffiront à préciser ma pensée.

Jetons un coup d'œil sur les plus belles pages symphoniques tombées ces dernières années de la plume de nos compositeurs : la *Symphonie en ut mineur* de Camille Saint-Saëns, celle en *sol mineur* de Lalo, les poèmes symphoniques du *Chasseur maudit* et de *Saugefleurie*, de César Franck et de Vincent d'Indy. Ce sont bien là des œuvres de Français, ce ne sont point des œuvres françaises. Je vais plus loin : ce seraient plutôt des œuvres allemandes, en admettant que l'on veuille absolument leur attribuer un caractère national. Il ne faut pas oublier que Berlioz vit sa musique comprise à l'étranger, tandis que pendant longtemps chez nous on n'en soupçonna pas la valeur.

L'auteur de la *Danse macabre* écrivit pour le théâtre, il y a près de dix ans, une partition qui s'appelle *Samson et Dalila*. On vient de l'exécuter tout dernièrement à Rouen. Il est vrai que les habitants de Weimar et de Hambourg la connaissaient depuis longtemps; on travaille en ce moment même les *Troyens* dans je ne sais quelle cité d'Outre-Rhin. A Paris, qui donc y songe? Je ne crois pas que le *Faust* de Gounod soit plus apprécié chez nous qu'ailleurs. J'en dirai tout autant de la *Mignon*, d'Ambroise Thomas. Reyer, Massenet, Delibes, sont acclamés un peu partout. Si l'on applaudit leur musique, ce n'est pas parce qu'elle est française, c'est parce qu'elle est bonne. Richard Wagner, au lendemain des premières représentations de Bayreuth, fut comme tant d'autres obsédé de l'idée de fonder un art national, il ne résista pas au désir de se poser en pontife. C'était se grandir comme citoyen, peut-être ; c'était aussi se diminuer comme artiste. La *Tétralogie*, comme *Parsifal*, comme la *Pastorale*, l'*Héroïque*, l'*Ut mineur* comme *Fidelio*, comme *Don Juan* appartiennent au monde civilisé. Ce ne sont plus des œuvres allemandes, ce sont des œuvres humaines.

Oui, l'artiste doit aimer à voir rejaillir sur la patrie les éclats de sa gloire, et ce qui fait une nation grande ce sont les génies qu'elle enfante. Mais les œuvres, elles, une fois leur vol pris à travers l'espace, n'ont plus ni patrie, ni frontières. La puissance de leur rayonnement fait leur domaine, et ce domaine s'arrête à la limite seule où l'on ne les comprend pas.

Que le jeune compositeur de tous pays se défie donc des maîtres qui lui disent d'écouter chanter en lui le génie de sa race. En musique, la race finit où l'art commence, et les mélodies qui nous bercent le plus divinement ne sont pas toujours celles dont la source est la plus voisine. Qu'il se résigne à laisser planer son âme et s'astreigne à l'oubli momentané de la langue maternelle. Celle qu'il doit parler est une et partout la même. Une portée de cinq lignes et les sept notes de la gamme lui suffiront pour faire parvenir, aux quatre coins du globe, l'écho de ses inspirations. Tandis qu'il travaille, à l'heure où sa personnalité se forme, en attendant qu'il sache quelque chose et soit quelqu'un, le foyer qui l'invite à venir réchauffer son courage et ses espérances, ne peut être celui de l'art national, mais bien celui de l'art universel.

C'est là qu'il doit aller chercher la force productrice,

c'est là que dorment les germes dont l'éclosion fait le génie. Au-dessus de sa tête scintille un ciel peuplé d'étoiles, dont la lumière luit également pour tous. Voilà la vraie patrie de son intelligence. L'autre n'a droit qu'à son cœur. Ce n'est pas en s'efforçant de ramener l'idéal de ses rêves au coin de terre où il est né qu'il fera grand, mais bien en dégageant sa pensée des liens qui la peuvent retenir, en songeant qu'après tout, en dépit des passions pour lesquelles on s'entre-tue, il existe un monde où les hommes sont frères.

L'Association artistique

LES CONCERTS POPULAIRES.
DÉCENTRALISATION. — L'ORCHESTRE. — LE PUBLIC.
PREMIÈRES AUDITIONS.
COMPOSITEURS ET VIRTUOSES.

L'ASSOCIATION ARTISTIQUE D'ANGERS

LES CONCERTS POPULAIRES

Décentralisation. — L'orchestre. — Le public. — Premières
auditions. — Compositeurs et virtuoses.

~~~~~~~

J'ai cherché dans les études critiques qui précèdent à
rester uniquement sur le terrain de l'art, évitant tout
ce qui me paraissait présenter un caractère local et
particulier trop accentué. Je demande toutefois au
lecteur, en terminant, la permission de jeter un rapide
coup d'œil sur le passé d'une Société de province dont
les services rendus à la cause de la musique en France
méritent à tous points de vue d'attirer l'attention.

L'honneur de la première idée de l'*Association artistique* d'Angers revient à un dilettante aussi délicat
que convaincu, M. Alfred Michel, qui depuis dix années
éloigné de sa ville natale a pu de loin suivre les progrès
de l'œuvre qu'il avait fondée.

Les résultats acquis sont dus à l'énergie de celui qui
dès le premier jour en accepta la présidence, à M. Jules
Bordier, dont le talent de compositeur a fini par s'imposer au public comme aux artistes. Voici treize années qu'il la soutient et la dirige avec la persévérance,
l'esprit de suite et de résolution qui font les œuvres
durables. La cité angevine lui doit une réelle recon-
~~~~~~~

naissance. Elle en doit une grande également au petit groupe d'hommes convaincus et désintéressés dont les libéralités et les sacrifices, sans cesse renouvelés et continués encore à l'heure où j'écris ces lignes, ont permis la formation et assuré l'existence d'un orchestre dont la réputation est universelle.

Bien des noms que j'aimerais à citer s'imposent à ma pensée, mais je n'entreprends pas ici l'histoire de l'*Association artistique* et désire éviter tout ce qui dans ces pages pourrait avoir l'apparence d'une réclame. Cependant à ceux de MM. Alfred Michel et Jules Bordier je joindrai celui d'un homme très sympathique et très connu dans le monde des arts à Paris, M. Armand Gouzien, inspecteur général de la musique en province. En présence des premiers efforts tentés, il a vu quelle puissante impulsion pourrait donner à la décentralisation artistique le succès de cette tentative dont il a par un concours constant et dévoué rendu possible le développement.

Elle eut tout d'abord l'appui des plus illustres de nos compositeurs, de Gounod, son président d'honneur, qui reçut d'elle il y a deux ans un accueil enthousiaste ; de J. Massenet, qui lui dédia l'une de ses plus scintillantes *Suites d'orchestre* ; de C. Saint-Saëns, qui non content de lui confier l'exécution de ses plus belles œuvres symphoniques prit à maintes reprises la plume qu'il manie avec tant d'esprit pour la soutenir dans la presse ; de MM. Joncières, Guiraud, Delibes, amis de la première heure, dont la présence et les visites répétées donnèrent à ses débuts l'autorité nécessaire. A ces noms il convient d'ajouter ceux de MM. Hartmann et Durand, les éditeurs bien connus, qui pendant les années les plus difficiles lui facilitèrent l'exécution de plusieurs œuvres importantes.

Dans une courte brochure parue alors qu'elle ne comptait encore que trois années de vie, je donnai sur ses premiers travaux quelques détails qui trouveront ici tout naturellement leur place.

« Le premier concert populaire fut donné le 21 octobre 1877. On y exécuta dans son entier cette *Symphonie pastorale* dont on n'avait pu quelques années auparavant faire entendre que le premier *Allegro*. Bien du chemin avait été parcouru, et l'on pourra se rendre compte de celui qui a été fait depuis en songeant que huit sur les neuf *Symphonies* de Beethowen ont été jouées.

« L'inauguration solennelle eut lieu le 4 novembre de la même année, par un concert consacré aux œuvres modernes. M. Joncières y dirigea des fragments de sa *Symphonie romantique*, M. Massenet ses *Erynnies* et M. Guiraud son *Carnaval*, dernière partie de la *Suite d'orchestre* qui eut à Paris un succès si retentissant. A l'heure qu'il est l'*Association* voit arriver la fin de sa seconde année d'existence, et ceux qui désirent avoir une idée exacte de ses travaux, n'ont qu'à jeter les yeux sur la liste des ouvrages qu'elle a fait connaître au public. Ils sont nombreux et choisis avec un grand esprit d'éclectisme et d'impartialité.

« La rédaction des programmes n'est point chose aussi facile que beaucoup de gens le peuvent supposer. Attirer le public aux concerts, l'y retenir, satisfaire les abonnés, telles sont les différentes préoccupations nécessaires dans le choix des œuvres à exécuter. La pensée de contenter tout le monde est louable, mais on peut en reléguer la réalisation dans le domaine des chimères. En musique il est plus simple de mettre d'accord les instruments que les auditeurs. Que d'opinions diverses! Nulle part on ne trouve des enthousiasmes plus fougueux, des partis pris plus absolus, des entêtements plus inébranlables. Celui-ci se plaint de ce qu'on délaisse Haydn et Mozart, ses oreilles bercées jadis par les mélodies de *Zemir* et *Azor* ou de la *Dame Blanche*, ont peine à supporter les audacieuses harmonies du jour; celui-là admet Beethowen, tout en faisant des restrictions au sujet de ses derniers ouvrages, Schumann l'ennuie, Berlioz le rend sourd; un autre voudrait voir fragmentées des *Symphonies* dont la longueur lui semble demesurée; un quatrième trouve au contraire qu'on n'en donne pas assez. Les uns demandent qu'une plus grande part soit faite aux œuvres des compositeurs vivants, les autres pensent qu'il vaudrait mieux ne jouer que des ouvrages dont la réputation est déjà faite. Il y a encore ceux qui soupirent après quelque valse du pays de Strauss, comme l'Arabe fatigué des longues marches dans le désert soupire après la vue d'une oasis ou d'un palmier, tandis que leurs voisins ne peuvent entendre sans crier au scandale les ouvertures de *Semiramis* ou de la *Gazza Ladra*, ceux que le plus petit bout de fugue réjouit d'aise, ceux qu'Haendël et Bach endorment, les partisans de la musique italienne, les admirateurs exclusifs des maîtres allemands, les fanatiques de Wagner, ses contempteurs, ses ennemis. Il ne manque pas de nuances : en politique, du blanc le plus éclatant au rouge le plus écarlate, on n'en trouverait pas davantage. Aussi ne faut-il pas s'étonner si quelques critiques ont été adressées de côté et d'autre aux membres de la Commission ; il était impossible qu'il en fût autrement.

« Les œuvres anciennes consacrées par le temps et l'admiration des hommes leur offraient déjà une mine abondante de richesses où l'on ne cessera pas si tôt de puiser. L'Allemagne est la patrie de la symphonie : là vécurent Haydn, Mozart, Beethowen et plus tard Mendelsshon, Weber et Schumann ; il fallait donc y aller chercher des chefs-d'œuvre qui s'y trouvent en plus grand nombre qu'ailleurs. D'ailleurs, si l'artiste appartient au pays qu'il est fier d'illustrer, ses ouvrages sont cosmopolites et le plus beau côté de la musique est justement d'être un langage universellement compris. Ceux qui, ne pouvant oublier qu'un jour le sort des batailles nous fut contraire, veulent se servir des nationalités comme de barrières font, sans s'en douter à coup sûr, une œuvre vaine ou mauvaise : vaine parce que l'art est un royaume où la politique fera toujours triste figure et où les nations civilisées ne se doivent pas rencontrer le sabre en main, mauvaise parce que le jour où l'on proscrirait l'étude et l'admiration des chefs-d'œuvre étrangers, loin de servir les intérêts de l'art national, on le tuerait.

« Près des maîtres anciens et modernes, nous avons vu avec satisfaction nos compatriotes occuper dignement la place qui leur était réservée dans les Concerts populaires. Nous ne pouvons assez féliciter ceux qui ont fait appel aux jeunes maîtres de l'école française ; ils ont compris que les sociétés du genre de celle dont je parle, devaient non seulement populariser les œuvres classiques, mais encore fournir aux auteurs vivants les moyens de faire exécuter leurs compositions et contribuer ainsi, dans une large mesure, au développement et au progrès de notre art national.

« L'orchestre de l'*Association artistique*, qui compte cinquante exécutants quand il est au grand complet, se compose d'artistes français et étrangers qui tous ont fait leurs preuves et de quelques amateurs. L'harmonie et les cuivres ne laissent presque rien à désirer; les cordes sont un peu faibles et quelques violons de plus rendraient l'équilibre parfait. Tel qu'il est, il constitue certainement un ensemble des plus remarquables. Ses principales qualités se peuvent résumer ainsi : chaleur, précision, justesse. Les compositeurs qui ont confié à cet orchestre le soin d'interpréter leurs œuvres sont repartis pour Paris chaque fois aussi étonnés que satisfaits, avouant s'être trouvés en face d'une vie, d'une jeunesse et surtout d'une bonne volonté à laquelle on ne les habitue pas toujours. Les abonnés ont pu juger par eux mêmes de l'énergie de nos premiers violons, de leur ampleur de style, de leur unité dans la manière de phraser.

« La variété dans les programmes n'a pas été l'un des côtés les moins attrayants des concerts. D'ailleurs le public a rarement paru trouver le temps long. Les loges, gradins, stalles d'orchestre et pourtours étaient retenus par les abonnés dont l'éducation musicale devait nécessairement être plus développée que celle de ceux qui occupaient les autres places; cependant tout le monde écoutait avec une égale attention. Certaines œuvres ne furent pas comprises, mais aucune n'a été jouée devant une salle antipathique ou distraite. Les auditeurs des premières et des secondes semblaient désireux de s'instruire ; par moment l'on eût entendu voler une mouche. Presque tous les grands succès furent pour les chanteurs, et les plus belles recettes leur sont dues. Il n'y a rien d'étonnant à cela. Le répertoire de la Société des Concerts est composé d'ouvrages sérieux : la majeure partie du public n'est point habituée à cette musique souvent austère, qui demande pour être appréciée à sa juste valeur un sens artistique fort délicat. Les richesses de l'harmonie, les subtilités de l'orchestration lui échappent ; c'est pourquoi les œuvres très cherchées, fouillées, soigneusement ciselées n'obtiennent près de lui qu'un succès relatif. Il préfère les tableaux aux lignes fortement accusées qu'on saisit d'un regard et comprend sans réflexion ni travail. Cette manière de voir se modifiera dans la suite et il verra son goût subir différentes transformations. Ce que la série des concerts donnés déjà permet de constater aujourd'hui c'est le recueillement, le silence, presque le respect avec lesquels à toutes places on écoute les chefs-d'œuvre de nos grands maîtres. On ne pouvait rien désirer de mieux en commençant et le résultat artistique du présent répond de l'avenir.

« L'*Association* avait pour but de répandre le goût de la bonne musique en mettant le plus grand nombre de personnes possible à même d'entendre l'exécution d'ouvrages forcément inconnus à tous ceux qui ne passent pas à Paris quelques mois d'hiver. Deux conditions étaient indispensables pour réussir : Posséder des exécutants capables, puis des auditeurs. Les abonnements ont en conséquence été mis à un prix des plus modérés. La somme de soixante-dix francs donnaît droit aux vingt concerts. A ceux qui trouvaient ce prix trop élevé on délivrait des places de pourtour et de premières, pour 3o et 2o francs. C'est ainsi que l'*Association* a fini par atteindre le chiffre respectable de trois cents abonnés, dont quelques-uns désireux de lui venir en aide ont bien voulu donner une garantie de 5o francs ne doutant pas du sort qui lui était réservé ! Il fallait aussi justifier et mériter le titre de *Concerts populaires*. Pour cela l'*Association artistique* s'est montrée plus libérale et plus généreuse encore. Le prix des premières a été fixé à 1 fr. 25, celui des secondes porté de o fr. 75 à o fr. 5o. Des cartes avec réduction ont été envoyées au Lycée et mises à la disposition des pensionnats d'Angers; l'École normale reçut des entrées gratuites ainsi que tous les établissements d'instruction primaire sans exception.

« Voici le passé de l'*Association artistique* d'Angers; il est court, mais bien rempli comme on voit; puisse-t-il être le prélude d'une longue suite de travaux semblables à ceux qui depuis deux ans ont valu à notre ville la réputation de centre musical important et presque célèbre.

« Jusqu'ici le théâtre, en France, paraissait être la seule manifestation possible de l'art, illustré par Bach et Beethoven. Le genre symphonique, le plus grand, le plus pur, le plus élevé fut longtemps absolument inconnu. Les partitions des maîtres allemands dormaient couvertes de poussière et seules les voûtes du Conservatoire de Paris résonnaient aux sublimes accents de leurs œuvres orchestrales. Pasdeloup eut l'audace intelligente de convier le peuple à venir entendre ces chefs-d'œuvre, la foule répondit à son appel et son exemple trouve chaque jour des imitateurs. La musique symphonique tend à prendre chez nous la place qu'elle tient depuis longtemps en Allemagne. En province, quelques tentatives ont été faites, mais trop souvent dans des conditions peu favorables. Angers est la première ville où l'essai soit réellement sérieux. C'est un commencement de décentralisation : Rennes, Lille, Lyon, Toulouse ont aussi des Concerts populaires, le mouvement s'accentuera et dans un temps donné, qui sait si nous ne rivaliserons pas avec nos voisins d'outre-Rhin. La France, en train de se relever vis-à-vis des nations qui la regardent avec étonnement, doit chercher à prendre le premier rang dans toutes les branches de l'industrie, des sciences, des lettres et des arts. Elle tient la tête en peinture, et peut faire de même en musique. Déjà ses compositeurs voient leurs opéras joués sur tous les théâtres d'Allemagne, leurs œuvres symphoniques y trouvent de nombreux admirateurs. Chez nous le public manque et non les hommes. Vingt années de concerts dans les principales villes de France, avec des orchestres tels que celui d'Angers, suffiraient pour changer la face des choses. L'art musical prendrait un immense essor, des Sociétés sérieuses se formeraient, des conservatoires se fonderaient et les chœurs d'orphéons, sous une impulsion toute différente de celle qu'ils reçoivent, porteraient jusqu'au fond des campagnes le goût de la vraie musique. Il est inutile d'insister sur les avantages et les résultats d'un pareil mouvement artistique. Ils seraient considérables et profiteraient au plus grand nombre.

« En résumé c'est par une décentralisation complète et poursuivie sans relâche qu'on pourra seulement répandre en France le goût de la musique. Il faut absolument que nos grandes villes prennent chez nous le rang que tiennent en Allemagne Leipsik, Dresde, Weimar, Darmstad et plus de vingt autres cités moins populeuses encore. Il faut qu'ells se relient entre elles par des efforts communs semblables à ceux de l'Association rhénane formée par Cologne, Aix-la-Chapelle et Dusseldorf; il faut surtout supprimer entièrement les concours, prix ou médailles, et les remplacer par de grands festivals se renouvelant chaque année, auxquels prendraient part les Sociétés de chant du département ou de la province, sous la direction soit du chef d'orchestre de la ville, soit du compositeur conduisant son œuvre. En procédant ainsi, de grands progrès peuvent être accomplis en peu de temps.

« Angers, quoi qu'il advienne, aura l'honneur d'avoir posé la première pierre de l'édifice aujourd'hui commencé. Espérons qu'il ne restera pas inachevé et que les promoteurs de cette entreprise dont j'ai déjà cité les noms seront soutenus par leurs concitoyens. »

Depuis que ces lignes ont été écrites, une période de dix années s'est écoulée, période remplie par une série d'auditions musicales dont, sauf Paris, aucune ville en France ne peut fournir d'exemple analogue. Pendant six mois chaque année, sans une seule relâche, se sont succédé, tous les dimanches, des concerts dans lesquels il n'est pas exagéré de dire que les œuvres symphoniques exécutées dépassent le chiffre de mille. Angers a de plus eu l'honneur de recevoir la visite de presque tous nos compositeurs français et de la plupart des grands virtuoses dont la réputation est européenne.

L'énumération entière de tant d'œuvres et de tant de noms dépasserait on le comprend les étroites limites de ce rapide résumé, je me bornerai simplement donc à donner en appendice deux nomenclatures très complètes. L'une comprend les œuvres pour la plupart inédites dont, depuis douze années, la première exécution fut confiée à l'*Association artistique* d'Angers; la seconde énumère seulement les œuvres qu'elle eut l'honneur d'interpréter pour la première fois soit en France, c'est-à-dire avant Paris, soit en province, c'est-à-dire après Paris. Ce tableau d'ensemble mieux que toute espèce de phrase établira l'importance du résultat obtenu et sa grande utilité artistique.

On verra, par les renseignements qui suivent, le nombre et la valeur des œuvres qu'a fait connaître l'*Association artistique* d'Angers, œuvres dont plusieurs ont parcouru depuis dans le monde musical une brillante carrière. Quelques derniers renseignements compléteront ces indications dont la précision n'est pas sans éloquence.

L'*Association* qui donnait son premier concert le 21 octobre 1877 est arrivée le 30 mars 1890 à son 363ᵐᵉ. C'est chez elle, détail peu connu, que MM. Massenet, Godard et bien d'autres compositeurs tinrent pour la première fois le bâton de chef d'orchestre. A son répertoire figurèrent toutes les *Symphonies* de Beethoven, Mendelssohn et Schumann et la plupart de celles de Mozart, Haydn et Schubert. Elle a joué toutes les œuvres symphoniques de Bizet et de Berlioz, presque toutes les pages instrumentales de Wagner susceptibles d'être exécutées dans les concerts, et s'est empressée d'ouvrir ses portes à tous nos jeunes compositeurs possédant quelque valeur. Des maîtres étrangers tels que Svendsen, Peter Benoît, Th. Radoux reçurent de son public le chaleureux et sympathique accueil dû à leur talent. En parcourant la liste des virtuoses qui se firent entendre à ses concerts on verra que beaucoup d'entre eux sont devenus célèbres.

Elle a comme chef d'orchestre M. Gustave Lelong, dont le mérite s'affirme de plus en plus et qui s'est toujours montré à la hauteur de sa tâche.

C'est à elle que le théâtre d'Angers doit l'avantage de posséder un orchestre de premier ordre, ce qui permet d'y monter les œuvres modernes dans des conditions exceptionnelles.

Subventionnée par le Ministère des Beaux-Arts, par la Ville, par le Conseil général, elle est en outre soutenue par ses actionnaires qui, depuis le jour de sa fondation, n'ont pas sacrifié, pour lui permettre de vivre, moins de cent trente mille francs.

La situation financière tend à s'améliorer aujourd'hui, et l'on est en droit d'espérer que, tout en continuant à fournir au théâtre un orchestre presque pour la moitié de ce qu'il coûte réellement, elle finira par équilibrer son budget. Chaque année voit aux places de premières et de secondes s'augmenter le nombre de ses auditeurs ; le jour viendra peut-être où, grâce à ses efforts et le goût de la bonne musique se répandant de plus en plus, il lui sera permis de s'appuyer uniquement sur le public.

PREMIÈRES AUDITIONS

A ANGERS [1]

ŒUVRES IMPORTANTES
Soli, Chœurs, Orchestre.

Holmès. — **Lutèce.** Soli, chœurs et orchestre. Exécuté depuis à Paris, au Grand-Hôtel.

De Grandval. — **Atala.** A été joué depuis à Paris, au Cirque d'Hiver et aux Concerts Pasdeloup.

Cahen (A.). — **Le Vénitien.** Sous la direction de l'Auteur. Sera joué au théâtre Lyrique de Rouen, cette année.

Id. — **Endymion** (Extraits). A été joué depuis à Paris, au Cirque d'Hiver, aux Concerts Pasdeloup et de divers côtés.

Bordier (J.). — **David.** Soli, chœurs et orchestre. A été joué depuis à Marseille, à Anvers, à Rennes. etc.

Guilmant (A.). — **Ariane** (Extraits). Sous la direction de l'Auteur. A été joué depuis à Paris, au Cirque d'Hiver et aux Concerts Pasdeloup.

Hillemacher. — **Les Pêcheurs.** Chœur et orchestre.

Pierné. — **Le Réveil de Galatée.** Sous la direction de l'Auteur.

Romain (de). — **La Jacquerie.** Chœurs et orchestre. Sous la direction de l'auteur.

Rosenlecher. — **La Légende de l'Ondine.** Les deux premières parties. Sous la direction de l'Auteur. Cet opéra a été joué depuis à La Haye, Liège, Genève, etc., et doit passer prochainement à l'Opéra-Comique.

Wormser. — **Le Soldat.** Chœur et orchestre.

SYMPHONIES

Duprato. — **Symphonie en** *si bémol.* Première audition. Sous la direction de l'Auteur.

Godard (B^{is}.). — **Symphonie gothique.** Première audition. Sous la direction de l'Auteur. Jouée depuis à Paris.

---

(1) *Sont désignées ici, seulement les Œuvres exécutées pour la première fois aux Concerts populaires d'Angers et n'ayant encore été jouées nulle part.*

Lacombe (Paul). — **2ᵉ symphonie en** *ré*. Sous la direction de l'Auteur. Joué depuis aux Concerts Colonne.

Lefebvre (Ch.). — **Symphonie en** *ré*. Sous la direction de l'Auteur. Joué depuis aux Concerts Colonne.

OUVERTURES

Bordier (J.). — **Nadia.** Opéra joué depuis à l'Opéra populaire, à Paris, à Lille, à Genève, et enfin au Théâtre royal de la Monnaie de Bruxelles, direction J. Dupont et Lapissida.

Duprato. — **Souvenirs de Hongrie.** Sous la direction de l'Auteur.

Garnier (E.). — **La Fille de Golconde.** Sous la direction de l'Auteur.

Malherbe. — **L'Ordonnance.**

Martin (G.). — **La Sérénade.** Sous la direction de l'Auteur.

Paladilhe. — **Suzanne.** Sous la direction de l'Auteur. Ouverture composée après la représentation de l'œuvre à l'Opéra-Comique.

Penavaire. — **Michel Cervantes.** Sous la direction de l'Auteur. Exécutée depuis aux Concerts modernes, Cirque d'Hiver.

SUITES D'ORCHESTRE ET POÈMES SYMPHONIQUES

Baraize. — **Esmeralda.** Exécuté depuis à Paris, Société nationale, à Rennes, à Laval. L'abbé Baraize, maître de chapelle de la cathédrale de Laval, est mort tout jeune en 1888. Ses œuvres ont été depuis exécutées avec grand succès dans sa ville natale.

Bœllmann. — **Suite.** Sous la direction de l'Auteur.

Bordier (J.). — **Chatterton.** Exécuté depuis à Paris au Cirque des Champs-Élysées, Concerts Broustet, puis à Bruxelles, Marseille, Nantes, etc.

Id. — **Divertissement macabre.** Exécuté depuis à Paris au Cirque d'Hiver, Concerts modernes, puis à Bruxelles, Genève, Nantes, etc.

Bourgault-Ducoudray — **Carnaval d'Athènes,** danses grecques. Sous la direction de l'Auteur. Exécuté depuis à Paris.

Chabrier. — **Suite pastorale.** Sous la direction de l'Auteur. Exécuté depuis à Paris, Société nationale.

Chauvet. — **Feuillets d'album.** Orchestré par M. Maréchal.

Flégier. — **Scènes antiques.** Sous la direction de l'Auteur.

Garnier (E.). — **Pièces symphoniques.** Sous la direction de l'Auteur.

G. des Roches. — **Suite d'orchestre,** dans le genre ancien.

Joncières (V.). — **Les Nubiennes.** Sous la direction de l'Auteur. Exécuté depuis à Paris.

Lacombe (P.). — **Suite pastorale.** Sous la direction de l'Auteur. Exécuté depuis à Paris.

Marty (G.).	— **Suite d'orchestre**. Sous la direction de l'Auteur. Exécuté depuis à Paris au Cirque d'Hiver, Concerts Pasdeloup, et ailleurs.
Massenet.	— **Scènes de féerie**. Sous la direction de l'Auteur. Exécuté depuis à Paris, Concerts du Châtelet, puis partout. Cette **Suite** est dédiée à l'Association artistique d'Angers.
Pessard.	— **Suite de Tabarin**. Sous la direction de l'Auteur. Exécuté depuis à Paris.
Pierné (G.).	— **Suite d'orchestre**. Sous la direction de l'Auteur. Exécuté depuis à Paris, Concerts du Châtelet.
Ropartz.	— **Scènes bretonnes**.
Id.	— **Paysages bretons**.
De Wailly.	— **Les Heures**. Exécuté depuis à Paris, Société nationale.
Dubois (Th.).	— **Scènes antiques**. Sous la direction de l'Auteur.
Alary.	— **Hamlet**. Sous la direction de l'Auteur. Exécuté depuis à Paris, Société nationale.
Bordier (J.).	— **Adieu suprême**. Exécuté depuis à Gand, Marseille, etc.
Godard (B⁰).	— **Kermesse**. Sous la direction de l'Auteur. Exécuté depuis à Paris, au Cirque d'Hiver.
Holmès (A.).	— **Pologne !** Exécuté depuis à Paris, au Cirque d'Hiver, Concerts Pasdeloup, puis aux Concerts du Châtelet, et un peu partout.
Lefebvre (Ch.).	— **Une Sérénade**.
Léonard.	— **Esquisses musicales**.
Mareau.	— **L'Anneau de fer**.
Widor (C. M.).	— **Ouverture. Entr'actes. Marche nuptiale**. Sous la direction de l'Auteur. Joué avant la représentation de l'Odéon.
Wormser.	— **Les Lupercales**. Sous la direction de l'Auteur. Exécuté le même jour à Paris au Cirque d'Hiver, Concerts Pasdeloup.
Lacombe (Louis).	— **Lassan en friss**. Fantasietta dans le genre hongrois. Première audition. Œuvre posthume.

MORCEAUX DIVERS

Bourgault-Ducoudray.	— **Sur le rempart**. Sous la direction de l'Auteur.
Id.	— **2ᵉ Gavotte**. Sous la direction de l'Auteur.
Id.	— **L'Enterrement d'Ophélie**. Sous la direction de l'Auteur.
Bordier (Jules).	— **Danses hongroises**. Joué depuis un peu partout.
Id.	— **Hora rumanesca**.
Id.	— **Chanson vendéenne**.
	— **Méditation sur le 7ᵉ petit Prélude de Bach**. Joué depuis plusieurs fois à Paris au Trocadéro, Concerts Guilmant, orchestre Colonne, puis un peu partout.
Id.	— **Entr'acte**.
Id.	— **Airs de ballet. L'Anneau de fer**.
Id.	— **Marche à la Hongroise de Schubert**. Instrumentée.

Cahen (A.).	— **Hymne.** Sous la direction de l'Auteur.
Chabrier (E.).	— **Prélude.** Sous la direction de l'Auteur. Joué depuis à Paris, Société nationale.
Id.	— **Marche française.** Sous la direction de l'Auteur. Joué depuis à Paris, Société nationale.
Id.	— **Habanera.** Sous la direction de l'Auteur. Joué depuis un peu partout.
Coquard.	— **Entr'acte de l'Épée du Roi.** Sous la direction de l'Auteur.
Dubois (Th.).	— **Petites pièces pour orchestre.** Sous la direction de l'Auteur.
Durand (J.).	— **Prélude.**
Duysens.	— **Morgane.** Extrait.
Fléyier.	— **Intermède.** Sous la direction de l'Auteur. Joué depuis un peu partout.
Id.	— **Marche de gala.** Sous la direction de l'Auteur. Joué depuis un peu partout.
Id.	— **Menuet.** Sous la direction de l'Auteur.
G. des Roches.	— **Marche triomphale.**
Gounod.	— **Marche religieuse.** Joué depuis partout.
Grandval (de).	— **Ballets de Mazeppa.** Joué depuis à Paris, Société nationale.
Joncières (V^{ia}).	— **Deux airs de ballet du Chevalier Jean.** Sous la direction de l'Auteur. Avant la représentation de l'ouvrage à l'Opéra-Comique.
Lacombe (Louis).	— **Valse de l'Amour.** Œuvre posthume.
Luigini.	— **La Voix des Cloches.** Sous la direction de l'Auteur.
Marcau.	— **Marche nuptiale.**
Martin (G.).	— **Marche funèbre.** Sous la direction de l'Auteur.
Marty (G.).	— **Petit Prélude.**
Massenet.	— **Variations sur une chanson chinoise,** d'A. Gouzien. Sous la direction de l'Auteur.
Maupeou (de).	— **Sérénade interrompue.** Sous la direction de l'Auteur.
Pfeiffer.	— **Sérénade tunisienne.** Sous la direction de l'Auteur.
Ratez,	— **Légende.** Sous la direction de l'Auteur.
Reyer.	— **Air de ballet de Sigurd.** Sous la direction de l'Auteur. Avant la représentation de l'ouvrage au Théâtre de la Monnaie.
Id.	— **Pas des Guerriers de Sigurd.** Sous la direction de l'Auteur. Avant la représentation de l'ouvrage au Théâtre de la Monnaie.
Romain (de).	— **Prélude instruments à cordes.**
Id.	— **Chanson d'enfant.** Sous la direction de l'Auteur.
Id.	— **Ballet-pantomime.** Sous la direction de l'Auteur.
Id.	— **Nymphes et lutins.** Sous la direction de l'Auteur. Joué depuis à Paris, Société départementale.
Ritter.	— **Danse tcherkesse.** Sous la direction de l'Auteur.
Id.	Joué depuis un peu partout.

Rosenlecher.	— **Ballet de la Légende de l'Ondine.** Dirigé par l'Auteur. Joué depuis partout.
Id.	— **Marche de la Légende de l'Ondine.**
Saint-Saens.	— **Sérénade.** Dirigé par l'Auteur.
Toulmouche.	— **Scherzo.** Dirigé par l'Auteur.
Id.	— **Entr'acte de Don José Diego.** Dirigé par l'Auteur.
Wormser.	— **Gavotte des Marrons du feu.** Dirigé par l'Auteur.
Ropartz.	— **Lamento.** Dirigé par l'Auteur.
Id.	— **Les Landes.** Dirigé par l'Auteur.

ADAPTATION SYMPHONIQUE

Thomé (Fr.).	— **La Conscience.** Dirigé par l'Auteur. Joué depuis à Paris.

VIOLON

Ferrari.	— **Badinage.**
Gigout.	— **Méditation.** Dirigé par l'Auteur. Joué depuis au Trocadéro.
Jehin Prume.	— **Rêverie.** Exécuté par l'Auteur.
Côquard.	— **Légende.** Dirigé par l'Auteur.
Broustet.	— **Berceuse.** Dirigé par l'Auteur.
Bordier (J.).	— **Aria et Gavotte.** Exécuté depuis à Paris au Trocadéro.
Id.	— **Canzonetta.** Exécuté depuis à Paris au Trocadéro, au Cirque d'Été, au Château-d'Eau, aux Concerts Danbé, puis un peu partout.
Boellmann.	— **Fantaisie sur des airs hongrois.** Dirigé par l'Auteur. Joué depuis à Paris, Société nationale.

VIOLONCELLE

Lalo.	— **Chants russes.** Orchestré par Danbé.
Munck (de).	— **2ᵉ Concerto.** Exécuté par l'Auteur.
Alary.	— **Romance.**
Id.	— **Chanson mélancolique.**
Bordier.	— **Escarpolette.**
Hollmann.	— **Suite caractéristique.** Exécuté par l'Auteur.
Id.	— **Sérénade.** Exécuté par l'Auteur.
Domergue.	— **Chanson orientale.**

ALTO

Fouque (O.).	— **Fantaisie dramatique.** Sous la direction de l'Auteur. Joué depuis à Paris, Concerts Pasdeloup.

FLUTE

Bernard (E.).	— **Romance.** Dirigé par l'Auteur
Milliet (A.).	— **Menuet.**

Bordier (J.).	— **Berceuse.** Jouée depuis un peu partout.
Id.	— **Les Dryades.** Scherzo symphonique. A été donné comme morceau de concours au Conservatoire de Liège.

HAUTBOIS

Guilhaud.	— **Concertino.**
Flégier.	— **Villanelle.** Sous la direction de l'Auteur.
Bordier (J.).	— **Habanera.** Joué depuis un peu partout, Monaco, Bruxelles, Gand, etc., etc.

COR

Pessard (E.).	— **Pièce mélodique.** Sous la direction de l'Auteur.
Colomer.	— **Andante et Scherzo.**

PIANOS

Bordier (J.).	— **Scherzo oriental.** Joué depuis à Paris, Gand, Nantes, etc.
Saint-Saens.	— **Rhapsodie d'Auvergne.** Première audition avec orchestre. Exécutée par l'Auteur. Jouée depuis à Paris, Concerts du Châtelet, et un peu partout.
Perilhou.	— **Fantaisie.**

GRAND ORGUE

Gigout (E.),	— **Lied.** Exécuté par l'Auteur.
Id.	— **Grand chœur. Dialogue.** Exécuté par l'Auteur.

CHANT

Bourgault-Ducoudray.	— **Scène et air.** Dirigé par l'Auteur.
Id.	— **L'Hippopotame.** Dirigé par l'Auteur.
Id.	— **L'Angelus.** Avec orchestre. Dirigé par l'Auteur.
Flégier.	— **Le Cor.** Dirigé par l'Auteur. Chanté depuis un peu partout.
Id.	— **Les Larmes.**
Bordier.	— **La Religieuse.**
Id.	— **Chanson mélancolique.**
Id.	— **A la bien aimée.**
Id.	— **Lied de Nadia.**
Id.	— **Air de Nadia.**
Id.	— **Pannichys.** A eu le prix au concours de la Société départementale. Chanté depuis à Paris et de divers côtés.

Bordier.	— **Chanson d'amour.**
Guiraud.	— **Air du Feu.** Dirigé par l'Auteur.
Lalo.	— **Air de Margared,** du *Roi d'Ys.* Dirigé par l'Auteur. Avant la représentation du *Roi d'Ys* à l'Opéra-Comique.
Id.	— **Air de Rosenn,** du *Roi d'Ys.* Dirigé par l'Auteur. Avant la représentation du *Roi d'Ys* à l'Opéra-Comique.
Romain (de).	— **Vieille chanson.** Dirigé par l'Auteur.
Toulmouche.	— **La Vierge de l'île de Sayne.** Dirigé par l'Auteur.
Ropartz.	— **Rèverie.** Sous la direction de l'Auteur.
Lambert.	— **Les Cygnes.** Exécuté depuis à Paris, Société nationale.

PREMIÈRES AUDITIONS

EN FRANCE OU EN PROVINCE [1]

ŒUVRES IMPORTANTES

Soli, Chœurs, Orchestre.

Beethoven.	— **Egmont.** Première audition en province.
Coquard.	— **Jeanne d'Arc.** Extraits. Première audition en province. Sous la direction de l'Auteur.
Duvernoy.	— **La Tempête.** Extraits. Première audition en province. Sous la direction de l'Auteur.
Godard.	— **Le Tasse.** Extraits. Première audition en province. Sous la direction de l'Auteur.
Cahen.	— **Le Bois.** Extraits. Première audition en province. Sous la direction de l'Auteur.
Id.	— **Endymion.** Première audition en province. Sous la direction de l'Auteur. Soli, chœurs, orchestre.
Franck (C.).	— **Ruth.** Extraits. Première audition en province. Sous la direction de l'Auteur.
Id.	— **Rebecca.** Arioso et duo. Première audition en province. Sous la direction de l'Auteur.
Bruch (M.).	— **Chant de triomphe romain.** Première audition en France. Chœurs et orchestre.
G. des Roches.	— **Renaud.** Extraits. Première audition en province.
Guilmant.	— **Balthazar.** Première audition en province. Sous la direction de l'Auteur. Soli, chœurs et orchestre.
d'Indy.	— **La Cloche.** Extraits. Première audition en province. Sous la direction de l'Auteur. Soli, chœurs et orchestre.
Joncières (V^{ia}).	— **La Mer.** Première audition en province. Sous la direction de l'Auteur. Soli, chœurs et orchestre.
Id.	— **Li Tsin.** Première audition en province. Sous la direction de l'Auteur. Soli, chœurs et orchestre.
Maréchal.	— **Les Vivants et les Morts.** Première audition en province. Sous la direction de l'Auteur.
Massenet.	— **Chœur des Romains, d'*Hérodiade*.** Première audition en province.

---

(1) *Sont désignées ici, seulement les Œuvres exécutées soit pour la première fois en France, c'est-à-dire avant Paris, soit pour la première fois en Province, c'est-à-dire après Paris.*

Saint-Saëns.	— **Le Déluge.** Première audition en province. Sous la direction de l'Auteur. Soli, chœurs et orchestre.
Id.	— **Chanson d'Ancêtres.** Première audition en province. Sous la direction de l'Auteur.
Id.	— **Henry VIII.** Extraits. Première audition en province. Sous la direction de l'Auteur. Airs et quatuor.

SYMPHONIES

Beethoven.	— **Prométhée.** Première audition de l'Œuvre entière en France.
Mendelssohn.	— **Symphonie inédite.** Première audition. Manuscrit propriété de M. A. Cahen.
Godard.	— **Symphonie orientale.** Première audition en province.
Lalo.	— **Symphonie en** *sol mineur.* Première audition en province. Sous la direction de l'Auteur.
Messager.	— **Symphonie.** Première audition en province. Sous la direction de l'Auteur.
Raff (J.).	— **Dans la forêt.** Première audition en France. Joué depuis aux Concerts Colonne.
Saint-Saëns.	— **Symphonie en** *ut mineur,* **avec grand orgue.** Première audition en province avec grand orgue.
Svendsen.	— **Symphonie en** *ré.* Première audition en France. Sous la direction de l'Auteur. Joué depuis à Paris.
Id.	— **Symphonie en** *si bémol.* Première audition en France. Sous la direction de l'Auteur.
Weckerlin.	— **La Forêt. Symphonie.** Première audition en province. Sous la direction de l'Auteur.
Joncières (V^ie).	— **Symphonie romantique.** Première audition en province. Sous la direction de l'Auteur.
Samuel.	— **Symphonie, 5e.** Première audition en France.

OUVERTURES

Peter Benoit.	— **Le Roi des Aulnes.** Première audition en France. Sous la direction de l'Auteur.
Bernard (E.).	— **Béatrice.** Première audition en province. Sous la direction de l'Auteur.
Brahms.	— **Ouverture tragique.** Première audition en France.
Bruneau (A.).	— **Ouverture héroïque.** Première audition en province. Sous la direction de l'Auteur.
Colomer.	— **Théodoric.** Première audition en province. Sous la direction de l'Auteur.
Delaborde.	— **Attila.** Première audition en province. Sous la direction de l'Auteur.
D'Indy.	— **Le Camp de Wallenstein.** Première audition en province. Sous la direction de l'Auteur.
Joncières (V^ie).	— **Dimitri.** Première audition en province. Sous la direction de l'Auteur.

Lacombe (Louis).— **Ouverture de concert.** Première audition en province.

Penavaire.   — **Torquato Tasso.** Première audition en province. Sous la direction de l'Auteur.

Pierné (G.).   — **Ouverture symphonique.** Première audition en province. Sous la direction de l'Auteur.

Radoux (J.-Th.).— **André Doria.** Première audition en France. Sous la direction de l'Auteur.

Id.   — **Ouverture de concert.** Première audition en France.

Reyer.   — **Sigurd.** Première audition en province. Sous la direction de l'Auteur.

Scheel.   — **Don Quichotte.** Première audition en France.

Tschaikowsky.   — **Roméo et Juliette.** Première audition en province.

Wagner.   — **Maîtres chanteurs.** Première audition en province.

Id.   — **Faust.** Première audition en province.

Guiraud (E.).   — **Arteveld.** Première audition en province. Sous la direction de l'Auteur.

Lalo.   — **Le Roi d'Ys.** Première audition en province. Sous la direction de l'Auteur.

Saint-Saens.   — **La Princesse jaune.** Première audition en province. Sous la direction de l'Auteur.

Massenet.   — **Phèdre.** Première audition en province. Sous la direction de l'Auteur.

Dubois (Th.).   — **Frithioff.** Première audition en province. Sous la direction de l'Auteur.

Flégier.   — **Dalila.** Première audition en province. Sous la direction de l'Auteur.

Pessard.   — **Capitaine Fracasse.** Première audition en province. Sous la direction de l'Auteur.

Pfeiffer.   — **L'Enclume.** Première audition en province. Sous la direction de l'Auteur.

Luigini.   — **Ouverture symphonique.** Première audition en province. Sous la direction de l'Auteur.

SUITES D'ORCHESTRE ET POÈMES SYMPHONIQES

Bizet.   — **Jeux d'enfants.** Petite *Suite.* Première audition en province.

Bordier (J.).   — **Suite serbe.** Première audition en province.

Dubois (Th.).   — **Suite d'orchestre.** Première audition en province. Sous la direction de l'Auteur.

Id.   — **Scènes symphoniques.** Première audition en province. Sous la direction de l'Auteur.

Gade (N.).   — **Un Jour d'été à la campagne.** Première audition en France.

Mandl (R.).   — **Suite d'orchestre.** Première audition en province. Sous la direction de l'Auteur.

Massenet.   — **Suite du Roi de Lahore.** Première audition en province. Sous la direction de l'Auteur.

Saint-Saens.	— **Suite algérienne.** Première audition en province. Sous la direction de l'Auteur.
Wormser.	— **Scènes symphoniques.** Première audition en province. Sous la direction de l'Auteur.
Scheel (B.).	— **Suite fantastique.** Première audition en France.
Benoit (P.).	— **Hymne à la beauté.** Première audition en France. Sous la direction de l'Auteur.
Id.	— **Charlotte Corday.** Extraits. Première audition en France. Sous la direction de l'Auteur.
Beriot (de).	— **Fernand Cortez.** Extraits. Première audition en province. Sous la direction de l'Auteur.
Cahen (A.).	— **Sabina.** Première audition en province. Sous la direction de l'Auteur.
Chabrier.	— **Espana.** Première audition en province. Sous la direction de l'Auteur.
Franck (César).	— **Les Eolides.** Première audition en province. Sous la direction de l'Auteur.
Godard (B^{is}).	— **Scènes poétiques.** Première audition en province. Sous la direction de l'Auteur.
Grandval (de).	— **Esquisses symphoniques.** Première audition en province.
Id.	— **Suite d'orchestre.** Première audition en province.
Holmès (A.).	— **Irlande !** Première audition en province.
Husson.	— **La Fête des bois.** Première audition en France. Sous la direction de l'Auteur.
d'Indy.	— **La Forêt enchantée.** Première audition en province. Sous la direction de l'Auteur.
Id.	— **Sauge fleurie.** Première audition en province. Sous la direction de l'Auteur.
Jadassohn.	— **Sérénade.** Première audition en France.
Liszt.	— **Les Préludes.** Première audition en province.
Id.	— **Prométhée.** Première audition en province.
Id.	— **Tasso.** Première audition en province.
Id.	— **2ᵉ Polonaise.** Orchestrée par Muller-Berghans. Première audition en France.
Litolff.	— **Le chant des Guelfes.** Première audition en province. Sous la direction de l'Auteur.
Luigini.	— **Suite tartare.** Première audition en province. Sous la direction de l'Auteur.
Mikalowich (de).	— **L'Ondine.** Première audition en France.
Niedermeyer.	— **Fragments symphoniques.** Première audition en province. Œuvre posthume.
Penavaire.	— **La Vision des Croisés.** Première audition en province. Sous la direction de l'Auteur.
Raway.	— **Scènes indoues.** Première audition en France. Sous la direction de l'Auteur
Svendsen.	— **Le Carnaval à Paris.** Première audition en province. Sous la direction de l'Auteur.
Id.	— **Rapsodie norwégienne.** Première audition en France. Sous la direction de l'Auteur.

Thomé (Fr.).	— **Les Noces d'Arlequin**. Première audition en province. Sous la direction de l'Auteur.
Tschaikowsky.	— **Capriccio italien**. Première audition en France.
Id.	— **Sérénade pour orchestre à cordes**. Première audition en province.
Vleeshouver (de).	— **Suite d'orchestre**. Première audition en France. Sous la direction de l'Auteur.
Wagner.	— **Préludes de Tristan et Yseult**. Première audition en province.
Id.	— **Chevauchée des Walkiries**. Première audition en province.
Id.	— **Le Murmure de la forêt de Siegfried**. Première audition en province.
Id.	— **Danse des Écoliers et Choral** en l'honneur de H. Sachs, des *Maîtres chanteurs*. Première audition en province.
Id.	— **Siegfried-Idyle**. Première audition en province.
Id.	— **Prélude de Parsifal**. Première audition en province.
Id.	— **Marche funèbre**. Gotterdammerung. Première audition en province.
Widor.	— **Nuit de Saba**. Première audition en France. Sous la direction de l'Auteur. Exécuté depuis à Paris.

MORCEAUX DIVERS

Bertha (de).	— **Marche de fête**. Première audition en France. Sous la direction de l'Auteur.
Blanc (Ch.).	— **Orientale**. Première audition en province. Sous la direction de l'Auteur.
Boellemann.	— **Intermezzo**. Première audition en province. Sous la direction de l'Auteur.
Id.	— **Gavotte**. Première audition en province. Sous la direction de l'Auteur.
Colomer.	— **Polonaise**. Première audition en province. Sous la direction de l'Auteur.
Cowen.	— **Allegro**. Première audition en France. Sous la direction de l'Auteur.
Id.	— **Entr'acte de Jeanne d'Arc**. Première audition en France. Sous la direction de l'Auteur.
Id.	— **Danse d'almées**. Première audition en France. Sous la direction de l'Auteur.
Delibes.	— **Czardas de Coppélia**. Première audition en province. Sous la direction de l'Auteur.
Id.	— **Entr'acte de Jean de Nivelle**. Première audition en province. Sous la direction de l'Auteur.
Dubois (Th.).	— **Airs de ballet**. Première audition en province. Sous la direction de l'Auteur.
Dvorak.	— **Rapsodie slave**. Première audition en France
Franck (C.).	— **Ballets de Hulda**. Première audition en province. Sous la direction de l'Auteur.

Glinker.	—**Homarinskaya.** Première audition en province.
Id.	— **Capriccio brillant sur la Jota Aragonesa.** Première audition en province.
Goldmask·	— **Scherzo.** Première audition en France.
Id.	— **Ballets de la Reine de Saba.** Première audition en province.
Grandval (de).	— **Lamento.** Première audition en province.
Jehin (L.).	— **Scènes de ballet.** Première audition en France. Sous la direction de l'Auteur.
Id	— **Marche jubilaire.** Première audition en France. Sous la direction de l'Auteur. Joué depuis à Paris.
Malherbe.	— **Trois danses de style ancien.** Première audition en province. Sous la direction de l'Auteur.
Massenet.	— **Marche de Szabady.** Première audition en province. Sous la direction de l'auteur.
Radoux (Th.).	— **Élégie.** Première audition en France. Sous la direction de l'Auteur.
Id.	— **Marche kabyle.** Première audition en France. Sous la direction de l'Auteur.
Id.	— **Fugue pour orchestre.** Première audition en France. Sous la direction de l'Auteur.
Id.	—**Lamento.** Première audition en France. Sous la direction de l'Auteur.
Id.	— **La Paix.** Prélude de *Patria.* Première audition en France. Sous la direction de l'Auteur.
Raff.	— **Les Pêcheuses de Procida.** Première audition en France. Joué depuis aux Concerts Colonne.
Reyer.	— **Marche tzigane.** Première audition en province. Sous la direction de l'Auteur.
Saint-Saens.	— **La jeunesse d'Hercule.** Première audition en province. Sous la direction de l'Auteur.
Id.	— **Marche du synode** d'*Henri VIII.* Première audition en province. Sous la direction de l'Auteur.
Id.	— **Entr'acte** d'*Henri VIII.* Première audition en province. Sous la direction de l'Auteur.
Id.	— **Ballets** d'*Henri VIII.* Première audition en province. Sous la direction de l'Auteur.
Svendsen.	— **Saterjentens Sonday.** Première audition en France. Sous la direction de l'Auteur.
Werner.	— **Introduction et Gavotte.** Première audition en France.
Widor.	— **Ronde de nuit et Kermesse de Maître Ambros·** Première audition en province. Sous la direction de l'Auteur.
Wormser.	— **Les Etrusques.** Première audition en province. Sous la direction de l'Auteur.
Zichy.	— **Liszt-Marche.** Première audition en France.
d'Indy.	— **Sarabande et Menuet.** Première audition en province. Dirigé par l'Auteur.

D'Indy.	— **Sérénade et Valse**. Première audition en province. Dirigé par l'Auteur.
Lefebvre (Ch.).	— **Prélude d'Eloa**.
Le Rey.	— **Minuetto**.

ADAPTATION SYMPHONIQUES

Thomé (Fr.).	— **La Fiancée du Timbalier**. Première audition en province. Sous la direction de l'Auteur.

VIOLON

Bernard (E.).	— **Concerto**. Première audition en province. Sous la direction de l'Auteur.
Hubay Jeno.	— **Suite sur le** *Roi de Lahore*. Première audition en province. Exécuté par l'Auteur.
Id.	— **Plewna Notas**. Fantaisie. Première audition en France. Exécuté par l'Auteur. Exécuté depuis à Paris.
Id,	— **Concerto dramatique**. Première audition en France. Exécuté par l'Auteur. Exécuté depuis à Paris.
Goldmark.	— **Concerto**. Première audition en province.
Jehin.	— **Romance**. Première audition en France. Sous la direction de l'Auteur.
Lefebvre (E).	— **Rondo brillant**. Première audition en province.
Wiernsberger.	— **Stances**. Première audition en province.

VIOLONCELLE

Radoux (Th.).	— **Romance sans paroles**. Première audition en France.
Widor.	— **Suite**. Première audition en province.
Hollmann.	— **2ᵉ Concerto**. Première audition en province. Exécuté par l'Auteur.

ALTO

De Mol.	— **Adagio symphonique**. Première audition en France.

FLUTE

Benoit Peter.	— **Concert Stuck**. Première audition en France. Sous la direction de l'Auteur.
Hanssens.	— **Concerto**. Première audition en France.
Langer.	— **Concerto**. Première audition en France.

COR

Bruneau (Cl.).	— **Romance**. Première audition en province. Sous la direction de l'auteur.

PIANO

Hérold.	— 3ᵉ **Concerto**. (Œuvre posthume. Première audition en province.
Pfeiffer.	— 3ᵉ **Concerto**. Première audition en province. Sous la direction de l'Auteur. Exécuté depuis à la Société des Concerts du Conservatoire.
Reinecke.	— **Concerto**. Première audition en province.
Greeg.	— **Concerto**. Première audition en province.
Pierné (G.).	— **Fantaisie-Ballet**. Première audition en province. Sous la direction de l'Auteur.
Thomé (Fr.).	— **Passacaille**. Première audition en province. Exécuté par l'Auteur.
Bériot (de).	— 1ᵉʳ **Concerto**. Première audition. Exécuté en province par l'Auteur.
Tschaikowsky.	— **Concerto**. Première audition en province.
Rubinstein.	— **Concert Stuck**. Première audition en France. Dédié à Breitner. Exécuté par lui.
Chaminade.	— **Concert Stuck**. Première audition en province.
Schumann.	— **Quintette, avec toutes les cordes**. Première audition en province.
Id.	— **Introduction et Allegro**. Première audition en province.
Widor.	— **Fantaisie**. Première audition en province.

HARPE

Thomé (Fr.).	— **Légende**. Première audition en province. Sous la direction de l'Auteur.

GRAND ORGUE

Lefebvre (Ch.).	— **Méditation avec Orchestre**.

CHANT

Benoit Peter.	— **L'ombre d'Artevelde**. Première audition en France. Sous la direction de l'Auteur.
Id.	— **Trois lieders. L'amour dans la vie**. Première audition en France. Sous la direction de l'Auteur.
Bertha (de).	— **Mélodies populaires magyares**. Première audition en France. Sous la direction de l'Auteur.
Coquard.	— **Le Chant des épées**. Première audition en province. Sous la direction de l'Auteur.
Id.	— **Héro**. Première audition en province. Sous la direction de l'Auteur.
Cahen (A.).	— **Aubade**. Première audition en province. Sous la direction de l'Auteur.

Franck (A.).	— **Air de rédemption**. Première audition en province. Sous la direction de l'Auteur.
Blanc (C.).	— **Rebecca à la fontaine**. Première audit on en province. Sous la direction de l'Auteur.
Hérold.	— **Alcyone**. Œuvre posthume. Première audition en province.
Lacombe (Louis).	— **L'Ondine et le Pêcheur**. Première audition en province.
Id.	— **Au pied d'un Crucifix**. Première audition en province.
Massenet.	— **Air de Manon**. Première audition en province. Sous la direction de l'Auteur.
Marty.	— **Scène et air d'Edith**. Première audition en province. Sous la direction de l'Auteur.
Radoux.	— **Nadja**. Première audition en France. Sous la direction de l'Auteur.
Id.	— **La nuit sur la lagune**. Première audition en France. Sous la direction de l'Auteur.
Thomé (Fr.).	— **Vénus et Adonis**. Première audition en province. Sous la direction de l'Auteur.
Id.	— **Redja**. Première audition en province.
Wagner.	— **Preislied des Maîtres chanteurs**. Première audition en province.
d'Indy.	— **Clair de lune**. Première audition en province. Dirigé par l'Auteur.
Schubert.	— **Le Roi des Aulnes**. Avec orchestre.

LISTE

DES COMPOSITEURS VENUS DIRIGER LEURS OEUVRES

Aux Concerts de l'Association Artistique

DU 21 OCTOBRE 1877 AU 30 MARS 1890.

MM.

Alary.

Bourgault-Ducoudray, Broustet, Benoit (Peter), Bernard, de Beriot, de Bertha, Blanc, Boellman, Bruneau.

Cahen, Chabrier, Chaminade, Colomer, Coquard, Cowen.

Delibes, Diemer, Dubois, Duprato, Duvernoy, Delaborde.

Fouque, Franck, Flegier.

Garnier, Gigoux, Gilbert des Roches, Godard, Gounod, de Grandval, Guilmant, Guiraud.

Holmès, Husson.

D'Indy.

Jehin, Joncières.

Ketten (H.).

Lacombe, Lalo, Lemaigre, Lefebvre, Littolf (Ch.), Luigini.

Mandl-Richard, Mareau, Maréchal, Martin, Marty, Massenet, Messager, de Maupeou.

Paladilhe, Penavaire, Pessard, Pierné, Pfeiffer (G.).

Radoux (J.-Th.), Ratez, Raway (G.). Reyer, de Rillé, Ritter, Ropartz, Rosenlecher, Rostand.

Saint-Saëns, Svendsen.

Thomé.

Wekerlin, Widor, Wormser, de Wleeshouver.

ARTISTES

AYANT JOUÉ OU CHANTÉ AUX CONCERTS POPULAIRES

--

INSTRUMENTISTES

PIANISTES

MM. Blumer, Breitner, Delaborde, Diemer, Ketten (H.), Hirsch, Philipp, Planté, Reué (Ch.). Ritter, Saint-Saëns, Thibaut. Thomé, Ysaye (Th.).

Mmes Bardout, Brioude, Chattelley, Closon, Delaporte, Gané, Palicot, Roger-Miclos, Steigers.

VIOLONISTES

MM. Jeno Hubay, Herwègh, Jehin-Prume, Lefort, Marteau, Marsick, Mendels, Musin, Piedeleu, Sivori, Thomson, Viardot, Weingartner, Wonedra, Ysaye (Eugène).

Mmes Breituer, Harkness, Levallois, Smidt, Tua, Tayau, Meyer.

VIOLONCELLISTES

MM. Brandoukoff, Falisse, Fischer, Hollmann, Lasserre, Mariotti, de Munck, Vandœuvre.

Mlle Fleschelle.

ALTISTE

M. Mas.

FLUTISTES

MM. Dumon, Molé.

HAUTBOÏSTES

MM. Delaby, G. Guidé.

BASSONISTE

M. Lambert.

CORNISTES

MM. Chaussier, Garrigues.

ORGANISTES

MM. Boëllmann, Dubois (Th.), Franck, Gigout, Guilmant, Widor.

HARPISTES

MM. Hasselmans, Verdalle.

CHANTEURS

MM.

Auguez, Baron, Bolly, Bosquin, Bouhy.
Cabillot, Cadeau, Capoul, Claeys.
Dufriche, Dechesne, Delaquerrière, Delmas, Derivis, Delvoye,
Duc.
Fontaine, Fournets.
Giraud, Gheleyns, Goffoël, Gottschak, Grandville.
Ibos de Picos, Isaac.
Ketten (L.).
Lafarge, Lafargue, Lassalle, Leroy, Lauwers, Lubert, Luckx,
Mauras, Mazalbert, Mousset.
Neveu.
Pellin,
Quirot.
Rodier, Rondeau.
Soum.
Vannes.
Warmbrodt.

Mmes

Ach. Alès.
Barre, Batu, Beumer, Boidin-Puisais, Brunet-Lafleur, Brun,
Bressolles.
Cabane, Castillon, Closon, Colombel.
Dalmont, Derivis, Deleage, Dorian, Duvivier.
Fouquet, Garcin, Horwitz, Huré, Janvier, Ketten (L.), Lalo,
Levy, Howe (Jenny), Leslino, Lepine.
Mauvernay, du Minil, de Miramont, Melodia, Montalba,
Montegu-Monlibert, Muller de la Source, Maurens (Henry).
Nau.
Panchioni, Patti (C.), Peirani, Perdrelli, Phiilipp, Ploux, Pregi.
Reggiani, Richard, Risarrelli, Rocher, Ruelle,
Soubre.
Vincent-Carol, De Vita.

Tel est le résumé des travaux de l'Association artistique d'Angers, en ce qui concerne les premières auditions, tels sont les résultats obtenus en treize années.

Elle a puissamment contribué, comme on le voit, à faire connaître les œuvres symphoniques de nos jeunes compositeurs, ouvrant en même temps dans une juste mesure ses portes à celles des maîtres étrangers. Son exemple a été suivi, des Sociétés analogues se sont fondées en diverses villes de province, à la tête desquelles marche Marseille, qui donne également des Concerts populaires tous les dimanches.

A cette nomenclature déjà longue je pourrais ajouter celles de toutes les œuvres célèbres du répertoire classique, des Suites d'orchestre, Symphonies, Concertos et poèmes symphoniques de maîtres, tels que Saint-Saëns, Massenet, Bizet, Berlioz, et d'autres.

Cette suite non interrompue d'auditions musicales a eu pour résultat de former un public exceptionnel, très éclectique et capable d'écouter religieusement les pages les plus subtiles et les plus transcendantes, public tout différent de celui des premières années et qui, tout en demeurant toujours bienveillant, n'accorde aujourd'hui ses applaudissements qu'aux œuvres dont le mérite et la valeur s'imposent.

TABLE DES MATIÈRES

ANGERS, IMPRIMERIE A. BURDIN ET Cᶦᵉ, 4, RUE GARNIER.